Autorenkollektiv

Anwendung volkswirtschaftlicher Modelle in der Planung

Autorenkollektiv (Leitung: A. G. Aganbegjan, K. K. Val'tuch)

Anwendung volkswirtschaftlicher Modelle in der Planung

Herausgegeben in deutscher Sprache von Hans Schilar

Akademie-Verlag · Berlin 1977

Titel der russischen Originalausgabe:
Использование народнохозяйственных моделей в планировании,
Москва 1975, изд. „Экономика“

In die deutsche Sprache übersetzt von:
Tamara Horn
Karl Stark
Günter Zeidler
Gernot Zellmer

Erschienen im Akademie-Verlag, 108 Berlin, Leipziger Straße 3—4

Lizenznummer: 202 · 100/56/77
Broschurumschlag: Rolf Kunze
Gesamtherstellung: VEB Druckhaus „Maxim Gorki“, 74 Altenburg
Bestellnummer: 753 168 5 (6393) · LSV 0345
Printed in GDR
DDR 18,— M

Inhaltsverzeichnis

Vorwort

Die hier dem Leser vorgelegte kollektive Monographie enthält Forschungsergebnisse zu Problemen der volkswirtschaftlichen Modellierung, die im Institut für Ökonomie und Organisation der Industrieproduktion der Sibirischen Abteilung der Akademie der Wissenschaften der UdSSR erzielt wurden. Diese Forschungen waren von Beginn an Bestandteil der Arbeiten des Instituts zur Schaffung eines Modellsystems für die perspektivische territoriale und Produktionsplanung.

Die Arbeiten an diesem System als Ganzes begannen am Institut im Jahre 1961. Ende 1962/Anfang 1963 wurde mit dem Aufbau des ersten Modells der volkswirtschaftlichen Ebene begonnen. Bis dahin waren in der UdSSR bereits Erfahrungen mit dem Einsatz des statischen Modells der Verflechtungsbilanz sowohl für die Analyse der Wirtschaftsentwicklung als auch für die Planung der Wirtschaft gesammelt und theoretisch verallgemeinert worden. Wir haben daher sofort mit der Entwicklung von dynamischen Verflechtungsmodellen begonnen.

Es wurde ein Spezialseminar geschaffen, das das System von Kennziffern und Wechselbeziehungen, die im dynamischen Verflechtungsbilanzmodell widergespiegelt werden müssen, bestimmte. Daraufhin wurde von N. F. Šatilov das dynamische Verflechtungsbilanzmodell für die Erzeugnisse der materiellen Produktion ausgearbeitet; er schlug auch einen speziellen Algorithmus zur Lösung des Modells auf elektronischen Rechenanlagen vor und führte, nachdem er mit einer Gruppe von Mitarbeitern die ersten Ausgangsinformationen aufbereitet hatte, Ende 1965 die ersten Berechnungen über die Perspektiven der Entwicklung der Volkswirtschaft der UdSSR in den Jahren 1966 bis 1970 durch. Danach begann im Institut für Ökonomik und Organisation der Industrieproduktion der Einsatz des Modells für die Analyse von Problemen der Entwicklung der Volkswirtschaft der UdSSR; diese Analysen werden bereits seit Anfang 1966 nach direkten Aufgabenstellungen des Staatlichen Plankomitees der UdSSR durchgeführt. Gleichzeitig wurden auch die eigenen Forschungen weitergeführt, die sowohl auf die weitere Vervollkommnung des Modells als auch auf die Ausarbeitung verschiedener theoretischer und praktischer Probleme der Entwicklung der Wirtschaft der UdSSR mit Hilfe dieses Modells gerichtet waren. Im Jahre 1966 wurde das dynamische Verflechtungsbilanzmodell um die Bilanz der Arbeitskräfteressourcen ergänzt (es wurde eine Beschränkung hinsichtlich der Höhe der in der materiellen Produktion eingesetzten Arbeitskräfte eingeführt), und 1967 begannen die praktischen Rechnungen mit diesem Modell. Seit 1966 wurden in breiterem Maße Forschungen mit dem Ziel betrieben, volkswirtschaftliche Verflechtungsmodelle mit Optimierungsaspekt aufzubauen sowie Modelle zur Optimierung der Auswahl zwischen verschiedenen, bei den Berechnungen nach der dynamischen Verflechtungsbilanz entstehenden Entwicklungsvarianten der Volkswirtschaft zu schaffen.

Bis jetzt sind am Institut mehrere dynamische Verflechtungsmodelle ausgearbeitet worden: eine dynamische Verflechtungsbilanz mit Einbeziehung der Arbeitskräftebilanz; ein dynamisches Verflechtungsmodell mit einer Konsumtionszielfunktion und mit einer Arbeitskräfterestriktion; ein Optimierungsmodell zur Bestimmung des Verhältnisses zwischen Konsumtion und produktiver Akkumulation des Nationaleinkommens; ein Optimierungsmodell der Verflechtungsbilanz der Produktionskapazitäten und verschiedene Modifikationen dieses Modells; ein dynamisches Verflechtungsoptimierungsmodell und einige andere Modelle. Diesen Modellen, ihrer theoretischen Begründung, formalen Beschreibung und den Möglichkeiten ihres praktischen Einsatzes in der Planung ist auch die vorliegende Monographie gewidmet. Dabei werden nur solche Modelle betrachtet, die bisher zumindest in den Forschungen der Mitarbeiter des Instituts experimentell erprobt und auch für praktische Berechnungen des GOSPLAN der UdSSR eingesetzt wurden.

Die Monographie wurde von folgendem Autorenkollektiv erarbeitet:

1. — N. F. Šatilov;
2. — V. K. Ozerov, N. F. Šatilov, M. I. Makoveckaja, O. I. Izrjadnova;
3. — N. F. Šatilov, V. S. Zajkin, T. P. Karpova, V. K. Ozerov;
4. — M. A. Geršenzon;
5. — K. K. Val'tuch;
6. — K. K. Val'tuch, V. N. Pavlov, N. N. Rogožnikova;
7. — V. N. Pavlov;
8. — K. K. Val'tuch, L. M. Ruvinskaja;
9. — I. A. Ickovič.

Alle Abschnitte und Kapitel wurden mehrfach in theoretischen Seminaren am Institut für Ökonomie und Organisation der Industrieproduktion beraten. Berücksichtigt wurden eine Reihe wertvoller Bemerkungen und Ratschläge, die während der Erörterung der Modelle, Modellrechnungen und verschiedener

Publikationen von folgenden Genossen gemacht wurden: K. A. Bagrinovskij, L. A. Burova, A. G. Granberg, A. B. Dorovskij, E. B. Eršov, E. A. Ivanov, L. V. Kantorovič, L. A. Kozlov, F. N. Klocvog, P. N. Krylov, N. P. Lebedinskij, B. M. Smechov und anderen; die Autoren sprechen diesen Genossen ihren aufrichtigen Dank aus.

Das Autorenkollektiv dankt den Lesern für kritische Bemerkungen, die an folgende Adresse zu richten sind: Novosibirsk — 90, Prospekt nauki 17, Institut Ekonomiki i Organizacii Promyšlennogo Proizvodstva Akademii nauk SSSR.

I. Die dynamische Verflechtungsbilanz

1. Das dynamische Verflechtungsbilanzmodell

1.1. Das System verallgemeinernder Kennziffern der materiellen Wechselbeziehungen der Reproduktion

Die Modellierung ist eine ergiebige Analysemethode und erfährt auf den verschiedensten Gebieten von Wissenschaft und Technik eine immer größere Anwendung.

Eine weitere Vervollkommnung und Entwicklung der Bilanzmethode der Planung (und der Bilanzmodelle) ist vor allem auf der Grundlage der Ausnutzung der umfassenden Möglichkeiten, die die moderne Rechentechnik und die ökonomisch-mathematische Modellierung bieten, notwendig. Die Anwendung der Bilanzmethode (und der Bilanzmodelle) in der Planwirtschaft ist eine notwendige und wichtige Bedingung für eine optimale Entwicklung der Wirtschaft.

Die Optimierungsmethoden stellen in gewisser Hinsicht eine Weiterentwicklung der Bilanzmethode dar [1]. Uns scheint, daß das kritische (und mitunter auch nihilistische) Verhältnis zur Bilanzmethode (und zu den Bilanzmodellen) damit zusammenhängt, daß diese Methode in der Planungspraxis unzureichend flexibel angewendet und häufig durch ein engstirniges, ressortmäßiges Herangehen wesentlich entstellt wird, was letztlich zu einer bestimmten Disproportionalität, das heißt zu direkt widersprüchlichen Resultaten führt.

Alle Methoden (und alle Modelltypen) erfüllen in dieser oder jener Weise Hilfsfunktionen in der Wirtschaft. Die Aufgabe besteht darin, die tatsächlichen Möglichkeiten, den Platz und die Rolle der verschiedenen Methoden und Modelle aufzuzeigen, sie nicht überzubetonen und zum Selbstzweck zu machen.

Die Spezifik der Planperiode besteht darin, daß alle Plankennziffern, insbesondere die Akkumulationsressourcen, zum Zeitpunkt der Planaufstellung nicht real existieren. Die Hauptmasse dieser Ressourcen wird im Verlaufe der Plandurchführung erst produziert; das trifft vor allem für die Fünfjahr- und die längerfristigen Pläne zu. Einen immer größeren Teil an den Akkumulationsressourcen werden dabei die neu errichteten oder rekonstruierten Betriebe erzeugen, die bis zu ihrer Inbetriebnahme selbst Investitionen benötigen. Investitionsmittel sind auch für die Kapazitätserweiterung der bestehenden, nicht zu rekonstruierenden Betriebe erforderlich. Die Produktion der Akkumulationsmittel in der erforderlichen Höhe und Struktur hängt davon ab, wie eine bestimmte Proportionalität im gesamten komplizierten System der Volkswirtschaftszweige gesichert wird; diese Proportionalität zu erreichen, setzt wiederum einen entsprechenden Umfang und eine bestimmte stoffliche Struktur der Akkumulationsressourcen voraus. Eine der wichtigsten Anforderungen an die ökonomisch-mathematischen Modelle, insbesondere an die Modelle der volkswirtschaftlichen Ebene, besteht in der Berücksichtigung der direkten Beziehungen und der Rückkopplungen, die sich (in der Zeit, in der Dynamik) imProzeß des Funktionierens der Wirtschaft ergeben.

Bei allen Unterschieden und Besonderheiten, die es in der Ausarbeitung von Modellen zur Untersuchung der verschiedenen Objekte gibt, besteht — wie wir meinen — das Allgemeine in einer bestimmten Nachbildung (Imitation) der realen Prozesse in den Modellen, in der Widerspiegelung und Wiedergabe der objektiv existierenden Einheit und Wechselbeziehung zumindest der grundlegenden, prinzipiellen Faktoren und Abhängigkeiten des zu untersuchenden Objektes (Prozesses). Natürlich kann kein Modell völlig adäquat sämtliche konkreten Zusammenhänge und Faktoren des zu untersuchenden Prozesses wiedergeben, und das sollte man bei der Ausarbeitung der Modelle beachten.

Gibt es nun aber ein solches System von relativ wenigen Kennziffern und Abhängigkeiten, das in verallgemeinerter Form die ganze Vielfalt der Beziehungen, Faktoren und Erscheinungen, welche die Herausbildung der Tempi und Proportionen der Reproduktion in dieser oder jener Form beeinflussen, berücksichtigt? Unserer Meinung nach existiert ein solches System. Die größten Schwierigkeiten erwachsen nicht aus der Festlegung dieser verallgemeinernden Kennziffern, sondern entstehen dann, wenn das Ausmaß des Einflusses der konkreten Faktoren auf die verallgemeinernden Kennziffern aufgezeigt werden soll.

Die Existenz des genannten Systems verallgemeinernder Kennziffern und Abhängigkeiten ist dadurch bedingt, daß die Wechselbeziehungen der verschiedenen Aspekte des Reproduktionsprozesses in gewisser Hinsicht einen geschlossenen Charakter aufweisen. Das Produktionsvolumen sowohl in der Volkswirtschaft insgesamt als auch in ihren Zweigen wird durch die Höhe der Produktionsfonds (insbesondere der Produktionskapazitäten) und durch deren Ausnutzungsgrad bestimmt. Die produktiven Fonds werden im Produktionsprozeß konsumiert, verzehrt, sie treten aus der Produktionssphäre heraus und werden im Verlaufe dieses Prozesses erneuert und ihrem Umfang nach vergrößert. Dabei erfolgt sowohl die Erneuerung als auch die Erweiterung der Produktionsfonds auf Kosten der Produktion der Zweige, die die entsprechenden Fonds herstellen. Somit ergibt sich eine geschlossener Kreis: Volumen der produktiven Fonds — deren Nutzeffekt — Produktionsvolumen — Volumen der produktiven Fonds.

Das Produktionsvolumen in den Zweigen der Abteilung I hängt wesentlich von der Zweigstruktur der Investitionen und vor allem von der Verteilung der

Investitionen auf die Zweige der Abteilung I und II der gesellschaftlichen Produktion ab. Unter Berücksichtigung dessen wollen wir die oben skizzierten Situationen etwas konkretisieren (siehe Abbildung 1).

Unter den Bedingungen der erweiterten Reproduktion wächst in der Regel das Volumen der Produktionsfonds sowohl in der Volkswirtschaft insgesamt als auch in ihren Zweigen. Das Produktionsvolumen in einer bestimmten Periode, zum Beispiel in einem Jahr, ist deshalb das Ergebnis des Funktionierens nicht nur der Fonds, die am Jahresanfang vorhanden waren, sondern auch jener, die während des Jahres zusätzlich bereitgestellt wurden. Die Fonds werden mehr oder weniger kontinuierlich in Betrieb genommen, und folglich fungieren die verschiedenen Produktionsobjekte in dem betrachteten Jahr unterschiedlich lange. In der Kennziffer jahresdurchschnittliches Fondsvolumen kann der Charakter des gleichmäßigen Fondszuwachses berücksichtigt und widerspiegelt werden, wenn man einen Koeffizienten einführt, der die jährliche Größe des Fondszuwachses in eine jahresdurchschnittliche überführt. Die Gesetze der erweiterten sozialistischen Reproduktion bedeuten natürlich nicht, daß das Produktionsvolumen ausnahmslos in allen Zweigen unentwegt wachsen muß. In einzelnen Zweigen kann die Produktion zurückgehen, wenn der Bedarf an deren Erzeugnissen geringer wird; das ist beispielsweise beim Ersatz eines Erzeugnisses durch ein anderes der Fall. Entsprechend werden sich auch (bei sonst gleichen Bedingungen) die Produktionsfonds dieses Zweiges verringern. Aber welchen Charakter und welche Intensität eine Veränderung der Fondsbestände in den einzelnen Fällen auch haben mag, man kann sie in der Kennziffer der jahresdurchschnittlichen Fonds ausdrücken.

Das gleiche gilt auch für die Kennziffer des Nutzeffektes der Fonds (der Fondsquote, d. Übers.). Die Größe des Nutzeffekts ist — wie auch die Höhe der eingesetzten Fonds — eine variable Größe, was sich besonders deutlich in den Zweigen mit Saisoncharakter der Produktion zeigt. Aber wie sich der Nutzeffekt im Verlaufe der einzelnen Jahre auch verändern möge, man kann ihn mit der jahresdurchschnittlichen Kennziffer in Übereinstimmung bringen; das heißt, man kann eine solche Höhe der Fondsquote ansetzen, die bei gegebenem jahresdurchschnittlichem Fondsbestand die Produktion der gleichen Erzeugnismenge sichert, wie sie sich tatsächlich in dem betrachteten Jahr ergibt.

Betrachten wir die Kennziffer des Produktionsvolumens. Wesentliche Bedeutung hat nicht nur das absolute Volumen der im Jahr produzierten Erzeugnisse, sondern auch die Kontinuität der Produktion während des Jahres — insbesondere in den Zweigen, die Gegenstände des täglichen Bedarfs für die Bevölkerung herstellen. Bei der Bestimmung des jährlichen Produktionsvolumens mit Hilfe der Kennziffern der jahresdurchschnittlichen Fonds und der jährlichen Fondsquote kann man jedoch die Produktionsschwankungen innerhalb des Jahres nicht vollständig widerspiegeln. Aber man kann — erstens — eine kleinere Zeiteinheit als das Jahr, etwa das Quartal, den Monat usw.

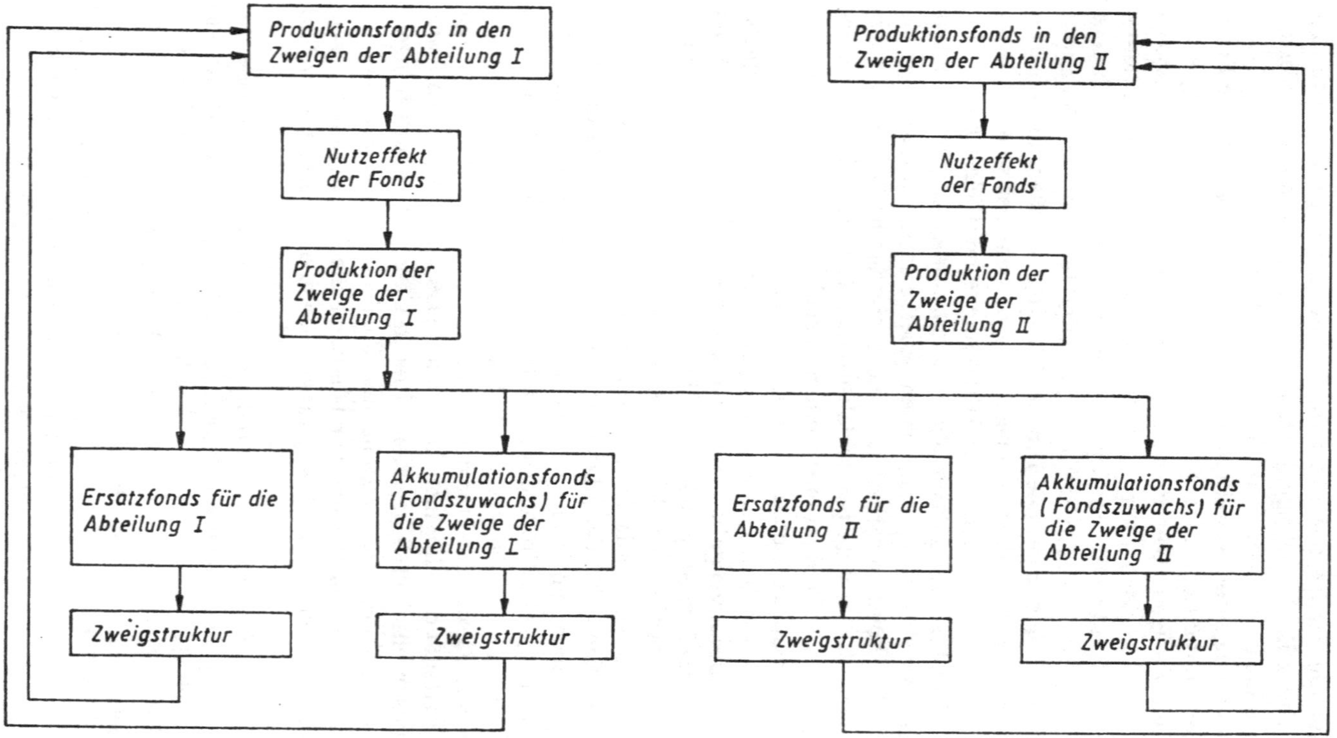

Abb. 1. Prinzipschema der materiellen Wechselbeziehungen der Reproduktion

wählen und — zweitens — bei vielen Arten von Konsumgütern eine gleichmäßige Versorgung über das Handelsnetz durch die Schaffung entsprechender Vorräte gewährleisten. Die Dynamik dieser Vorräte kann man organisch in das System der materiellen Wechselbeziehungen der Reproduktion einbeziehen und in verschiedener Form im Modell widerspiegeln. Für die Zweige der Abteilung I können die Produktionsschwankungen in den Kennziffern des jahresdurchschnittlichen Fondsbestandes und der Fondsquote berücksichtigt werden.

Das Jahresproduktionsvolumen der einzelnen Zweige besteht aus der fertiggestellten (Waren-)Produktion und dem Zuwachs (bzw. der Abnahme) der unvollendeten Produktion; das muß man ebenfalls berücksichtigen, wenn man die Bedingungen für die Bildung der Produktionsfonds einer bestimmten Art aus Erzeugnissen der fondsproduzierenden Zweige aufzeigt. Die Berücksichtigung der Veränderung der unvollendeten Produktion ist für Zweige mit einem langen Produktionszyklus, vor allem für das Bauwesen, besonders wichtig. Wenn die gesamte Produktion dieses Zweiges in einem Jahr nur Zuwachs an unvollendeter Produktion darstellt, so ist es unmöglich, die entsprechenden Grundfonds zu erhöhen und die ausgesonderten Grundfonds zu ersetzen. Alle diese möglichen Fälle können über die verallgemeinernden Kennziffern der Veränderung der unvollendeten Produktion (speziell der unvollendeten Bauproduktion) berücksichtigt werden.

Wir wollen noch auf einen weiteren Umstand hinweisen. In der Praxis stimmen der Termin des Abschlusses der Bauarbeiten von entsprechenden Objekten bzw. der Herstellung von Maschinen und Anlagen und der Beginn ihrer tatsächlichen Nutzung in der Produktion bei weitem nicht immer überein. Diese Tatsache kann man mittels der Kennziffern des jahresdurchschnittlichen Fondsbestandes und der Fondsquote berücksichtigen. Abgeschlossene, aber aus verschiedenen Gründen noch nicht in Betrieb genommene Objekte und nicht aufgestellte Ausrüstungen kann man in den Bestand der produktiven Fonds einbeziehen und unter Berücksichtigung dessen die Höhe der Fondsquote berechnen. In einem solchen Fall kann man die Verkürzung der Stillstandszeiten für fertiggestellte Objekte und die Verringerung des Umfangs der noch nicht aufgestellten Ausrüstungen als Faktoren zur Erhöhung der Fondsquote betrachten.

In dem genannten Schema der Wechselbeziehungen fungieren unmittelbar nur materielle Ressourcen (Fonds und Erzeugnisse) sowie die Kennziffern ihrer Ausnutzung und Entstehung. Es ist aber bekannt, daß das wichtigste Element der Produktion die Arbeitskräfte sind. Aus der Tatsache, daß die Arbeitskräfteressourcen und die Arbeitsproduktivität nicht in das betrachtete Schema einbezogen sind, folgt jedoch nicht, daß diese nicht als allgemeine, prinzipielle Grundlage bei der Ausarbeitung der Reproduktionsmodelle betrachtet werden. Wenn zum Beispiel in den Planberechnungen die Veränderung des Volumens der Produktionsfonds und der Fondsquote (und damit auch des

Produktionswachstums) in einer solchen Größenordnung vorgegeben werden, bei der sich die Größe der vorhandenen Arbeitskräfteressourcen unter Berücksichtigung möglicher Erweiterungen in der Planperiode und bei Beachtung der geplanten Arbeitsproduktivitätssteigerung als unzureichend erweist, müssen die Kennziffern des Wachstums der produktiven Fonds und die Größe der Fondsquote unbedingt korrigiert werden. Dabei muß man beachten, daß derartige Korrekturen nicht den Charakter äußerlicher, mechanischer Operationen tragen dürfen. Wir erinnern daran, daß die Veränderung der Fondsintensität der Produktion und die Höhe der Arbeitsproduktivitätssteigerung eng miteinander verknüpft sind. Mehr noch, wir sind der Meinung, daß die Wechselbeziehung zwischen Fondsintensität der Produktion und der Arbeitsproduktivität bei der Begründung dieser Kennziffern an erster Stelle stehen muß.

Natürlich ist es viel einfacher, das Wachstumstempo der Produktion insgesamt und nach Zweigen als Ergebnis der Erhöhung der Zahl der Arbeitskräfte und der Steigerung der Arbeitsproduktivität zu bestimmen. Aber erstens hängt die Kennziffer der Arbeitsproduktivitätssteigerung wesentlich von der Mechanisierung und Automatisierung sowie von anderen Faktoren des technischen Fortschritts ab und ist daher mit der Veränderung der Struktur der produktiven Fonds und der Fondsquote verknüpft; und zweitens bleibt bei einem solchen Herangehen das komplizierte System der materiellen Zusammenhänge und Proportionen des volkswirtschaftlichen Organismus im Dunklen. Gravierende Disproportionen und das Erstarren (Einfrieren) verschiedener Ressourcen bewirken sowohl eine Erhöhung der Fondsintensität als auch einen Rückgang des Wachstumstempos der Arbeitsproduktivität (beispielsweise im Zusammenhang mit Stillstandszeiten von Anlagen und Arbeitskräften wegen fehlender, notwendiger Rohstoffe u. a. m.). Bei der Bestimmung des Produktionswachstums mit Hilfe der Kennziffern des Fondswachstums, der Erhöhung der Fondsquote und aller vermittelnder, konkreter Zusammenhänge und Proportionen, die diese Kennziffern gestalten, können gleichzeitig auch die Faktoren der Arbeitsproduktivitätssteigerung, die mit der Verbesserung der Organisation und Leitung der Produktion, mit der materiellen Stimulierung usw. zusammenhängen, berücksichtigt werden.

Die Beschränkungen bezüglich der Arbeitskräfteressourcen und der Arbeitsproduktivitätskennziffern, welche eng mit den Ausnutzungskennziffern der materiellen Ressourcen verbunden sind, können (was zweckmäßig ist) unmittelbar in die Gleichungen der volkswirtschaftlichen Modelle einbezogen werden. Das widerspricht keineswegs dem oben angeführten Prinzipschema der materiellen Wechselbeziehungen der Reproduktion, da die Abgeschlossenheit dieser Beziehungen relativ ist. Beispielsweise kann die Verteilung der Zweigproduktion der Abteilung I auf die Zweige (das heißt die Zweigstruktur der Verwendung der erzeugten produktiven Fonds und insbesondere das Verhältnis zwischen den Investitionen in die Zweige der Abteilung I und denen in die

Zweige der Abteilung II) bis zu einem bestimmten Grade variabel sein. Die Elastizität der verschiedenen Ressourcenarten für unterschiedliche Ziele ist nicht nur wegen der engen spezialisierten Zweckbestimmung der konkreten Produktionsmittel, sondern auch dadurch eingeschränkt, daß es keine absolute gegenseitige Substituierbarkeit der Ressourcen gibt.

Aber man sollte auch nicht die Möglichkeiten für verschiedene Varianten von Änderungen der Zweigstruktur der Produktion unterschätzen. Viele Arten von Produktionsmitteln können in mehreren Zweigen und für unterschiedliche Ziele eingesetzt werden. Gäbe es nicht eine gewisse Freiheit in der Wahl der Einsatzrichtungen der Produktionsressourcen, so gäbe es auch nicht das Problem der Auswahl einer optimalen Planvariante.

Die Einführung von Arbeitskräfteressourcenbeschränkungen in das System der prinzipiellen Wechselbeziehungen der Reproduktion widerspricht dem oben angeführten Schema keineswegs, sie konkretisiert diese vielmehr in der Hinsicht, daß sie (neben den Ausnutzungskennziffern der materiellen Ressourcen und gemeinsam mit diesen) im vorhinein eine konkrete Zweigstruktur (und deren Änderung) des Einsatzes der erzeugten Produktionsmittel festlegt. Das ist deutlich vom Gleichungssystem, welches das System von Wechselbeziehungen erfaßt, abzulesen.[1]

Aus der Existenz einer geschlossenen Wechselbeziehung (produktive Fonds — deren Nutzeffekt — Produktion — produktive Fonds) im Reproduktionsmechanismus folgt, daß das Ergebnis eindeutig bestimmt ist, wenn miteinander verträgliche Kennziffern der Bildung, Verteilung und Ausnutzung der materiellen und Arbeitskräfteressourcen gefunden und vorgegeben werden, die diese Wechselbeziehung in allen ihren konkreten Übergängen quantitativ charakterisieren. Diese Eindeutigkeit für eine beliebige vergangene Periode ist offenbar unabhängig davon, ob wir in der Lage sind, mittels der statistischen Daten die grundlegenden Kennziffern hinreichend genau zu bestimmen. Ja, sie ist sogar unabhängig davon, ob wir eine solche absolute Eindeutigkeit und Genauigkeit benötigen oder nicht.[2] Dieser Umstand — so simpel er auch erscheint — ist, wie wir meinen, auch wichtig für das Verständnis vieler Fragen des Reproduktionsmechanismus und für dessen Modellierung.

Der wichtigste Wachstumsfaktor der Wirtschaft ist in der gegenwärtigen Etappe der wissenschaftlich-technische Fortschritt. Er kann in den volkswirtschaftlichen Verflechtungsmodellen über eine entsprechende Veränderung der

[1] Diese Frage wird in den nachfolgenden Abschnitten der Arbeit betrachtet.

[2] Wie unvollkommen die Meßmethoden der jeweiligen Kennziffern auch sein mögen, wenn sie folgerichtig angewendet werden (zum Beispiel bei der Berechnung der Produktion zu vergleichbaren Preisen) spiegelt die betrachtete Eindeutigkeit dem Wesen nach die Bilanz von Produktion und Verwendung der Erzeugnisse für die Produktion, Akkumulation, den Export und für Verluste wider, und zwar unabhängig davon, wie „gut" oder wie „schlecht" die technisch-ökonomische Ausnutzungskennziffer der Produktion auch sein mag.

Ausnutzungskennziffern (Normative) der materiellen und Arbeitskräfteressourcen berücksichtigt werden. Beispielsweise zeigt sich die Verdrängung von Metallen durch moderne synthetische Materialien in einer wechselseitigen (mit verschiedener Intensität sich vollziehenden) Veränderung der Aufwandsnormative dieser Materialien. Gleichzeitig ist die Änderung bestimmter konkreter Materialaufwandsnormative (bzw. Normativgruppen) in vielen Fällen mit der Veränderung weiterer Aufwandsnormative verknüpft. Vor allem unter dem Einfluß des wissenschaftlich-technischen Fortschritts ist die Wechselbeziehung zwischen der Änderung der Ausnutzungsnormative der materiellen Ressourcen und der Erhöhung der Arbeitsproduktivitätskennziffer besonders wichtig. Beachtet man die große Vielfalt von Möglichkeiten und Kombinationen in den Richtungen und in der Intensität der Ausnutzung der verschiedenen konkreten Produktionsressourcen, so können und müssen bei der Begründung der Normative Optimierungsmethoden Anwendung finden.

Die Begrenztheit der Arbeitskräfteressourcen wird durch Einführung einer Beschränkung ihres Volumens berücksichtigt. Die Einführung dieser Restriktion unterstellt — zusammen mit den anderen Parametern des betrachteten Systems der Wechselbeziehungen — eine Veränderung der Zweigstruktur des Einsatzes der erzeugten Produktionsmittel.

Die natürliche Basis jeglicher Produktion ist die Gesamtheit der natürlichen (sogenannten nichtreproduzierbaren) Ressourcen; das sind der Boden, die Bodenschätze, das Wasser u. a. m. Der Umfang dieser Ressourcen bildet natürlich eine der wesentlichsten Beschränkungen für die Entwicklung der Produktion. Das von uns betrachtete System von Beziehungen erfaßt unmittelbar nur die reproduzierbaren materiellen Ressourcen. Das bedeutet jedoch nicht, daß die nichtreproduzierbaren Ressourcen unberücksichtigt bleiben. Welchen Umfang, welche Struktur und welche Bedingungen die Inanspruchnahme der natürlichen Ressourcen auch immer aufweisen mögen, alle diese Beschränkungen werden im Charakter und in den Kennziffern der Bewegung der reproduzierbaren Ressourcen berücksichtigt und in diesen widergespiegelt. Die nichtreproduzierbaren Ressourcen jeder Art sind, so groß sie auch seien, beschränkt, und mit der weiteren Entwicklung der Produktion werden sie nach und nach aufgezehrt. Das bedeutet aber in keiner Weise, daß die Möglichkeiten für die Entwicklung der Produktion beschränkt sind. Die Entwicklung der Wissenschaft und des technischen Fortschritts bringt immer neue Quellen und Arten von Rohstoffen und Energie hervor, die mit Erfolg jene natürlichen Ressourcen, deren Vorräte sich erschöpfen, ersetzen. Hierbei verändern sich die spezifischen materiellen (laufenden und Investitions-) sowie Arbeitskräfteaufwände in dieser oder jener Richtung. Diese Veränderungen im Aufwandsniveau können in den Kennziffern der Arbeitsintensität, der Fondsintensität und in den laufenden Materialaufwandsnormativen ausgedrückt werden.

Das Aufwandsniveau in den extraktiven Industriezweigen (und auch in anderen Zweigen) ist in den verschiedenen Gebieten des Landes unterschiedlich. Die entsprechenden Kennziffern für das Land insgesamt sind deshalb gewogene Durchschnittsgrößen, und als solche berücksichtigen sie die Veränderungen in der Standortverteilung der Produktion. Gleichzeitig können auch zusätzliche Beschränkungen bezüglich der Arbeitskräfteressourcen berücksichtigt werden.

Für das gegenwärtige Entwicklungsniveau und die Maßstäbe der gesellschaftlichen Produktion wird das Problem des Umweltschutzes vor Verschmutzung und Vergiftung durch industrielle Abfälle immer wichtiger und dringlicher. Der Schutz der Wasserreservoire und der Atmosphäre, die Erhaltung der Tier- und Pflanzenwelt erfordern einen zusätzlichen und wachsenden Aufwand für die Errichtung verschiedener Reinigungsanlagen, für die Entwicklung und den Einsatz spezieller Präparate, die die verschiedenen Abfälle und Produkte der chemischen Industrie sowie anderer Zweige binden und entgiften. Dieser Aufwand kann in den Verflechtungsmodellen mittelbar über eine entsprechende Korrektur der Normative des laufenden und Investitionsaufwandes berücksichtigt werden. Auf die gleiche Weise können zusätzliche Aufwände an Material- und Arbeitskräfteressourcen für die Erhöhung der Produktionssicherheit durch Verbesserung des technischen Niveaus sowie für die Schaffung normaler und sogar attraktiver Arbeitsbedingungen berücksichtigt werden.

Die wichtigsten Bedingungen für eine effektive Entwicklung der Wirtschaft bestehen in der Ausweitung der ökonomischen Initiative der Betriebe, der Vereinigungen und der anderen Produktionsglieder, in der Vertiefung und Vervollkommnung der wirtschaftlichen Rechnungsführung und der verschiedenen ökonomischen Hebel (Preisbildung, Rentabilität, Kredit u. a. m.), in der Vervollkommnung der Organisation und Leitung aller Glieder der Volkswirtschaft. Alle diese Faktoren finden letztendlich ihren Ausdruck in der Erhöhung der Arbeitsproduktivität, der besseren Ausnutzung der materiellen Ressourcen, der Erhöhung der Qualität, des technisch-ökonomischen Niveaus und in entsprechenden Sortimentsveränderungen der Produktion, das heißt in Kennziffern, die unmittelbar bei der Begründung der entsprechenden Normative und Beschränkungen der volkswirtschaftlichen Verflechtungsmodelle berücksichtigt werden müssen. Ebenso wie die natürlichen Ressourcen und Bedingungen werden die sozialökonomischen Faktoren über die Kennziffern des betrachteten Systems der Wechselbeziehungen einbezogen. Das Problem der Widerspiegelung dieser Faktoren in den Modellen läuft deshalb dem Wesen nach auf deren Berücksichtigung bei der Begründung der Parameter der volkswirtschaftlichen Modelle, der Ausnutzungsnormative der materiellen und Arbeitskräfteressourcen und anderer Beschränkungen, hinaus.

Das wichtigste Ziel der sozialistischen Produktion besteht in der Erhöhung des Lebensniveaus der Werktätigen. Die Erhöhung des Wohlstandes hängt in bedeutendem Maße vom Wachstumstempo der Produktion in der Abteilung II und von der Veränderung deren Zweigstruktur entsprechend den Veränderungen der Bedürfnisstruktur der Gesellschaft ab. Hauptfaktoren der Veränderung der Zweigstruktur der Abteilung II sind die Unterschiede im Grad der Befriedigung der Bedürfnisse der Werktätigen in jeder konkreten Periode, die Entwicklung der Sphären der nichtproduktiven Konsumtion wie Wissenschaft, Bildung, Gesundheitswesen, Kultur, Verteidigung u. a. m. Zur Begründung der Veränderungen in der Zweigstruktur der Abteilung II sind eine komplexe und allseitige Analyse der Tendenzen der Strukturveränderungen in der konsumtiven Nachfrage, die Ausarbeitung wissenschaftlich begründeter Verbrauchsnormen für bestimmte Güterarten, die Berücksichtigung der wachsenden Rolle der Entwicklung der Wissenschaft und des wissenschaftlich-technischen Fortschritts in der sozialökonomischen Entwicklung der Gesellschaft und die Sicherung des notwendigen Standes der Verteidigungsfähigkeit des Landes erforderlich. Alle diese wechselseitig miteinander verbundenen Faktoren müssen auf der Grundlage einer entsprechenden Analyse eine quantitative Charakterisierung erfahren und sich in den Kennziffern der Strukturveränderung in der Abteilung II (aber natürlich nicht nur in diesen Kennziffern) widerspiegeln. Neben und zusammen mit anderen Parametern und Beschränkungen in dem betrachteten System der Wechselbeziehungen verwandeln die Beschränkungen bezüglich der Produktionsstruktur der Abteilung II dieses System von Beziehungen (in jeder konkreten Variante numerischer Werte für alle betrachteten Restriktionen) in eine quantitativ eindeutige Wechselbeziehung.

Schließlich können der materiell-stoffliche Aspekt der Außenwirtschaftsbeziehungen und dessen quantitativer Ausdruck organisch in das betrachtete System der Wechselbeziehungen einbezogen werden — und zwar in Gestalt des Vektors des Export-Import-Saldos, dessen Komponenten Erzeugnisse der konkreten Zweige, die in den Berechnungen der Verflechtungsmodelle als eigenständige Zweige erscheinen, entsprechen (und diese Produktion im Natural- oder Wertausdruck wiedergeben). Natürlich müssen die Zahlenwerte der einzelnen Komponenten dieses Vektors bestimmt und vorgegeben werden, wobei eine allseitige Problemanalyse sowohl des finanziellen und Währungsaspekts als auch des technisch-ökonomischen Aspekts zugrunde zu legen ist. Bestimmte Informationen und eine gewisse Hilfe bei der Begründung der betrachteten Größen können auch Variantenrechnungen mit den Verflechtungsmodellen selbst liefern.

Die Ausarbeitung eines einheitlichen Modells, das sämtliche Faktoren und Besonderheiten der Produktion erfaßt und konkret (explizit) berücksichtigt, ist offenbar nicht zweckmäßig. Um diese Besonderheiten bei der Ausarbeitung der Volkswirtschaftspläne konkreter und komplexer berücksichtigen zu können, ist es notwendig, von einem Modellsystem auszugehen, in dem die dynamische Verflechtungsbilanz die Rolle eines verbindenden Gliedes spielen kann.

Gleichzeitig können dynamische Verflechtungsmodelle eigenständig bei der

Durchführung von ökonomischen Planberechnungen genutzt werden, besonders wenn man berücksichtigt, daß gegenwärtig die Anwendung eines Modellsystems in der Planung aus verschiedenen Gründen schwierig ist.

Eine zentrale Frage der Planung der Wirtschaftsentwicklung — und damit auch deren Modellierung — ist das Problem des volkswirtschaftlichen Effektivitätskriteriums der gesellschaftlichen Produktion. Die allgemeine und prinzipielle Grundlage bei der Analyse der zahlreichen und komplizierten Fragen, die hierbei entstehen, ist natürlich das Ziel der sozialistischen (und kommunistischen) Produktion — die Bedürfnisbefriedigung der Gesellschaft, die Erhöhung des Wohlstandes der Werktätigen, die Schaffung von Bedingungen für die allseitige Entwicklung der Persönlichkeiten. Das Fehlen antagonistischer Widersprüche im Sozialismus bedeutet natürlich nicht, daß es hier keinerlei Widersprüche gibt. Das Problem des Effektivitätskriteriums (oder der Effektivitätskriterien) der gesellschaftlichen Produktion ist vom Standpunkt der umfassenden Widerspiegelung der Widersprüchlichkeit in der sozialistischen Produktion das ausschlaggebendste; es bildet einen gewissen Brennpunkt, in dem sich gewissermaßen Widersprüche der sich entwickelnden Gesellschaft brechen.

Eine bestimmte Lösung dieser Widersprüche muß in einer optimalen Kombination der verschiedenen konkreten Ziele und Aspekte der Entwicklung von Wirtschaft und Gesellschaft insgesamt ihren Niederschlag finden. Diese Optimierung trägt aber bei weitem keinen formalen Charakter und kann im Prinzip nicht vollständig mathematisch formalisiert werden.

Das Kriterium (die Zielfunktion) in Form eines Vektors aufzuschreiben, in dem alle denkbaren Bedürfnisse der Gesellschaft dargestellt sind, bedeutet, diese Bedürfnisse lediglich mit Hilfe mathematischer Bezeichnungen aufzuzählen. Die Darstellung des wechselseitigen Zusammenhangs zwischen den einzelnen Bedürfnissen (bzw. den Komponenten des entsprechenden Vektors) sowie die Darstellung (nicht ihre Niederschrift) der quantitativen Dimension (der Gewichte), für eine „richtige“ Struktur der Bedürfnisbefriedigung lassen sich nicht vollständig formalisieren. Für diese Probleme ist charakteristisch, daß deren Lösung nur auf der Grundlage der gesamten Erfahrungen der gesellschaftlichen Entwicklung, des Studiums dieser Erfahrungen, der Kenntnis und der Konkretisierung der Ziele verwirklicht werden kann (und praktisch in bestimmten Stufen verwirklicht wird). Es ist selbstverständlich, daß einzelne Aspekte des Problems (oder sogar alle) mit Hilfe ökonomisch-mathematischer Methoden und Modelle erforscht werden können und müssen. Bei aller Bedeutung dieser Methoden darf man aber nicht außer acht lassen, daß sie nur eine Hilfsrolle spielen.

1.2. *Einführende Bemerkungen zum Modell*

Wie aus dem Schema der prinzipiellen Wechselbeziehungen zu ersehen ist, sind die Ausnutzungsnormative aller eingesetzten Produktionsfonds (die Normative der Fondsquote) und die Kennziffern über die Zweigstruktur der Ausnutzung der in einer bestimmten, konkreten Periode erzeugten Produktionsmittel relative Kennziffern (das heißt, sie stellen keine absoluten Produktions-, Aufwands- usw. -größen dar, sondern sie bilden verschiedene Verhältnisse letzterer). Obwohl die anderen relativen Kennziffern (Normative der Materialintensität, des Arbeitsaufwandes, der Beschränkungen hinsichtlich der Zweigstruktur der Abteilung II) explizit in dem betrachteten Modell enthalten sind, widersprechen sie diesen keineswegs, sondern gestatten, neben und gemeinsam mit den anderen Parametern und Restriktionen das Volumen und die Zweigstruktur der Ausnutzung der produktiven Ressourcen eindeutig zu bestimmen. Der Bereich zusätzlicher Parameter, der notwendig ist, um alle Zusammenhänge (für jede Variante von Zahlenwerten der entsprechenden Parameter) in ein eindeutig bestimmbares System zu transformieren, ist nicht genau festgelegt. Das macht es insbesondere möglich, unterschiedliche Varianten dynamischer Modelle aufzustellen.

Über den Charakter der Abhängigkeiten zwischen den relativen Kennziffern und über deren Verträglichkeit kann man eine gewisse Vorstellung erhalten, wenn man das Beispiel der Wechselbeziehung zwischen den Kennziffern der Fondsquote (der Fondsintensität) und denen über die Struktur der Ausnutzung der erzeugten Produktionsmittel betrachtet. Nehmen wir an, in der Volkswirtschaft existieren drei Zweige, von denen zwei Produktionsmittel — produktive Grundfonds und materielle Umlauffonds — und der dritte Konsumgüter produzieren. Der Einfachheit halber unterstellen wir, daß jeder Zweig im Verlaufe eines Jahres nur die materiellen Ressourcen ausnutzt, die er zu Beginn des Jahres zur Verfügung hatte, wie das auch in den Reproduktionsschemata von K. Marx der Fall ist. Den beiden Erzeugnisarten der Abteilung I entsprechen zwei Arten von Produktionsfonds.

Angenommen, zu Beginn des ersten Jahres seien Umfang und Struktur der produktiven Fonds in den Zweigen wie folgt:

Im ersten Zweig (Produktion von Grundfonds): Grundfonds — 70 Einheiten, Umlauffonds — 100 Einheiten.

Im zweiten Zweig (Produktion von Umlauffonds): Grundfonds — 200 Einheiten, Umlauffonds — 70 Einheiten.

Im dritten Zweig (Produktion von Konsumgütern): Grundfonds — 100 Einheiten, Umlauffonds — 130 Einheiten.

Wir setzen des weiteren voraus, daß die Grundfonds in allen Zweigen um 25% pro Jahr verschleißen und die materiellen Umlauffonds in allen Zweigen einmal pro Jahr umschlagen. Wir nehmen weiter an, daß das Produktionsvolumen im ersten Jahr im ersten Zweig 150 Einheiten, im zweiten Zweig

330 Einheiten und im dritten Zweig 300 Einheiten betrug. Verwendet man zur Berechnung der entsprechenden Koeffizienten die Fonds zu Beginn des ersten Jahres, so ergibt sich folgendes Bild:

Tabelle 1: Koeffizienten der Fondsintensität

Zweig	Fondsintensitätskoeffizienten	
	bezüglich der Grundfonds	bezüglich der Umlauffonds
erster	$\frac{70}{150} = 0{,}467$	$\frac{100}{150} = 0{,}667$
zweiter	$\frac{200}{330} = 0{,}606$	$\frac{70}{130} = 0{,}212$
dritter	$\frac{100}{300} = 0{,}333$	$\frac{130}{300} = 0{,}433$

Der gesamte Verschleiß an Grundfonds (der gleich den Aussonderungen sei) beträgt im ersten Jahr in allen Zweigen 92,5 Einheiten ($70 + 200 + 100 = 370$; $370 \cdot 0{,}25 = 92{,}5$). Für den Ersatz der Aussonderungen an Grundfonds in der Volkswirtschaft werden somit 92,5 Einheiten der Produktion des grundfondsproduzierenden Zweiges benötigt. Folglich werden $150 - 92{,}5 = 57{,}5$ Einheiten der Produktion dieses Zweiges für die Erweiterung der Grundfonds verwendet und bilden deren Akkumulationsvolumen. Die Höhe der produktiven Konsumtion an Umlauffonds beträgt in allen Zweigen $100 + 70 + 130 = 300$ Einheiten[3], entsprechend ist das Akkumulationsvolumen der Umlauffonds in der Volkswirtschaft gleich $330 - 300 = 30$ Einheiten.

Angenommen, die Zweigstruktur der Investitionen der Produktionsfonds sei in dem zu betrachtenden Jahr die gleiche wie die der zu Beginn des Jahres eingesetzten Fonds. In diesem Fall kommen auf den Zuwachs an Grundfonds im ersten Zweig $\frac{70}{370} = 18{,}9\%$ des gesamten Investitionsvolumens der Grundfonds in der Volkswirtschaft; absolut bedeutet das einen Zuwachs von $57{,}5 \cdot 0{,}189 = 10{,}87$ Einheiten. Auf den Zuwachs an Grundfonds im zweiten und dritten Zweig kommen 54,1 bzw. 27,0% des gesamten Investitionsvolumens der Grundfonds; das sind absolut 31,11 bzw. 15,52 Einheiten. Die Struktur und die absoluten Zuwachsgrößen der Umlauffonds sind dann unter den genannten Voraussetzungen folgende: in den ersten Zweig fließen

[3] Die Umschlagsgeschwindigkeit der Fonds wird definiert als das Verhältnis zwischen der Größe ihres Verbrauchs in einem Jahr und der Größe der Vorräte. Bei einer Umschlagsgeschwindigkeit von Eins ist deshalb die Größe der in einem Jahr verbrauchten Fonds gleich der Höhe der Vorräte.

$\frac{100}{300} = 33{,}3\%$; in den zweiten $\frac{70}{300} = 23{,}3\%$ und in den dritten Zweig $\frac{130}{300} = 43{,}4\%$ des gesamten Investitionsvolumens der Umlauffonds oder — absolut — 9,99 Einheiten, 6,99 Einheiten bzw. 13,02 Einheiten. Im Ergebnis dessen sind die Produktionsfonds zu Beginn des zweiten Jahres wie folgt auf die Zweige verteilt:

Tabelle 2: Struktur der Produktionsfonds zu Beginn des zweiten Jahres

Zweig	Produktionsfonds	
	Grundfonds	Umlauffonds
erster	80,87	109,99
zweiter	231,11	76,99
dritter	115,52	143,02

Wir nehmen an, daß die Koeffizienten der Fondsintensität der Produktion im zweiten Jahr gleich denen im ersten Jahr sind. Da die Produktionsfonds und auch die Fondsintensitätskoeffizienten der Produktion bekannt sind, kann das Produktionsvolumen im zweiten Jahr eindeutig bestimmt werden, wenn sich die Fondsintensitätskoeffizienten und die Größen der produktiven Fonds als verträglich erweisen (das heißt, auch wenn die Zweigstruktur der Investitionen im ersten Jahr verträglich ist). Das Volumen der produktiveu Grundfonds im ersten Zweig beträgt 80,87 Einheiten, und der entsprechende Fondsintensitätskoeffizient ist gleich 0,467. Das Produktionsvolumen des Zweiges muß folglich $\frac{80{,}87}{0{,}467} = 173{,}17$ Einheiten betragen. Wenn man jedoch das Produktionsvolumen des Zweiges durch das Volumen der Umlauffonds und den entsprechenden Fondsintensitätskoeffizienten berechnet, so ergibt sich ein anderes Resultat, und zwar $\frac{109{,}99}{0{,}667} = 164{,}90$ Einheiten. Ein analoges Bild zeigt sich bei der Bestimmung des Produktionsvolumens der anderen Zweige. Die Bruttoproduktion des zweiten Zweiges, die auf der Basis der Grundfonds und deren Fondsquote ermittelt wurde, beträgt 381,37 Einheiten; die Berechnung auf Basis der Umlauffonds und deren Fondsquote ergibt für das Produktionsvolumen 363,16 Einheiten. Die entsprechenden Werte für die Produktionshöhe im dritten Zweig sind 346,91 und 330,30 Einheiten.

Es sei daran erinnert, daß wir in dem angeführten Beispiel folgendes vorausgesetzt haben: die Akkumulationsstruktur der Fonds stimmt mit der Struktur der eingesetzten Fonds überein, und die Fondsintensitätskoeffizienten seien unveränderlich; das sind solche Voraussetzungen, die auf den ersten Blick keine Widersprüche zwischen der Akkumulationsstruktur und den Koeffizienten der Fondsintensität erwarten lassen. Die Existenz eines derartigen Widerspruchs in dem angeführten vereinfachten Beispiel zeigt deutlich, daß die Ausarbeitung eines bilanzierten Planes der Entwicklungstempi und -proportionen der Volkswirtschaft eine äußerst komplizierte Aufgabe ist, wenn man zudem berücksichtigt, daß man es bei der Planung mit einer großen Zahl von Zweigen und Fondsarten zu tun hat.

Eine Verträglichkeit der zu betrachtenden Kennziffern kann sich bei der Lösung der Gleichungen verschiedener Modelle ergeben. Wenn die Fondsintensitäts- und Ersatzkoeffizienten der Fonds als Ausgangsrestriktionen vorgegeben werden, so findet man mit der Lösung der Gleichungen — neben den anderen Größen — eine Zweigstruktur der Ausnutzung der erzeugten Produktionsmittel, die diesen Koeffizienten nicht widerspricht. Um die Eindeutigkeit der Lösung zu sichern, müssen zusätzliche Beschränkungen vorgegeben werden, die ihrem ökonomischen Inhalt nach ebenfalls wichtig sind. Ein derartiges Vorgehen bei der Festlegung der Kennziffern, die als Parameter vorgegeben werden, wird in dem unten betrachteten dynamischen Modell praktiziert. Wird umgekehrt die Zweigstruktur der als Investitionen zu produzierenden Produktionsmittel als Ausgangsparameter vorgegeben, so erhält man die Mehrzahl der Fondsintensitäts- und Ersatzkoeffizienten aus der Lösung der Gleichungen. Hierbei werden die Fondsintensitäts- und Ersatzkoeffizienten bezüglich einer Fondsart in jedem Zweig vorgegeben, da man sonst das Produktionsvolumen nicht eindeutig bestimmen kann. Aus dem gleichen Grunde müssen die Umschlagsgeschwindigkeiten sämtlicher Fondsarten in allen Zweigen im vorhinein festgelegt werden. Ein solches Herangehen praktizierten wir bei der Ausarbeitung eines aggregierten dynamischen Modells der Volkswirtschaft [2].

1.3. Das Modell

Das zu betrachtende Modell ist eine Variante des einfachen dynamischen Modells der Verflechtungsbilanz. Wie die anderen Modelle stellt es eine bestimmte Verallgemeinerung des bekannten statischen Modells der Verflechtungsbilanz von V. Leont'ev dar und ist gleichzeitig eine gewisse Modifikation (das diskrete Analogon mit den allgemeinen Koeffizienten der Fondsintensität) des von V. Leont'ev ebenfalls vorgeschlagenen dynamischen Verflechtungsmodells [3]. Einen wesentlichen Beitrag zur ökonomischen und ökonomisch-mathematischen Analyse der verschiedenen Aspekte, die mit dem Aufbau und dem Einsatz der Verflechtungsbilanzmodelle sowohl in der statischen als auch in der dynamischen Form zusammenhängen, lieferten die Untersuchungen von A. G. Aganbegjan, V. D. Belkin, L. J. Berri, A. G. Granberg, G. I. Grebcov, L. M. Dudkin, E. B. Eršov, A. N. Efimov, F. N. Klocvog, A. A. Konjus, V.V. Kossov, V. S. Nemčinov, B. M. Smechov, S. S. Šatalin, M. R. Ejdel'man und anderen Ökonomen.

Wie wir bereits festgestellt haben, treten in dem zu betrachtenden Modell alle spezifischen Ausnutzungskennziffern der materiellen Ressourcen (die Matrizen der Normative der Fondsintensität, der Materialintensität u. a.) als Ausgangsparameter auf. Die Zweigstruktur der Akkumulation der produktiven Fonds, die den Ausgangsparametern nicht widerspricht, wird gemeinsam mit den anderen Kennziffern bei der Lösung des Gleichungssystems ermittelt. Um für jede Variante von numerischen Werten der Ausgangsparameter ein System mit eindeutiger quantitativer Wechselbeziehung zu erhalten, müssen in das Modell zusätzliche Beschränkungen eingeführt werden, wobei es für die Bestimmung der zusätzlichen Parameter nicht nur eine Möglichkeit gibt. Wenn man neben den spezifischen Ausnutzungskennziffern (-normativen) der materiellen Ressourcen den Vektor der Endproduktion mit nichtproduktiver Zweckbestimmung vorgibt, so erhält man (für jede konkrete Variante des Endproduktvektors und der Normativmatrizen) ein eindeutiges System quantitativer Beziehungen und Kennziffern für alle materiellen Elemente der Produktion[4]; allerdings werden anfangs die sich aus der Lösung der Gleichungen ergebenden Produktionsgrößen mit den Änderungen des Volumens der eingesetzten Arbeitskräfteressourcen und der Arbeitsproduktivität in den Zweigen nicht bilanzieren, obwohl im Prinzip nicht ausgeschlossen ist, daß sämtliche Plankennziffern der Dynamik und Ausnutzung der materiellen und Arbeitskräfteressourcen zufällig übereinstimmen und bilanzieren. Um in dem betrachteten Fall eine Bilanziertheit zu erreichen, sind Zwischenrechnungen mit Näherungscharakter notwendig, in denen nach und nach der Umfang und die Zweigstruktur des Endproduktes mit nichtproduktiver Zweckbestimmung korrigiert werden.

Der Endproduktvektor mit nichtproduktiver Zweckbestimmung braucht nicht vorgegeben zu werden, sondern er läßt sich aus der Lösung der Gleichungen ermitteln; dazu ist es notwendig, zusätzliche Beschränkungen hinsichtlich der Zweigstruktur dieser Produktion (das sind dem Wesen nach Beschränkungen bezüglich der Produktionsstruktur in der Abteilung II der gesellschaftlichen Produktion) sowie eine weitere Restriktion, beispielsweise in Form des Anteils der Abteilung II am Nationaleinkommen, einzuführen [4]. In diesem Fall isteine Bilanziertheit der Produktion mit den Plankennziffern der Arbeitskräfteressourcen und der Arbeitsproduktivität ebenfalls nicht explizit gewährleistet. Ein folgerichtiges Vorgehen besteht darin, die Beschränkungen hinsichtlich der Arbeitskräfteressourcen und deren Ausnutzung ausdrücklich in das Modell aufzunehmen. Dann werden sowohl die Produktionsgrößen der Abteilung II (bei bestimmten Beschränkungen hinsichtlich der Zweigstruktur)

[4] Das bezieht sich natürlich nur auf einen solchen Konkretheitsgrad, wie er durch die Anzahl und Zusammensetzung der als selbständig ausgewiesenen Zweige sowie durch die anderen, in dem jeweiligen Modell verwendeten Kennziffern über die Bildung und Ausnutzung der materiellen Ressourcen definiert ist.

als auch der Anteil der Abteilung II am Nationaleinkommen (und das bedeutet: auch die Rate der produktiven Akkumulation) eindeutig bei der Lösung des Gleichungssystems bestimmt. Ein solches Vorgehen wurde auch in der weiteren betrachteten Variante des dynamischen Verflechtungsmodells praktiziert.

Alle diese und auch andere Ansätze sind nicht nur möglich, sondern auch gerechtfertigt, da in jedem von ihnen der Akzent auf einem anderen wesentlichen Aspekt und den entsprechenden Kennziffern der Wirtschaftsentwicklung liegt. Die verschiedenen Wege und Modellvarianten können (und müssen) sich einander mit dem Ziel ergänzen, damit die sich hier ergebenden Probleme allseitiger und komplexer studiert werden können.

Wenden wir uns dem konkreten Inhalt des Modells zu. Die Gleichungen des Modells haben folgende Form:

$$x_i(t) = \sum_{j=1}^{n} \bar{a}_{ij}(t)\, x_j(t) + \sum_{j=1}^{n} y_{ij}(t) + E_i(t) - I_i(t); \tag{1}$$

$$x_j(t) = [x_j(t-1) - E_j(t-1) + I_j(t-1)]\, g_j(t) + E_j(t) - I_j(t); \tag{2}$$

$$y_{ij}(t) = \begin{cases} \dfrac{b_{ij}(t)\, x_j(t) - F_{ij}(t)}{l_{ij}(t)\, \beta_{ij}(t)}, & \text{falls keine Beschränkungen bezüglich einer minimalen Akkumulation der produktiven Fonds der Art } i \text{ im Zweig } j \text{ verwendet werden;} \\ \max \begin{cases} \dfrac{b_{ij}(t)\, x_j(t) - F_{ij}(t)}{l_{ij}(t)\, \beta_{ij}(t),} \\ \bar{a}_{ij}(t)\, x_j(t)\, r_{ij}(t), \end{cases} & \text{falls Beschränkungen bezüglich einer minimalen Akkumulation } (r_{ij}) \text{ verwendet werden;} \end{cases} \tag{3}$$

$i = \overline{1, k}$; $k < m$; $j = \overline{1, n}$; ansonsten gilt $y_{ij}(t) = 0$; $i = \overline{1, k}$ — Index der Zweige, die die verschiedenen Arten von produktiven Fonds produzieren.

$$T(t) = \sum_{j=1}^{n} c_j(t)\, x_j(t); \tag{4}$$

$$g_j(t) = g_{uj}(t) + \lambda\big(g_{u+1,j}(t) - g_{uj}(t)\big). \qquad (5)^5$$

Um bei Rechnungen über mehrere Jahre $F_{ij}(t)$ zu erhalten, wird eine Rekursionsbeziehung benutzt:

$$F_{ij}(t) = F_{ij}(t-1) + y_{ij}(t-1)\, l_{ij}(t-1). \tag{6}$$

[5] In der Gleichung (5) werden formal die Prinzipien der Anwendung einer Temposkala für die Zweige der Abteilung II dargestellt. Der Inhalt der genannten Skala wird im folgenden noch erläutert.

Die Modellparameter sind:

$\bar{a}_{ij}(t)$ — Koeffizienten für den Aufwand an Produktionsmitteln der Art i je Einheit der Produktion der Art j im Jahre t[6];

$b_{ij}(t)$ — Koeffizienten der Fondsintensität einer Einheit der Produktion des j-ten Zweiges bezüglich des Produktionsfonds der Art i im Jahre t;

$l_{ij}(t)$ — Verhältnis von aktivierten Investitionen der Art i im j-ten Zweig zur Gesamtgröße der Investitionen (einschließlich der Veränderungen an unvollendeter Produktion) der gleichen Fondsart im betrachteten Zweig im Jahre t;

$\beta_{ij}(t)$ — Koeffizienten der jahresdurchschnittlichen Aktivierung der Investitionen der Art i im j-ten Zweig im Jahre t;

$r_{ij}(t)$ — Koeffizienten, die zur Vorgabe einer unteren Grenze für Investitionen der Art i im j-ten Zweig im Jahre t dienen;

$c_j(t)$ — Arbeitsaufwandskoeffizienten für eine Einheit der Produktion des j-ten Zweiges im Jahre t;

$g_u(t)$ — Vektor der Wachstumstempi der Produktion mit nichtproduktiver Zweckbestimmung, bezogen auf das Niveau u der Skala für die Abteilung II, im Jahre t;

g_{uj} — j-te Komponente des Vektors g_u;

$E_i(t)$ — Exportvolumen an Produktionsmitteln der Art i im Jahre t, $i = \overline{1, m}$;

$E_j(t)$ — Exportvolumen an Erzeugnissen der Art j mit nichtproduktiver Zweckbestimmung im Jahre t, $j = \overline{m + 1, n}$;

$I_i(t)$ — Importvolumen an Produktionsmitteln der Art i im Jahre t, $i = \overline{1, m}$;

$I_j(t)$ — Importvolumen an Erzeugnissen der Art j mit nichtproduktiver Zweckbestimmung im Jahre t, $j = \overline{m + 1, n}$;

$F_{ij}(t)$ — Bestand an Produktionsfonds der Art i im Zweig j zu Beginn des Jahres t. Am Anfang des ersten Planjahres werden diese Größen auf der Grundlage der tatsächlichen statistischen Daten vorgegeben, und am Anfang jedes Folgejahres werden sie mit Hilfe der Rekursionsbeziehung (6) bestimmt;

$T(t)$ — Bestand an Arbeitskräfteressourcen in der Sphäre der materiellen Produktion im Jahre t.

Variable Größen sind:

$x_i(t)$ — Höhe der Produktion von Produktionsmitteln der Art i, $i = \overline{1, m}$, im Jahre t;

[6] Die Unterschiede zwischen den Koeffizienten $\bar{a}_{ij}$ und den Volumenskennziffern a_{ij} des direkten Aufwandes im statischen Modell der Verflechtungsbilanz werden später betrachtet.

$x_j(t)$ — Höhe der Produktion von Erzeugnissen der Art j für die nichtproduktive Konsumtion im Jahre t, $j = \overline{m + 1, n}$;

$y_{ij}(t)$ — Volumen an Produktionsmitteln der Art i, die im Jahre t in den Zweig j investiert werden[7];

$g_j(t)$ — Wachstumstempo der j-ten Erzeugnisart mit nichtproduktiver Zweckbestimmung für das Jahr t;

λ — linearer Koeffizient für die Transformation des Vektors g_u in g_{u+1} bei der Bestimmung der Größe g_j.

Anstelle der Arbeitskräfterestriktion kann man (und das wird in einigen Fällen auch getan) eine Beschränkung hinsichtlich des in der Produktion verbrauchten Elektroenergievolumens verwenden. Für diesen Fall nimmt die Gleichung (4) folgende Gestalt an:

$$\varepsilon(t) = \sum_{j=1}^{n} \bar{a}_{\varepsilon j}(t)\, x_j(t), \qquad (4')$$

wobei $\varepsilon(t)$ die in der Produktionssphäre im Jahre t verbrauchte Menge an Elektroenergie und $\bar{a}_{\varepsilon j}(t)$ die Koeffizienten der Elektroenergieintensität der Produktion des j-ten Zweiges im Jahre t darstellen.

Die Verwendung der Elektroenergierestriktion in den Berechnungen der Tempi und Proportionen ist deshalb zweckmäßig, weil die Elektrifizierung der Volkswirtschaft für die Entwicklung der Produktivkräfte und des technischen Fortschritts von außerordentlicher Wichtigkeit ist. Außerdem kann man durch teilweise Änderungen in der Elektroenergiebeschränkung und bei den Kennziffern der Elektroenergieintensität der Zweigproduktionen schnell erreichen, daß die aus den Modellrechnungen gewonnenen Kennziffern mit dem geplanten Arbeitskräftevolumen und dem Niveau der Arbeitsproduktivität in den Zweigen bilanzieren, wobei der enge Zusammenhang zwischen den Kennziffern der Arbeitsproduktivität und dem Grad der Elektroenergieausstattung der Arbeit beachtet wird.

Die ersten praktischen Modellrechnungen wurden mit einer Elektroenergierestriktion durchgeführt.

Weiterhin ist zu bemerken, daß wegen fehlender faktischer und Planinformationen über den Export—Import-Saldo für die einzelnen Unterzweige[8] der

[7] Akkumulation der Grundfonds ist hier identisch mit deren Zuwachs, ohne Abzug des Verschleißes.

[8] Unterzweige der Abteilung I in jedem der als selbständig in den Modellerrechnungen ausgewiesenen Zweige werden durch jenen Teil der Zweigproduktion dargestellt, der als Produktionsmittel eingesetzt wird. Entsprechend wird die Produktion der Unterzweige der Abteilung II für jeden Zweig bestimmt als Differenz zwischen der Gesamtgröße der zweiglichen Bruttoproduktion und dem zur Abteilung I gehörenden Teil der Produktion.

Abteilung I (Zweige $\overline{1, m}$) sowie für die Unterzweige der Abteilung II (Zweige $\overline{m + 1, n}$), der Vektor des Export-Import-Saldos in den praktischen Berechnungen vollständig auf die Unterzweige der Abteilung I bezogen wurde. Da in keinem Zweig solche, entsprechend den betrachteten Unterzweigen differenzierte Informationen über die spezifischen Kennziffern der Ausnutzung der materiellen und Arbeitskräfteressourcen (Koeffizienten der Material- und Fondsintensität, des Arbeitsaufwandes u. a.) vorliegen, werden diese Kennziffern in den Berechnungen für die Unterzweige der Abteilung I und II in gleicher Höhe angesetzt; beispielsweise werden in der Möbelproduktion die gleichen Ausnutzungsnormative für die materiellen und Arbeitskräfteressourcen verwendet wie für den Zweig „Holz- und holzverarbeitende Industrie" insgesamt, aus dem die Möbelindustrie ausgegliedert wurde. Bezieht man deshalb den Export—Import-Saldo, der sowohl Produktionsmittel als auch Erzeugnisse der nichtproduktiven Konsumtion umfaßt, allein auf den entsprechenden Unterzweig der Abteilung I, so ändern sich die Kennziffern des Volumens und der Dynamik der Produktion nicht, wenn diese für die Zweige insgesamt (das heißt ohne Gliederung in Unterzweige der Abteilung I und II) betrachtet werden. Dementsprechend nimmt die Gleichung (2) des Modells bei praktischen Berechnungen die folgende Gestalt an:

$$x_j(t) = x_j(t-1)\, g_j(t). \tag{2'}$$

Zur Lösung des Gleichungssystems (1)—(5) sind für jedes Jahr der Planperiode Ausgangsgrößen in ihrer absoluten Höhe erforderlich:

$x_j(t-1)$, $j = \overline{m+1, n}$: Für die Rechnungen im ersten Jahr der Planperiode werden diese Werte auf der Grundlage faktischer Daten des Basisjahres bestimmt; für jedes Folgejahr der Planperiode ergeben sie sich aus der Lösung der Gleichungen des vorangehenden Jahres;

$F_{ij}(t)$, $i = \overline{1, k}$; $j = \overline{1, n}$: Für das erste Jahr der Planperiode werden die Größen aus den faktischen Daten des Basisjahres und für jedes Folgejahr mit Hilfe der Rekursionsbeziehung (6) ermittelt;

$T(t)$: Diese Werte werden auf der Grundlage demographischer Berechnungen und unter Berücksichtigung anderer Faktoren der Bevölkerungs- und Arbeitskräftedynamik bestimmt;

$\varepsilon(t)$: Für den Fall, daß man die Elektroenergierestriktion verwendet, werden diese Werte aus Planvorgaben oder Prognosen über das Wachstumstempo beim Verbrauch an Elektroenergie in der produktiven Sphäre ermittelt und eingegeben;

$E_i(t)$; $E_j(t)$; $I_i(t)$; $I_j(t)$: Diese Größen werden anhand von Plänen (oder Prognosen) des Außenhandels und anderer Formen der Außenwirtschaftsbeziehungen bestimmt und vorgegeben.

Ebenfalls vorgegeben werden müssen die relativen Kennziffern (die Ausnutzungsnormative der materiellen und Arbeitskräfteressourcen sowie die

Kennziffern der Temposkala der Abteilung II), das heißt die Koeffizienten $\bar{a}_{ij}$, b_{ij}, l_{ij}, β_{ij}, r_{ij}, c_j sowie die Kennziffern g_{uj}. Auf die Begründung dieser Kennziffern für die Planperiode kommen wir im folgenden noch zu sprechen.

Betrachten wir den ökonomischen Inhalt und einige Besonderheiten der im Modell verwendeten Normativkennziffern.

Die Koeffizienten b_{ij} drücken den Bedarf an Grundfonds der Art i im Jahresdurchschnitt je Produktionseinheit des Zweiges j aus,

$$b_{ij}(t) = \frac{F_{ij}(t) + y_{ij}(t)\, l_{ij}(t)\, \beta_{ij}(t)}{P_j(t)}, \tag{7}$$

$P_j(t)$ — Bruttoproduktionsvolumen des Zweiges j im Jahre t; für die Planperiode gilt: $P_j(t) = x_j(t)$, $j = \overline{1, n}$. Diese Koeffizienten unterscheiden sich von den „Zuwachs"-Koeffizienten der Fondsintensität, wie sie von einigen Autoren vorgeschlagen werden. Die Besonderheit letzterer besteht darin, daß sich bei der Lösung der entsprechenden Modellgleichungen die Zuwachsgrößen der Produktionsfonds nur unter der Voraussetzung aus der Lösung der Gleichungen ergeben, wenn der gesamte Produktionszuwachs in dem jeweiligen Jahr allein durch den Fondszuwachs des betrachteten bzw. vorangehenden Jahres verursacht wird.

Eine derartige Voraussetzung ist jedoch etwas konstruiert, denn ein Teil des Produktionszuwachses kann auch infolge einer besseren Ausnutzung der zu Beginn des betrachteten (bzw. des vorangehenden) Jahres vorhandenen Fonds erzielt worden sein. Ebenso sind Situationen möglich, wo ein Teil der investierten Fonds durch eine Senkung der Fondsquote der fungierenden Fonds kompensiert wird. Ein Maß anzugeben, das den Einfluß der Altersstruktur der Fonds auf deren Fondsquote bestimmt, ist eine äußerst schwierige Aufgabe, weil es eine Vielzahl von Faktoren gibt, die die Kennziffer der Fondsintensität (wie übrigens auch die anderen Kennziffern) beeinflussen.

Die Verwendung von Koeffizienten der Gesamtfondsintensität unterstellt, daß (soweit das möglich ist) eine allseitige Analyse der Faktoren durchgeführt wird, die auf die Änderung der Fondsintensität einwirken. Eine gewisse Unterstützung können dabei Variantenrechnungen darstellen, die man mit dem Modell bei verschiedenen Hypothesen über die Veränderung der betrachteten Koeffizienten und bei unterschiedlicher Intensität der Erneuerung und Investitionen erhält.

Die Koeffizienten $l_{ij}(t)$ korrigieren das Endprodukt des i-ten Zweiges, das zum Zwecke der produktiven Akkumulation in den Zweig j fließt, entsprechend dem Grad seiner Bereitstellung. Diese Koeffizienten werden für die fondsproduzierenden Zweige mit einem langen Produktionszyklus verwendet.

In den betrachteten Koeffizienten finden die Zeitverzögerungen insofern einen gewissen Niederschlag, da die Dynamik der unvollendeten Bauvorhaben eng mit den Bauzeiten der einzelnen Objekte und gleichzeitig auch mit den durchschnittlichen Bauzeiten in den jeweiligen Zweigen zusammenhängt.

Die Koeffizienten $\beta_{ij}(t)$ werden dazu benutzt, um die Gesamtgröße der Investitionen der Fondsart i eines Jahres in eine jahresdurchschnittliche Größe zu transformieren. Die folgenden Umstände lassen eine derartige Umwandlung als zweckmäßig erscheinen. Die Fondsintensitätskoeffizienten b_{ij}, mit deren Hilfe der Bedarf an produktiven Fonds bestimmt wird, besitzen eine bestimmte Dimension. Die für die genannten Ziele verwendeten Koeffizienten β_{ij} drücken die Gleichmäßigkeit der Aktivierung der Fonds während des Jahres aus.

Die Koeffizienten $\bar{a}_{ij}(t)$ des betrachteten dynamischen Modells sind ihrem Inhalt nach den Koeffizienten des direkten Aufwandes im statischen Modell der Verflechtungsbilanz ähnlich. Die Besonderheiten der Koeffizienten bestehen in folgendem:

1. Der Hauptteil dieser Koeffizienten für die Zweige i, die Umlauffonds herstellen, umfaßt den realen Aufwand an materiellen Umlauffonds der Art i je Produktionseinheit des Zweiges j, das heißt, er stimmt mit den Koeffizienten des direkten Aufwandes a_{ij} im statischen Modell überein. Der zweite (relativ unbedeutende) Teil der Normative $\bar{a}_{ij}$ bringt die Akkumulation (den Zuwachs der Vorräte) von Erzeugnissen der Art i je Produktionseinheit des j-ten Zweiges zum Ausdruck. Somit gilt

$$\bar{a}_{ij}(t) = a_{ij}(t) + \frac{N_{ij}(t)}{x_j(t)}, \quad i = \overline{k+1, m}, \quad j = \overline{1, n}; \tag{8}$$

wobei: $N_{ij}(t)$ — Zuwachs der Vorräte an Umlauffonds der Art i im j-ten Zweig im Jahre t.

Berücksichtigt man den Umstand, daß in den Berichtsverflechtungsbilanzen der Produktion und Verteilung der Erzeugnisse die Zuwachsgrößen der Vorräte nach Arten der materiellen Umlauffonds ohne deren Verteilung auf die konkreten Verbraucherzweige aufgeführt werden, so kann man mit Hilfe der Formel

$$\bar{a}_{ij}(t) = a_{ij}(t) \left(1 + \gamma_i(t)\right) \tag{9}$$

eine Korrektur der Koeffizienten des direkten Aufwandes für das Basisjahr vornehmen, von dem ausgehend die Modellrechnungen für die Planperiode durchgeführt werden.

Der Koeffizient γ_i kann auf der Grundlage der Daten der Berichtsverflechtungsbilanz der Produktion und der Verteilung der Erzeugnisse nach der Formel

$$\gamma_i = \frac{x_i}{\sum_{j=1}^{n} a_{ij} x_j} - 1 \tag{10}$$

berechnet werden.

Bei der Korrektur der direkten Aufwandskoeffizienten des statischen Modells nach den angegebenen Formeln ist es nicht notwendig, die Fondsintensitätskoeffizienten der Produktion für Umlauffonds zu verwenden. Dementsprechend enthalten die Gleichungen des Bruttoprodukts (1) für jene Zweige der Abteilung I, die materielle Umlauffonds produzieren, nicht den Summanden $\sum_{j=1}^{n} y_{ij}$ und haben die Gestalt

$$x_i(t) = \sum_{j=1}^{n} \bar{a}_{ij}(t)\, x_j(t). \tag{1'}$$

2. In den Gleichungen des Bruttoprodukts (1) drücken die Koeffizienten $\bar{a}_{ij}$ für die Zweige i, die produktive Grundfonds erzeugen, die Größe der Aussonderungen der Fondsart i je Produktionseinheit des Zweiges j aus. Die Gesamtgröße der Aussonderungen der betrachteten Fondsart im Jahr beträgt folglich im Zweig j $\bar{a}_{ij}x_j$, $i = \overline{1, k}$, $j = \overline{1, n}$. Das Aussonderungsnormativ der Grundfonds wird bestimmt als Quotient des jährlichen Aussonderungsvolumens und der jahresdurchschnittlichen Größe der eingesetzten Fonds. Letztere ergibt sich als Produkt von $b_{ij}x_j$. Folglich stellt sich die Aussonderungsrate der Fonds als das Verhältnis von $\frac{\bar{a}_{ij}x_j}{b_{ij}x_j} = \frac{\bar{a}_{ij}}{b_{ij}}$ dar. Es sei bemerkt, daß man das Aussonderungsvolumen der produktiven Grundfonds nicht — wie in dem zu betrachtenden Modell — mit Hilfe der Normative a_{ij} zu bestimmen braucht; es kann auf der Grundlage direkter Berechnungen in absoluten Werten vorgegeben werden. In diesem Fall nehmen die Gleichungen der Bruttoproduktion (1) für die produktive Grundfonds erzeugenden Zweige folgende Gestalt an:

$$x_i(t) = \sum_{j=1}^{n} A_{ij}(t) + \sum_{j=1}^{n} y_{ij}(t), \tag{1''}$$

$A_{ij}(t)$ ist das vorgegebene Aussonderungsvolumen an Grundfonds der Art i im Zweig j im Jahre t.

Da die Größen $\bar{a}_{ij}x_j$ in den Bruttoproduktionsgleichungen (1) für die fondsproduzierenden Zweige die Höhe der physischen Aussonderungen und nicht die Amortisationen (den Verschleiß) der Fonds zeigen, bildet der zweite Teil des Produkts des entsprechenden fondsproduzierenden Zweiges, y_{ij}, $\left(y_i = \sum_{j=1}^{n} y_{ij}\right)$, nicht die Akkumulation im strengen Sinne des Wortes, sondern den Fondszuwachs ohne Abzug des Verschleißes. Das ist die natürliche Folge dessen, daß die Größen F_{ij}, die in den Modellrechnungen verwendet werden, die Produktionsfonds ohne Abzug des Verschleißes darstellen, so wie sie in den statistischen Materialien vorliegen; folglich werden auch die Fondsintensitätskoeffizienten b_{ij} ohne Abzug des Verschleißes berechnet. Andererseits findet hier jene Tatsache ihren Ausdruck, daß unter den Bedingungen der erweiterten Reproduktion und der systematischen Erhöhung des Bestandes an fungierenden produktiven Grundfonds die Größe ihrer Amortisationen (des Verschleißes) in dem einen oder anderen Jahr das physische Aussonderungsvolumen der Fonds im gleichen Jahr übersteigt. Betrachtet man jedoch die relativen Kennziffern (die Dynamik der Akkumulation und der Akkumulationsrate in der Zeit), so stimmen die Größen praktisch überein, und zwar unabhängig davon, ob sie nach der strengen Definition der Investitionsgröße ermittelt werden oder ob man bei der Berechnung der genannten relativen Kennziffern den Fondszuwachs ohne Abzug des Verschleißes verwendet.

Die Koeffizienten r_{ij} wurden in folgendem Zusammenhang in die Modellgleichungen eingeführt. Bei Modellrechnungen ohne Festlegung eines Mindestzuwachses an Produktionsfonds können in einzelnen Zweigen periodisch auftauchende negative Fondszuwachsgrößen beobachtet werden. Die Höhe der jahresdurchschnittlichen Fonds ist in diesen Fällen geringer als der Fondsbestand zu Beginn des entsprechenden Jahres. Das bedeutet, daß die vorgegebenen konkreten Kennziffern der Bildung und Ausnutzung der produktiven Grundfonds (die Koeffizienten b_{ij}, l_{ij}, β_{ij}) mit den jährlichen Fondszuwächsen der einen oder anderen Fondsart in einzelnen Zweigen nicht verträglich sind. Die Tatsache, daß positive und negative Fondszuwachsgrößen periodisch auftreten, bedeutet: Wenn in einem Jahr der Fondszuwachs negativ ist, das heißt, wenn sich das Volumen an eingesetzten Fonds verringert, kann man im folgenden Jahr einen bedeutenden Fondszuwachs beobachten. Derartige Schwankungen hängen mit periodischen „Wanderungen“ der eingesetzten Fonds bei einzelnen Fondsarten von einem Zweig in einen anderen zusammen. Formal ist die Möglichkeit derartiger Wanderungen dadurch bedingt, daß bei der hohen Aggregation der Zweige (und Normative) die Produktionsfonds einer bestimmten Art, zum Beispiel „Maschinen und Ausrüstungen“, in den Modellrechnungen als gemittelte, homogene Größe auftreten. Tatsächlich können natürlich Maschinen, zum Beispiel Webstühle, die in einem Zweig eingesetzt werden, nicht in der Schwarzmetallurgie usw. verwendet werden. Die Koeffizienten r_{ij} wurden in die Gleichungen eingeführt, um derartige Wanderungen zu verhindern (bzw. zu verringern), da sie in der Tat entweder nicht möglich oder eingeschränkt sind.

Die Koeffizienten r_{ij} können so vorgegeben werden, daß sie nahe bei Null liegen; in diesem Fall wird praktisch nur gesichert, daß die Investitionen nicht negativ werden. Aber selbst bei nichtnegativen Investitionen sind recht bedeutende periodische Schwankungen der Investitionshöhen in den einzelnen Zweigen möglich. Übermäßige Schwankungen werden dadurch vermieden, daß die Koeffizienten r_{ij} im Vergleich zu ihren Minimalwerten (das heißt den nahe bei Null liegenden) entsprechend höher angesetzt werden. Der Grad, um den die r_{ij} vergrößert werden müssen, damit übermäßige Schwankungen in der Dynamik der Zweiginvestitionen vermieden werden, wird dadurch bestimmt, daß mehrere Zwischenvarianten mit einem unterschiedlichen Niveau der zu betrachteten Koeffizienten berechnet werden. Es sei bemerkt, daß die Koeffizienten auch als negative Größen vorgegeben werden können. In diesem Fall treten sie entweder als Maß für mögliche Fonds-„Wanderungen“ zwischen den Zweigen oder als Maß für eine Abnahme des Bestandes an eingesetzten Produktionsfonds eines bestimmten Zweiges auf, für dessen Produktion der Bedarf systematisch zurückgeht.

Die Kennziffern g_{uj} sind Elemente der Temposkala für die Zweige der Abteilung II, die in Form einer Matrix vorgegeben wird. Dadurch, daß in das Modell unterschiedliche Entwicklungstempi der Zweige der Abteilung II eingehen, wird es möglich, in den Modellrechnungen in gewisser Hinsicht den Niveauunterschied bei der Befriedigung verschiedener Bedürfnisse zu berücksichtigen. Es sei bemerkt, daß die Unterteilung des gesellschaftlichen Produkts in Abteilung I und II nicht nach dem Prinzip der vorwiegenden Zweckbestimmung, sondern nach dem tatsächlichen Einsatz der Produktion erfolgt.

Die Temposkala der Abteilung II läßt sich zweckmäßig in Gestalt der Tabelle 3 mit bedingten Kennziffern darstellen (siehe Tabelle 3).

Wenn bei der Lösung des Gleichungssystems, die auf iterativem Wege erfolgt, die Bilanziertheit zwischen den Produktionsgrößen in allen Zweigen — bei gegebenen Koeffizienten und Beschränkungen — auf dem Niveau $u + 1$ (Vektor) der Skala erreicht wird, so bedeutet das einen Konsumtionszuwachs im Jahr von 7% im ersten Zweig ($m = 1$), 12% im zweiten Zweig ($m = 2$), 8% im dritten Zweig ($m = 3$) usw. Für den Fall, daß sich bei der Realisierung

Tabelle 3: Niveauskala der Wachstumstempi der Abteilung II mit bedingten Kennziffern

Zweige der Abteilung II	Niveauskala						
	1	2	···	u	$u + 1$	···	10
$m + 1$	1,00	1,01	···	1,065	1,07	···	1,10
$m + 2$	1,00	1,03	···	1,115	1,12	···	1,15
$m + 3$	1,08	1,08	···	1,08	1,08	···	1,08
⋮	⋮	⋮	⋮	⋮	⋮	⋮	⋮
n	1,00	1,008	···	1,05	1,065	···	1,10

nach dem Niveau $u + 1$ im Verlaufe der Iteration ein Mangel an Produktionsmitteln herausstellt, geht man zu dem niedrigeren Niveau über. Wenn sich dann ein absoluter Überschuß an materiellen Ressourcen zeigt, so wird ein Niveau gebildet, das zwischen u und $u + 1$ liegt. Ergibt sich danach bei diesem ersten Zwischenniveau ein absoluter Überschuß (bzw. ein absoluter Mangel) an materiellen Ressourcen, so bildet man ein Niveau, das zwischen $u + 1$ und dem ersten Zwischenniveau (bzw. — im Falle des Ressourcenmangels — zwischen u und dem ersten Zwischenniveau) liegt, usw.

Alle Zwischenniveaus werden gebildet, indem man von den jeweiligen Komponenten der benachbarten Niveaus, die sich in der vorangehenden Iteration ergeben haben, den Mittelwert nimmt. Die Veränderung der Zweigstruktur der Konsumtion von Erzeugnissen der Abteilung II wird im Intervall zwischen zwei benachbarten Niveaus praktisch als linear verlaufend angenommen[9], was völlig berechtigt ist, da man in den Berechnungen Skalen mit einer tiefgehenden Untergliederung und hohen Dichte der vorgegebenen Niveaus benutzen kann. Die Niveaus werden nach dem genannten Prinzip so lange überprüft und gebildet, bis praktisch eine volle Bilanziertheit (zum Beispiel mit einer vorgegebenen Genauigkeit von 0,01%) zwischen dem Volumen und der Zweigstruktur der Produktion einerseits sowie dem Volumen, der Zweig- und technologischen Struktur der vorhandenen (einschließlich der im betrachteten Jahr produzierten) materiellen Ressourcen — bei gegebenen Normativen und weiteren Modellrestriktionen — andererseits erreicht wird. Was die Begrenztheit der Arbeitskräfteressourcen (bzw. der Elektroenergie) anbelangt, so wird diese in allen Iterationsschritten streng eingehalten. Im Ergebnis dieses Iterationsprozesses finden wir die Wachstumstempi g_j der Zweige der Abteilung II, die mit den materiellen und Arbeitskräfteressourcen — bei gegebenen Normativen und Modellbeschränkungen — bilanziert sind.

Die praktische Bedeutung der betrachteten Skala besteht darin, daß sie eine einfache und natürliche Methode darstellt, um in das Modell Kennziffern über die Strukturveränderung des Verbrauchs (und das bedeutet auch: der Produktion) von Konsumgütern in Abhängigkeit von dem erreichten Stand der Produktion und Konsumtion einzubeziehen. Je begründeter (bei unterschiedlichem Niveau des Wachstums des Konsumtionsfonds insgesamt) die Kennziffern über die Strukturveränderung der Konsumtion von Erzeugnissen der Abteilung II sind, desto zuverlässiger werden auch die entsprechenden Kennziffern der Skala sein. Das Prinzip der Skala ist vom Standpunkt der möglichen Berücksichtigung des nichtlinearen Charakters der Veränderung der Zweigstruktur der Abteilung II äußerst flexibel. Insbesondere kann man auch die Forderung stellen, ein vorgegebenes Wachstumstempo einzelner Zweige (in gewissen Grenzen) unabhängig vom Vorhandensein produktiver Ressourcen zu sichern, wie das für den dritten Zweig in der angeführten Tabelle 3 vorgesehen ist.

Die Koeffizienten $c_j(t)$ schließlich stellen den Arbeitsaufwand je Produktionseinheit des j-ten Zweiges dar, ausgedrückt in entsprechenden Maßeinheiten (zum Beispiel in der jahresdurchschnittlichen Beschäftigtenzahl). In diesen Normativen tritt die Arbeit als homogene Ressource auf. Der Änderungsfaktor der Arbeitskräftestruktur nach Berufen und Fachrichtungen kann in folgender Weise berücksichtigt werden. Mit Hilfe eines dynamischen Modells wird eine Serie von Varianten für eine bestimmte Planperiode berechnet, woraus die am besten begründete Variante ausgewählt wird, vor allem bezüglich der

[9] Eine gewisse (unbedeutende) Nichtlinearität der Strukturänderung ist zu beobachten, wenn die Tempospanne zwischen zwei Niveaus der Skala vergrößert wird.

Arbeitsproduktivitätskennziffern. Auf der Grundlage der nach dieser Variante gefundenen Lösung wird der Bedarf der einzelnen Zweige an Arbeitskräften bestimmt; dieser Bedarf ist (bei gegebenen Arbeitsproduktivitätskennziffern und weiteren Beschränkungen) mit der Gesamtgröße der Arbeitskräfteressourcen bilanziert.

Im Ergebnis der Modellrechnungen erhalten wir ein System von Kennziffern, welches den Umfang und die Struktur der Reproduktion der Grundfonds und der Arbeit charakterisiert, sowie Größen, die bei gegebenen Normativen (Koeffizienten der Gleichungen), Kennziffern der Temposkala der Abteilung II und Beschränkungen der Arbeitskräfteressourcen (bzw. der für die Produktion eingesetzten Elektroenergie) miteinander bilanzieren.

Im Algorithmus und Programm der EDVA ist die Bestimmung des Kennziffernsystems vorgesehen, was die vorbereitende Verarbeitung der aus der Lösung der Modellgleichungen gewonnenen Informationen wesentlich erleichtert und beschleunigt.

2. Die Erarbeitung der Ausgangsinformationen

2.1. *Die Aufbereitung der Informationen für die Basisperiode*

2.1.1. *Anforderungen an die Ausgangsinformationen und die Modellnomenklatur*

Eine notwendige Bedingung der Berechnungen für die Planperiode auf der Grundlage des aggregierten dynamischen Verflechtungsmodells ist, daß das gesamte System der in dem Modell auftretenden Kennziffern im Basisjahr bilanziert. Die tatsächliche Verwendung der materiellen und Arbeitskräfteressourcen, deren Produktions-, Verteilungs- und Ausnutzungsbilanz, stimmen für das Berichtsjahr überein. Das Kennziffernsystem, das bei der Erarbeitung der Bilanzbasis der Berichtsperiode verwendet wird, erhält man hingegen aus verschiedenen Quellen der statistischen Berichtsunterlagen. Um die Forderung nach innerer Widerspruchsfreiheit des Kennziffernsystems bei der Aufstellung der Bilanzbasis der Berichtsperiode zu erfüllen, ist es in diesem Zusammenhang notwendig, eine Serie direkter und indirekter Berechnungen und Bilanzvergleiche anzustellen. Bei der Schaffung der Ausgangsbilanzbasis entstehen nicht nur deshalb Schwierigkeiten, weil eine Reihe von Kennziffern, die in den verschiedenen statistischen Berichtsunterlagen berechnet werden, nicht vergleichbar sind; sie entstehen auch in Verbindung damit, daß die Kennziffern in ein „der Sprache" des dynamischen Verflechtungsmodells „adäquates" Kennziffernsystem transformiert werden müssen. So ist es beispielsweise notwendig, von den Kennziffern der Bruttoproduktion der Wirtschaftszweige zur Produktion der reinen Zweige überzugehen, die Besonderheiten der Berechnung der Produktion zu Endverbraucherpreisen in der Methodologie der Verflechtungsbilanz zu berücksichtigen usw.

Die Fragen der Informationssicherung sind — sowohl als Problem der grundlegenden Modellparameter als auch als Problem der Ausgangsbilanzbasis — in gewissem Maße durch die im Modell verwendete Zweignomenklatur (den Detailliertheitsgrad der Zweignomenklatur) sowie durch den Differenziertheitsgrad der Bilanzelemente der Produktion, Verteilung und Verwendung der Erzeugnisse jedes Zweiges bestimmt.

Gegenwärtig enthält das aggregierte dynamische Verflechtungsmodell 37 aggregierte Zweige, in die die Volkswirtschaft untergliedert ist. Dabei wird die gesamte gesellschaftliche Produktion in zwei Abteilungen eingeteilt. Es wird folgende Modellnomenklatur verwendet (siehe Tabelle 4).

Das Produktionsvolumen der Zweige der Abteilung II wird ermittelt, indem aus der Bruttoproduktion des gleichnamigen Zweiges jener Teil herausgelöst wird, der nach den Daten der Berichtsverflechtungsbilanz der Produktion und

Tabelle 4: Modellnomenklatur

Nr.	Bezeichnung des Zweigaggregats	Abteilung I	Nr.	Abteilung II
1	Maschinenbau	+	21	+
2	Bauwesen	+	22	+
3	Elektrizitätswirtschaft	+	23	+
4	Schwarzmetallurgie	+	24	+
5	Buntmetallurgie	+	25	+
6	Brennstoffindustrie	+	26	+
7	Maschinenbau	+		–
8	Chemieindustrie	+	27	+
9	Holz- und holzverarbeitende Industrie	+	28	+
10	Baumaterialienindustrie	+	29	+
11	Glasindustrie	+	30	+
12	Leichtindustrie	+	31	+
13	Lebensmittelindustrie	+	32	+
14	übrige Industrie	+	33	+
15	Generalreparaturen im Bauwesen	+	34	+
16	Generalreparaturen von Ausrüstungen	+	35	+
17	Landwirtschaft	+	36	+
18	Transport	+		–
19	übrige Zweige der Volkswirtschaft	+	37	+
20	Handel, materiell-technische Versorgung, Beschaffung	+		–

Verteilung der Erzeugnisse für die Zwecke der nichtproduktiven Konsumtion (Verwendung) eingesetzt wird.

Die Zweignomenklatur des Modells (20 Positionen in Abteilung I und 17 in Abteilung II) erfaßt die gesamte Sphäre der materiellen Produktion, so daß das Gesamtvolumen des gesellschaftlichen Bruttoprodukts in dem betrachteten Berichtsjahr gleich der Größe ist, die sich aus der Berichtsbilanz der Volkswirtschaft nach Abzug der Handels- und Transportaufschläge ergibt.

Die sich nach der Volkswirtschaftsbilanz ergebende Differenz in den Größen des gesellschaftlichen Produkts ist in der Verflechtungsbilanz durch die unterschiedliche Methodik bei der Berücksichtigung der Handels- und Transportaufschläge zu erklären.

In der Modellnomenklatur werden zwei Zweige, der Maschinenbau und das

Bauwesen, als fondsproduzierende Zweige betrachtet, die entsprechend an erster und zweiter Stelle der angegebenen Nomenklatur der Abteilung I stehen. Der fondsproduzierende Zweig Maschinenbau wird durch einen Teil des Bruttoprodukts des gesamten Maschinenbaus (fertige Maschinen und Anlagen) dargestellt. In diesem Zusammenhang wird in der Modellnomenklatur der gesamte Maschinenbau in vier Zweige zerlegt: den ersten, siebenten, sechzehnten und einundzwanzigsten. Die Aufteilung des Bruttoproduktionsvolumens des Maschinenbaus erfolgt nach den Daten der Berichtsverflechtungsbilanz der Produktion und Verteilung der Erzeugnisse. Das Produktionsvolumen des siebenten Zweiges ergibt sich als Summe aus den laufenden Materialaufwänden des Zweiges Maschinenbau in allen Zweigen der Volkswirtschaft und dem Zuwachs der Bestände an materiellen Umlauffonds, bestehend aus Maschinenbauerzeugnissen, welche zu den Umlauffonds zählen; das Produktionsvolumen des sechzehnten Zweiges besteht aus dem Umfang der Generalreparaturen, die auf den Zweig Maschinenbau in der Abteilung I entfallen. Das Produktionsvolumen des ersten Zweiges muß gleich sein der Höhe des Ersatzes der in sämtlichen Volkswirtschaftszweigen ausgesonderten Ausrüstungen plus dem jährlichen Fondszuwachs bei Ausrüstungen.

Der zweite fondsproduzierende Zweig, das Bauwesen, wird ebenfalls nach den Daten der Berichtsverflechtungsbilanz der Produktion und Verteilung der Erzeugnisse gebildet. Das Produktionsvolumen des zweiten Zweiges muß gleich sein der Höhe des Ersatzes der in allen Volkswirtschaftszweigen ausgesonderten Grundfonds in Form von Gebäuden und Anlagen zuzüglich dem entsprechenden Fondszuwachs im Jahr sowie dem Zuwachs an unvollendeten Bauten. Der Teil der Bruttoproduktion des Bauwesens, der der Höhe der Generalreparaturen von Gebäuden und Anlagen entspricht, wird in einem speziellen Zweig, dem fünfzehnten, der Modellnomenklatur zusammengefaßt.

Bei der Erarbeitung der Bilanzbasis wird hinsichtlich der produktiven Grundfonds der Fondsbestand ohne den Personentransport und ohne Nutz- und Arbeitsvieh betrachtet.

Die bei der Aufstellung der Bilanzen der Erzeugnisse im Berichtsjahr für jeden Zweig gewählte Variante der Zweignomenklatur schafft — von den fondsproduzierenden Zweigen abgesehen — hinsichtlich der Informationssicherung keine zusätzlichen Schwierigkeiten. Was die fondsproduzierenden Zweige anbelangt, so sind hier zusätzliche Berechnungen erforderlich; das hängt damit zusammen, daß es keine Statistik gibt, die die Dynamik des Ersatzes der Aussonderungen für alle Zweige der Modellnomenklatur berücksichtigt. Jedoch die Notwendigkeit, Normative zu bilden, die die Dynamik der Fondsproduktion differenziert nach Fondsarten (Ausrüstungen, Gebäude und Anlagen) widerspiegeln, rechtfertigt den Aufwand der zusätzlichen Berechnungen.

Wegen des hohen Aggregationsgrades der Zweige werden sämtliche Kennziffern und Größen, die das Produktionsvolumen und die Verteilung der

Erzeugnisse charakterisieren, sowie die Kennziffern der Ausnutzung der materiellen Ressourcen im Wertausdruck zu vergleichbaren Preisen des Berichtsjahres berechnet.

Auf der Grundlage der ausbilanzierten Kennziffern über die Höhe der Produktion und der Fonds in der Bilanzbasis werden sämtliche Ausnutzungskoeffizienten der materiellen Ressourcen eindeutig bestimmt. Was die Arbeitsaufwandskoeffizienten betrifft, so werden diese ausgehend von der jahresdurchschnittlichen Beschäftigtenzahl im Verhältnis zur Bruttoproduktion des betreffenden Zweiges berechnet, das heißt, die Gesamtgröße der Arbeitskräfteressourcen, die in der Sphäre der materiellen Produktion tätig sind, muß gleich sein der Summe der Produkte, die gebildet werden aus den Bruttoproduktionsgrößen der Volkswirtschaftszweige und den Arbeitsaufwandskoeffizienten der entsprechenden Zweige.

Gegenwärtig werden auf Grundlage der betrachteten Nomenklatur Varianten über die Dynamik der Entwicklung der Volkswirtschaft für die Perspektive praktisch berechnet; Ausgangspunkt ist dabei eine für 1975 berechnete Bilanzbasis, die nach folgender Methode geschaffen wurde: Bei den Modellrechnungen wurde in Etappen von einer Berichtsbilanzbasis für 1966 zu einer Berechnungsbilanzbasis des Jahres 1970 und danach zur Planberechnungsbasis für 1975 übergegangen.

Die Erfahrungen, die bei der Schaffung der Bilanzbasis der Basisperiode für die Volkswirtschaft der UdSSR und für die der RSFSR gesammelt wurden, lassen mehrere methodologische Vorgehensweisen und methodische Verfahren in der Rechnung mit den realen Informationen erkennen. Die Arbeiten zur Schaffung einer realen Ausgangsbasis wurden im Institut für Ökonomik und Organisation der Industrieproduktion in engem Zusammenwirken mit verantwortlichen Mitarbeitern der entsprechenden Planungsabteilungen des GOSPLAN der UdSSR, des GOSPLAN der RSFSR und der Zentralverwaltung für Statistik durchgeführt.

Als Basisperiode wurde zunächst das Jahr 1966 gewählt, weil in der Zentralverwaltung für Statistik für dieses Jahr Berichtsverflechtungsbilanzen der Produktion und der Verteilung der Erzeugnisse, der produktiven Grundfonds und der Arbeitskräfte ausgearbeitet worden waren.

2.1.2. Die Erarbeitung der Bilanzbasis für das Jahr 1966

Eine Analyse der statistischen Berichterstattung für 1966 ergab, daß es notwendig ist, folgende Dokumente bei der Erarbeitung der Bilanzbasis als primäre statistische Berichtsunterlagen zu verwenden:

die Berichtsverflechtungsbilanz der Produktion und Verteilung der Erzeugnisse für 1966 zu Preisen von 1966 und zu neuen Preisen;

die Berichtsverflechtungsbilanz der produktiven Grundfonds für 1966;

die Berichtsbilanz der Grundfonds zum Bruttowert und unter Berücksichtigung des Verschleißes für 1966;

das Formblatt Nr. 11 (Bilanz der Bewegung der produktiven Grundfonds der Industrie für 1966);

das Formblatt 2KS, das die tatsächliche Inbetriebnahme von Produktionsfonds bei zentralisierten Investitionen in der Unterteilung nach Leitungsorganen charakterisiert;

das Formblatt 3KS, das die tatsächliche Inbetriebnahme von Produktionsfonds bei dezentralisierten Investitionen in der Unterteilung nach Leitungsorganen widerspiegelt;

die statistischen Jahrbücher der Zentralverwaltung für Statistik u. a.

Durch Aggregation der Größen in der Berichtsverflechtungsbilanz der Produktion und der Verteilung der Erzeugnisse ergaben sich die Bruttoproduktionsgrößen der Zweige der Abteilung I und II (außer den fondsproduzierenden Zweigen); auf direktem Wege wurden die Koeffizienten der Matrix der Materialintensitäten (außer den ersten beiden Zeilen), die Zuwachskoeffizienten der Umlauffonds und der Export—Import-Saldo berechnet.

Alle übrigen Ausgangsinformationen für das Jahr 1966 ergaben sich aus verschiedenen indirekten Berechnungen, was eine iterative, vielseitige Bilanzierung des Kennziffernsystems während der Rechnungen erforderte.

Folgende Informationen dienten als Ausgangsdaten für die Berechnung des Grundfondszuwachses und der Höhe des Ersatzes ausgesonderter Grundfonds für die beiden Grundfondsarten.

1. Das Akkumulationsvolumen bei Grundfonds ist (nach Fondsarten gegliedert) für die Volkswirtschaft insgesamt im zweiten Quadranten der Berichtsverflechtungsbilanz der Produktion und Verteilung der Erzeugnisse von 1966 an der Stelle enthalten, wo sich die Zeilen „Maschinenbau“ und „Bauwesen“ (in aggregierter Form) mit der Spalte „Zuwachs der produktiven und nichtproduktiven Grundfonds“ kreuzen[1]. Diese Größen entsprechen dem Grundfondszuwachs, der aus dem Nationaleinkommen herrührt, das heißt, sie entsprechen theoretisch und praktisch der Akkumulation von Grundfonds des Jahres. Die Besonderheit des aggregierten dynamischen Verflechtungsmodells (und — entsprechend — des Funktionsmechanismus der Fondsgleichungen) besteht darin, daß es nicht mit der Akkumulation sondern mit dem Gesamtzuwachs der Fonds im Jahr operiert. Die Differenz zwischen dem Volumen des Jahresfondszuwachses und der Höhe der Fondsakkumulation im Jahre 1966 bildet innerhalb des gesamten Investitionsvolumens des Jahres eine beträchtliche Größe. Theoretisch zeigt diese Größe eine, bezogen auf das National-

[1] In die Grundfondsrechnung ist das Vieh nicht mit einbezogen; was den geringen Fondszuwachs in der Forstwirtschaft anbelangt, so wurde diese Größe anderen Informationselementen zugerechnet.

einkommen, zusätzliche Quelle des Fondszuwachses, die auf dem Amortisationsfonds beruht. Der Fondszuwachs des Jahres entspricht somit — bei gleichbleibender Rate der unvollendeten Bauproduktion — einem Zuwachs der Bruttoinvestitionen im Lande; letztere werden aus dem Nationaleinkommen und dem Teil der Amortisation gebildet, der über der tatsächlichen, für die Erneuerung und für Generalreparaturen verwendeten Summe liegt, sowie aus den noch verfügbaren Amortisationen. Der noch verfügbare Bestand an Amortisationen ist in der Berichtsverflechtungsbilanz in der Spalte „Amortisation mit Generalreparaturen" enthalten. Die Herauslösung dieses Bestandes aus der Gesamtsumme der Amortisationen macht es möglich, einerseits die Fondzuwachsgrößen nach Fondsarten zu berechnen und andererseits näherungsweise die Ersatzgrößen der ausgesonderten Fonds nach Fondsarten zu bestimmen, indem die nach Abzug des Restbestandes an Amortisationen verbleibende Summe in das Ersatzvolumen (faktische Erneuerung) und die Größe der Generalreparaturen zerlegt wird. Es ist jedoch nicht möglich, eine derartige Berechnung unmittelbar mit den Daten der Berichtsverflechtungsbilanz der Produktion und Verteilung der Erzeugnisse von 1966 vorzunehmen.

2. Die Größe des Jahresfondszuwachses, darunter des Zuwachses der produktiven und der nichtproduktiven Fonds, kann man nach gewissen Korrekturen (die mit der Bewegung von Grundfonds in Gestalt von Nutzvieh und der Fonds des Personentransports, mit den — im Vergleich zur Verflechtungsbilanz — besonderen Berechnungsmethoden zusammenhängen) aus der jährlich aufgestellten Berichtsbilanz der Grundfonds zum Bruttowert erhalten. Diese Bilanz gestattet es jedoch nicht, den Fondszuwachs differenziert zu bestimmen, das heißt nach Fondsarten (in den Termini des Modells).

Eine wesentliche Ergänzung stellen die Informationen dar, die die Berichtsverflechtungsbilanz der Grundfonds unter Berücksichtigung des Verschleißes enthält; aus dieser Bilanz wird die Gesamtgröße (Gesamtsumme) des Ersatzfonds für die Aussonderungen (Grundfonds, die aus Alters- und Verschleißgründen liquidiert wurden) ermittelt. Mit Hilfe dieser beiden Bilanzen werden die Summe des ungenutzten Bestandes an Amortisationen und die eigentlichen Amortisationen (der produktiven Grundfonds) bestimmt — allerdings nicht in der Unterteilung nach Fondsarten, sondern insgesamt für die Fonds.

3. Die Daten über die Gesamt-(Brutto-)investitionen, darunter die Investitionen in die produktive Sphäre, wurden der Berichtsstatistik der Zentralverwaltung für Statistik und den Berechnungen des GOSPLAN der UdSSR entnommen.

Die Zuwachsgrößen der Fonds nach Fondsarten und nach dem Volumen des Ersatzes von ausgesonderten produktiven Grundfonds kann man über indirekte Berechnungen auf der Grundlage des Formblattes Nr. 11 erhalten; das betrifft jedoch nur die Industrie, wo eine Reihe von Betrieben, die in einer selbständigen Bilanz stehen, eingeschlossen sind.

4. Die Beschreibung der Daten der genannten statistischen Berichtsunterlagen und deren Analyse zeigen, daß es möglich ist, über wechselseitige, iterative Bilanzrechnungen mit einer für die Berechnungen im aggregierten dynamischen Verflechtungsmodell hinreichenden Genauigkeit die Elemente der Bilanz der Verteilung der Bruttoproduktion der fondsproduzierenden Zweige, das heißt die Höhe des Ersatzes ausgesonderter Fonds nach Fondsarten und in der Zweignomenklatur des Modells zu bestimmen. Auf der Grundlage dieser Daten wurden die Koeffizienten der beiden ersten Zeilen der Basismatrix A und des Zuwachses der produktiven und nichtproduktiven Grundfonds für jeden Zweig berechnet. Hierbei wurde der ungenutzte Bestand an Amortisationen, unterteilt nach Fondsarten sowie nach produktiven und nichtproduktiven Fonds, ausgewiesen.

An der Erarbeitung der Ausgangsbasis für die Elemente der Produktion der fondserzeugenden Zweige ging man methodisch unterschiedlich heran; ausgegangen wurde von den Investitionen, von der Bilanz der Bewegung der Grundfonds in einem Jahr und von der Bilanz der Produktion.

Die Größe der Bruttoinvestitionen eines Jahres setzt sich aus dem Jahreszuwachs der Fonds, der Höhe des jährlichen Ersatzes der Aussonderungen bei Grundfonds und dem Zuwachs an unvollendeten Investitionen zusammen. Die zur Abteilung I zählende Bruttoproduktion des ersten und des zweiten fondsproduzierenden Zweiges sind in ihrer Summe gleich den produktiven Bruttoinvestitionen. Da wir die Gesamtgröße der Bruttoinvestitionen des Jahres 1966 (52,4 Md. Rubel) kennen und die Höhe der produktiven Investitionen berechnet haben, erhalten wir die Summe der Bruttoproduktion der fondserzeugenden Zweige in der Abteilung I. Unabhängig von der Größe der produktiven Investitionen wurde auch auf andere Weise und auf der Grundlage weiterer Informationsquellen die Bruttoproduktionssumme der fondsproduzierenden Zweige in der Abteilung I ermittelt. Einerseits über die Grundfondsbilanzen (zum Bruttowert) und andererseits unter Berücksichtigung des Verschleißes konnten für die Volkswirtschaft insgesamt (differenziert nach produktiver und nichtproduktiver Sphäre) sämtliche Elemente der Erzeugnisbilanz der fondsproduzierenden Zweige entsprechend den Anforderungen des Modells gewonnen werden. Vergleicht man die erhaltene Summe mit der Größe der produktiven Investitionen, so zeigt sich, daß beide Rechnungen übereinstimmen. Die Variante der Erzeugnisbilanz, die auf der Basis der Informationen aus den Grundfondsbilanzen von 1966 aufgestellt worden ist, wurde nicht nur mit dem Volumen der produktiven Investitionen, sondern auch mit der Größe der Ausrüstungen und der Bau- und Montagearbeiten im Rahmen der produktiven Investitionen des Jahres 1966 verglichen. Bei den konkreten Berechnungen mußten verschiedene Größen wechselseitig korrigiert werden, wobei weitere statistische Berichtsunterlagen, in denen die zu analysierenden Größen unter einem anderen Aspekt oder in einer anderen Struktur vorlagen, hinzugezogen wurden. Wird beispielsweise von der Gesamtgröße der Amortisationen, die in der Berichtsverflechtungsbilanz angeführt ist, der in der Berichtsbilanz der Grundfonds enthaltene ungenutzte Bestand an Amortisationen (und auch die Generalreparaturen) abgezogen, so erhält man (für die beiden fondsproduzierenden Zweige und nach einer Korrektur um den Zuwachs an unvollendeten Investitionen) das Ersatzvolumen der Aussonderungen; dieses stimmt mit der Größe der wegen Alter und Verschleiß liquidierten Fonds überein, welche man auch aus der Berichtsbilanz der Grundfonds unter Berücksichtigung des Verschleißes erhalten kann. Ergaben sich bei solchen Vergleichen Abweichungen, so wurde eine zusätzliche Ursachenforschung betrieben, die in der Regel ergab, daß entweder eine andere Bewertung oder verschiedene Berechnungsmethoden der einzelnen Bilanzen zugrunde lagen usw.

Neben der Gewinnung von Daten, die für die Erarbeitung der Bilanzbasis notwendig sind, ermöglichen diese Berechnungen, gewisse Erfahrungen bei der Anwendung von Methoden der wechselseitigen Bilanzierung zu sammeln.

Ein weiterer Schritt in der Arbeit bestand darin, die Größen des Ersatzes der ausgesonderten Fonds in der Unterteilung nach Fondsarten für alle Zweige in der Ausgangsbasis zu ermitteln. Als Grundlage für diese Berechnungen (die auch eine eigenständige Bedeutung haben) wurden die faktischen Aussonderungskoeffizienten der produktiven Fonds, unterteilt nach Zweigen, bestimmt.[2]

Der Berechnung der Bestände an produktiven Grundfonds am Anfang und am Ende des Jahres wurde die Berichtsverflechtungsbilanz der produktiven Grundfonds des Jahres 1966 zugrunde gelegt. Da jedoch in dieser Bilanz der jahresdurchschnittliche Fondsbestand angegeben ist, ist die Fondsstruktur nach Fondsarten somit ebenfalls eine jahresdurchschnittliche Größe. Um von den jahresdurchschnittlichen Fonds aus der Verflechtungsbilanz zu den entsprechenden Größen am Anfang und am Ende des Jahres zu gelangen, müssen die Koeffizienten, die die Fonds (differenziert nach Fondsarten) in Jahresdurchschnittsgrößen überführen, sowie die Struktur des Fondszuwachses (untergliedert nach Arten) bekannt sein.

Bei Nutzung des gesamten existierenden Systems von Berichtsbilanzen der Grundfonds sowie der oben beschriebenen Methoden der direkten und indirekten Berechnungen wurde eine Strukturvariante als Ausgangsbasis gewählt, wie sie in Tabelle 5 angegeben ist.

Auf der Grundlage dieser Struktur der Bilanzbasis wurden der Vektor der produktiven Grundfonds am Jahresende formuliert und dementsprechend die Koeffizienten der Fondsintensität berechnet.

Geht man von den jahresdurchschnittlichen produktiven Fonds aus, so ist es bei den Modellrechnungen notwendig, die nach Volkswirtschaftszweigen differenzierten Koeffizienten anzuwenden, die die Fonds in Jahresdurch-

[2] Bei der Durchführung dieser Berechnungen haben K. K. Vinogradov (Zentralverwaltung für Statistik der UdSSR) und L. P. Burova (GOSPLAN der UdSSR) bedeutende Hilfe geleistet.

schnittsgrößen überführen. Die Bilanzbasis für 1966 wurde für die UdSSR insgesamt und für die RSFSR erstellt. Die Bilanziertheit der Ausgangsinformationen wurde im Zuge der praktischen Modellrechnungen überprüft.

Mit dem Ziel, die Ausgangsbilanzbasis an die gegenwärtigen Bedingungen für die Durchführung von prognostischen Variantenrechnungen anzupassen, wurde der Übergang zur Berechnungsbasis 1970 vollzogen.

Dieser Übergang erfolgt mit Hilfe von Berechnungen nach dem aggregierten dynamischen Modell der Verflechtungsbilanz.

Eine Besonderheit bei der Erarbeitung der Bilanzbasis für die Volkswirtschaft der RSFSR besteht in der Ermittlung der Koeffizienten der zwischengebietlichen (zwischen den Republiken verlaufenden) Ressourcenströme. Methodisch wird in dem Modell der Vektor der zwischengebietlichen Ströme exogen vorgegeben, so, wie das auch beim Vektor des Export—Import-Saldos im Modell der Unionsebene der Fall ist.

Eine Analyse der Berichtsverflechtungsbilanz der RSFSR zeigte, daß sich fast die gesamte Einfuhr von Erzeugnissen über den Sortimentsaustausch realisiert.

Das zeugt davon, daß die RSFSR sehr umfangreiche Wirtschaftsbeziehungen mit allen Unionsrepubliken besitzt. Eine weiterführende Analyse der aggregierten Zweige Industrie und Landwirtschaft zeigt, daß sich nahezu die gesamte Einfuhr auf dem Gebiet der Leichtindustrie über den Sortimentsaustausch vollzieht, während bei den Zweigen Schwarz- und Buntmetallurgie, Lebensmittelindustrie und Landwirtschaft die Einfuhr gegenüber der Ausfuhr überwiegt. Bei den anderen Industriezweigen ist die Ausfuhr größer als die Einfuhr. Abgesehen davon, daß der Saldo zwischen Ein- und Ausfuhr, den man im Modell vorgeben muß, außer im Zweig „Lebensmittelindustrie" gering ist, besteht ein viel aktuelleres Problem der Bilanzbasis der RSFSR darin, die Größen der Ein- und Ausfuhr selbst zu bestimmen. Die Erfahrungen, die mit der Aufstellung der Berichts- und Planverflechtungsbilanzen gesammelt wurden, zeigen, daß es für die Berechnung der Einfuhr- und Ausfuhrkennziffern mehrere Möglichkeiten gibt. Eine davon kann auf der Verwendung folgender statistischer Informationsquellen aufbauen [1]:

Vollzugsbilanzen der produktiven und nichtproduktiven Grundwaren des Marktfonds;

Brennstoff- und Energiebilanz sowie die Berichte über Ein- und Ausfuhrlieferungen von Erzeugnissen nach Gebieten;

Bilanzen des zwischengebietlichen Güteraustausches;

Berichtswesen über die Produktionslieferungen.

Jede der aufgezählten Quellen kann zur Ermittlung der Ein- und Ausfuhrgrößen lediglich für einzelne Zweige der Verflechtungsbilanz ausgenutzt werden. Dabei ist eine Korrektur der Daten erforderlich, da alle diese statistischen Unterlagen verschiedenartige Informationen über den Umfang der Ein- und Ausfuhr enthalten.

Ein anderes Berechnungsverfahren basiert auf den Kennziffern des Saldos der Ein- und Ausfuhr sowie den Austauschkoeffizienten der Produktion [2].

2.1.3. Die Erarbeitung der Berechnungsbilanzbasis für 1970

Bei der Erarbeitung der Berechnungsbilanzbasis für 1970 stand die Aufgabe, eine Variante für das wechselseitig miteinander verbundene System von Berichtsverflechtungsbilanzen der Produktion und Verteilung der Erzeugnisse, der produktiven Grundfonds und der Arbeitskräfte zu finden, indem mit Hilfe mehrerer Variantenrechnungen mit dem Modell ein Übergang von der Basis 1966 zur Basis 1970 geschaffen wurde.

Die Hauptaufgabe bestand darin, eine Variante zu erstellen, die die Dynamik der volkswirtschaftlichen Entwicklung im Zeitraum 1967—1970 so nachbildet, daß sich im Ergebnis entsprechende Größen und Hauptbilanzbeziehungen ergeben, die praktisch mit den Berichtskennziffern von 1970 übereinstimmen.

Bei der Formierung der Berechnungsbasis wurden alle vorhandenen oben genannten statistischen Unterlagen sowie die Ergebnisse einer analytischen Bearbeitung der Bilanzbasis von 1966 genutzt.

Ein Hauptproblem bestand in der „Prognose" der Veränderung der Materialintensitäts-, Fondsintensitäts- und Arbeitsaufwandskoeffizienten für die gesamte Zweignomenklatur während des Zeitraumes 1966—1970, da es „in den Termini des Modells" keine direkten Daten gibt[3]. Zur Aufstellung der Verbrauchsskala konnten die Daten über die Wachstumstempi der Produktion von Konsumgütern genutzt werden; es war jedoch notwendig, eine Korrektur vorzunehmen, in der die Preise und der Unterschied in der Dynamik der realen Wirtschafts- und der reinen Zweige berücksichtigt wurden.

Die Realisierung des Übergangs von der Basis des Jahres 1966 zu der von 1970 fußte auf den jahresmittleren Änderungskoeffizienten der Material-, Fonds-, Elektroenergieintensitäten und des Arbeitsaufwandes. Dabei wurde eine Veränderung der Koeffizienten, zum Beispiel der Materialintensität, nur für die wesentlichen Koeffizienten der Materialaufwandsmatrix betrachtet.

Mittels einer ökonomischen Analyse der Berichtsverflechtungsbilanzen der Produktion und Verteilung der Erzeugnisse für die Jahre 1959 und 1966 wurden diese wichtigsten Koeffizienten ermittelt; das sind diejenigen, die über 90% des gesamten Materialaufwandes in der entsprechenden Zeile der Matrix repräsentieren. Die Begründung von Varianten der Änderung der Materialintensitätskoeffizienten erfolgte auf Basis eines Systems von indirekten

[3] Das war eine Prognose besonderer Art, da man im Ergebnis auf bekannte Größen und Bilanzverhältnisse kommen mußte.

Berechnungen, dem Untersuchungen über die Dynamik der Veränderung des Materialaufwandes je Rubel Bruttoproduktion im Zweig und je Rubel Warenproduktion zugrunde lagen; weiterhin wurden zu diesem Zweck auch Variantenrechnungen mit dem Modell durchgeführt. Bei den Arbeiten zur Nachbildung der Veränderung der Materialintensitätskoeffizienten sowie der Änderung anderer Modellparameter halfen sehr die Erfahrungen, die während einer Analyse der Änderungstendenzen der Materialintensität in den verschiedenen Volkswirtschaftszweigen und vor allem bei der Aufstellung der Berichtsbilanzen für die Jahre 1959—1966 gesammelt wurden; gemeint sind die Erfahrungen mit der „Leitung" des Koeffizientensystems.

Eine Änderungsvariante der Hauptkoeffizienten für die betrachtete Periode widerspiegelt nicht nur die Änderungstendenzen der direkten Materialaufwandskoeffizienten, sie schließt auch organisch ein, daß sich der Umlauffonds-

Tabelle 5: Die Struktur der produktiven Grundfonds der Volkswirtschaft am Anfang und am Ende des Jahres 1966 zu Preisen des Jahres 1955

Zweige der Volkswirtschaft	Fondsstruktur in %				Veränderung der Fondsstruktur in Punkten	
	zu Beginn des Jahres		am Ende des Jahres			
	Ausrüstungen	Gebäude und Anlagen	Ausrüstungen	Gebäude und Anlagen	Ausrüstungen	Gebäude und Anlagen
Industrie insgesamt	39,1	60,9	39,3	60,7	+0,2	—0,2
Landwirtschaft	38,5	61,5	41,3	58,7	+2,8	—2,8
Transport	35,1	64,9	35,1	64,9	—	—
Handel	25,6	74,4	25,6	74,4	—	—
übrige Zweige der Volkswirtschaft	49,5	50,4	50,3	49,7	+0,8	—0,8
Volkswirtschaft gesamt	38,6	61,4	39,4	60,6	+0,8	—0,8

zuwachs in den entsprechenden Zweigen verändert. Praktisch resultieren die Änderungskoeffizienten aus der Wirkung nicht eines, sondern mehrerer Faktoren.

Die Vektoren der Veränderung der Fondsintensitätskoeffizienten im Zeitraum 1967—1970 wurden für jeden Zweig getrennt nach Ausrüstungen sowie Gebäuden und Anlagen berechnet und begründet. Die Analyse zeigt, daß es bei den Berechnungen zur Formierung der Bilanzbasis für 1970 berechtigt ist, für zwei Industriezweige, und zwar den Handel und die Position Übrige Zweige der Volkswirtschaft, die Fondsintensität unverändert anzusetzen. Wie bereits im vorhergehenden Zeitraum ging die Fondsintensität in folgenden Zweigen weiter zurück: Maschinenbau, Elektrizitätswirtschaft, chemische und Glasindustrie. In allen anderen Industriezweigen, aber auch in der Landwirtschaft (hier besonders), im Bauwesen und Transportwesen erhöhte sich faktisch die Fondsintensität. Der größte Unterschied in der Dynamik der Fondsintensitätserhöhung bei Ausrüstungen einerseits und bei Gebäuden und Anlagen andererseits zeigte sich im Bauwesen und in der Landwirtschaft.

Die Berechnung von Varianten des Übergangs zur Basis von 1970 machte die Ausarbeitung einer Verbrauchsskala erforderlich. Als vorläufige Variante wurden hierbei die Daten des jahresdurchschnittlichen Produktionswachstums der Industriezweiggruppe „*B*" verwendet, die die Zentralverwaltung für Statistik in dem Sammelband „Die Volkswirtschaft der UdSSR" veröffentlicht hat (siche Tabelle 6).

Was die anderen Industriezweige und auch das Bauwesen sowie die Landwirtschaft anbelangt, so konnten als primäre Ausgangsdaten verwendet werden: Daten über das Wachstumstempo des Produktionsvolumens der Zweige insgesamt, Daten über die Strukturveränderung des Konsumtionsfonds und über die Dynamik der Änderung der Fondsintensität der Produktion. Auf der Grundlage dieser Informationen wurde über indirekte Berechnungen eine Variante erarbeitet, die der Niveauskala genügt.

Der exogen vorzugebende Vektor des Außenhandelssaldos wurde außerhalb des Modells betrachtet, wobei eine Analyse der Dynamik des Export—Import-Saldos anhand der Dokumente der Außenhandelsstatistik zugrunde gelegt wurde.

In den Rechnungen mit der Elektroenergie- und Arbeitskräftebeschränkung wurden die jahresdurchschnittlichen Veränderungen der entsprechenden Ressourcen eingesetzt.

Ein Vergleich der Produktionsvolumina der Zweige der materiellen Produktion, der Größen an produktiven Grundfonds und anderer Kennziffern, die nach der Methodologie der dynamischen Verflechtungsbilanz ermittelt wurden, mit den entsprechenden Kennziffern, die nach der Methodologie des Volkswirtschaftsplanes und des Berichts der Zentralverwaltung für Statistik berechnet wurden, ergaben sowohl für die UdSSR insgesamt als auch für die RSFSR nur unwesentliche Abweichungen.

Gegenwärtig wird im Institut für Ökonomik und Organisation der Industrieproduktion die Berechnungsbilanzbasis für das Jahr 1975 erarbeitet, welche den Kennziffern des Volkswirtschaftsplanes im neunten Planjahrfünft entspricht[4]. Das Institut beteiligt sich an Prognoserechnungen für eine langfristige Planperiode, indem es sich auf diese Berechnungsbasis stützt.

[4] Diese Bilanzbasis wurde gemeinsam mit Mitarbeitern der Abteilung Perspektivplanung beim GOSPLAN der UdSSR erarbeitet.

2.2. *Die Vorbereitung der Informationen für planwirtschaftliche Berechnungen*

Um mit dem Modell die Volumen- und Tempokennziffern sowie die Proportionen für eine bestimmte Planperiode zu berechnen, ist es notwendig, die Arbeitskräfte, die in den einzelnen Jahren der Planperiode in der Sphäre der materiellen Produktion beschäftigt sind bzw. in dieser Sphäre eingesetzt

Tabelle 6: Struktur und Wachstumstempi der Konsumgüterproduktion (Gruppe „*B*")

Zweig	in %		jahresdurchschnittliches Wachstumstempo
Industriezweiggruppe „*B*"	1965	1970	für 5 Jahre
Gesamtproduktion der Gruppe „*B*"	100	100	108,3
Erzeugnisse der Leichtindustrie	26,4	28,8	110,1
Erzeugnisse der Lebensmittelindustrie	54,6	48,6	106,0
Erzeugnisse der Zweige der Schwerindustrie	19,0	22,6	111,7
Darunter:			
Brennstoffe und Elektroenergie	3,2	3,1	106,5
Maschinen und Ausrüstungen	6,2	8,5	114,9
Chemieerzeugnisse (ohne chemisch-pharmazeutische)	1,6	2,2	114,9
Chemisch-pharmazeutische Produkte	0,8	0,8	111,0
Erzeugnisse der Forstwirtschaft und holzverarbeitende Industrie (ohne Möbel)	1,0	0,9	107,0
Möbel	2,4	2,4	108,0
Baumaterialien, Glas-, Porzellan- und Keramikerzeugnisse	0,7	0,7	110,4
Aus dem Gesamtvolumen der Erzeugnisse der Gruppe „*B*": Waren für kulturelle und soziale Zwecke und Haushaltwaren	10,7	13,3	113,35

werden, zu bestimmen; und für den Fall, daß Restriktionen bezüglich der Elektroenergie berücksichtigt werden, ist das Wachstumstempo (und das Volumen) der Produktion von Elektroenergie, die in der Sphäre der materiellen Produktion verbraucht wird, vorzugeben. Außerdem ist es erforderlich, für jedes Jahr der Planperiode den Vektor des Export—Import-Saldos vorzugeben wie auch alle Normativkennziffern und Skalenkennziffern der Abteilung II zu begründen, die in den Modellgleichungen als Koeffizienten auftreten.

Betrachten wir die Hauptprinzipien der Erarbeitung dieser Kennziffern.

Die *Dynamik der Arbeitskräfteressourcen* wird auf der Grundlage von demographischen Berechnungen über das Wachstum der Bevölkerung im arbeitsfähigen Alter und anhand der Plankennziffern über die Verteilung dieser Bevölkerung auf die Sphäre der materiellen Produktion und die Dienstleistungssphäre bestimmt; weiterhin liegen diesen Berechnungen die Pläne zur Erhöhung der Beschäftigtenzahl in der Bildungssphäre (einschließlich der Studierenden), auf dem Gebiet der Wissenschaft, Kultur und Kunst sowie die Pläne zur Veränderung der Anzahl der in der Hauswirtschaft tätigen Arbeitskräfte zugrunde. Es sei darauf hingewiesen, daß Variantenrechnungen, die mit dem Modell bei unterschiedlicher Dynamik der in der Sphäre der materiellen Produktion Tätigen durchgeführt werden, für die Konkretisierung der Plankennziffern über die Verteilung der Arbeitskräfte auf die Sphäre der materiellen Produktion und die anderen Tätigkeitssphären von Nutzen sein können.

Bei der Planung der *Wachstumstempi der Elektroenergieproduktion* ist es notwendig davon auszugehen, daß die Entwicklung dieses Zweiges neben dem Maschinenbau die führende Rolle bei der Entwicklung der Produktivkräfte und des technischen Fortschritts in der Volkswirtschaft spielt.

Für die Begründung der *Export- und Importkennziffern* der Produktion können Variantenrechnungen, die mit Hilfe des Modells bei unterschiedlichen Werten dieser Kennziffern durchgeführt werden, eine gewisse Hilfe darstellen. Die Hauptschwierigkeit besteht hierbei in der quantitativen Verknüpfung der anderen Modellrestriktionen (vor allem der Kennziffern der Arbeitsproduktivität, der Fonds- und Materialintensität) mit den Kennziffern des Volumens und der Struktur des Ex- und Imports von Produktionsmitteln; diese Verknüpfung erfolgt über entsprechende Korrekturen.

Bei der Begründung der *Normativkennziffern* (*der Koeffizienten*) muß folgender Umstand berücksichtigt werden. Die faktischen Normative des Basisjahres, die den Ausgangspunkt der Berechnungen für die Planperiode darstellen, enthalten alle zur Zeit vorhandenen Unzulänglichkeiten in der Ausnutzung der materiellen und Arbeitskräfteressourcen. Unsere Wirtschaft verfügt über bedeutende nichtgenutzte Reserven zur Verbesserung dieser Kennziffern (der Fonds- und Materialintensität, des Arbeitsaufwandes). Aber die Realisierung dieser Reserven kann aus verschiedenen Gründen in der Regel nicht auf einmal, nicht sprunghaft, sondern muß nach und nach erfolgen; allerdings ist die Intensität dieser allmählichen Realisierung in den verschiedenen Abschnitten der künftigen Periode mehrerer Fünfjahrpläne nicht gleich, und sie ist auch unterschiedlich für verschiedene Normative in ein und demselben Zeitabschnitt. Es ist unserer Meinung nach deshalb völlig berechtigt, wenn man an die Normative der Planperiode wie folgt herangeht: Im ersten Planjahr wird deren Höhe bestimmt, indem das tatsächliche Niveau des Basisjahres mehr oder weniger stark korrigiert wird; in den folgenden Jahren ermittelt man die Normative mittels Korrektur der Größen des jeweiligen Vorjahres.

Ein derartiges Herangehen an die Erarbeitung der Normative für die Planperiode besitzt auch gewisse technische Vorzüge. In den Modellrechnungen für irgendein Planjahr werden nicht die Koeffizientenmatrizen, sondern die Matrizen der jährlichen Änderung der Koeffizienten (bzw. die Änderungsmatrizen, unterteilt nach Jahren) unmittelbar eingegeben. Die Normative selbst werden dann für das jeweilige Jahr durch Multiplikation der Vorjahresnormative mit den entsprechenden Änderungsgrößen des Planjahres ermittelt. Diese Operationen sind im Algorithmus und Programm der Modellrechnungen auf den EDVA vorgesehen, was die Vorbereitung der Ausgangsinformationen für die Berechnungen wesentlich erleichtert und es gestattet, in kurzer Zeit eine große Anzahl von Varianten mit unterschiedlichen Hypothesen über die Änderung der Normative zu erhalten.

Die Korrektur kann in folgender Weise erfolgen. Für ein bestimmtes (zum Beispiel das fünfte) Jahr der zukünftigen Periode werden detaillierte technisch-ökonomische Berechnungen durchgeführt, auf deren Grundlage die Koeffizienten für dieses Jahr bestimmt werden.[5] Im Zeitraum zwischen dem Basis- und dem genannten Jahr werden die Koeffizientenänderungen interpoliert. Hierbei ist jedoch festzustellen, daß für eine längerfristige Periode die Koeffizientenänderung nach dieser Methode problematisch ist, da auf dem Gebiet des technischen Fortschritts der Unbestimmtheitsfaktor über einen längeren Zeitraum groß wird und auch andere Unbestimmtheitsfaktoren der ökonomischen Entwicklung in Erscheinung treten.

Eine andere Methode zur Bestimmung der Normativänderungen beruht auf Experteneinschätzungen. Hierbei müssen natürlich die zu erwartenden Veränderungen der Produktionstechnologie, die technischen Projekte und Berechnungen für die einzelnen Produktionsobjekte u. a. m. berücksichtigt werden. Die Normative, die man auf der Grundlage technisch-ökonomischer Berechnungen erhält, müssen als gewisse Orientierungsgrößen für die Begründung der Koeffizienten dienen. Gleichzeitig muß man beachten, daß ein bedeutender Teil der Produktion der Planperiode in bereits bestehenden Betrieben hergestellt wird, wo die Möglichkeiten für eine Veränderung der Technologie beschränkt sind; andererseits werden die projektierten technisch-ökonomischen Kennziffern neuer Objekte in der Regel nicht nur im Umfange der für diese Objekte vorgesehenen Investitionen, sondern für deren gesamte Produktionskapazität wirksam. Die Berücksichtigung der Experteneinschätzungen, die die entsprechenden Fachleute und Organisationen liefern, sind somit bei der Begründung der Normative der Planperiode nicht nur gerechtfertigt, sondern auch notwendig.

So exakt die Normative für die Planperiode auch begründet sein mögen, in ihnen können nicht alle Faktoren, die auf diese Kennziffern einwirken, voll-

[5] Derartige Berechnungen werden insbesondere vom Ökonomischen Forschungsinstitut beim GOSPLAN der UdSSR für die Aufstellung der statistischen Planverflechtungsbilanzen durchgeführt.

ständig erfaßt werden. Eine große Bedeutung erlangen deshalb die Variantenrechnungen mit verschiedenen Hypothesen über die Änderung der Modellkoeffizienten. Sie helfen bei der Aufdeckung der quantitativen Abhängigkeiten zwischen den verschiedenen Änderungen der Normative und der Entwicklungstempi der einzelnen Zweige sowie der Volkswirtschaft insgesamt; das ist vor allem im Anfangsstadium der Aufstellung volkswirtschaftlicher Perspektivpläne wichtig. Außerdem muß berücksichtigt werden, daß gegenwärtig der Mechanismus der Beziehungen, der Änderungsfaktoren der Zweigstruktur und der verallgemeinerten Kennziffern in der Volkswirtschaft noch nicht ausreichend untersucht ist. Die systematische Analyse der hier bestehenden Abhängigkeiten auf der Grundlage von Variantenrechnungen ist daher eine wichtige Bedingung für die Aufstellung begründeter Perspektivpläne. Andererseits wird mit gut aufgebauten Informationen während der Plandurchführung die Möglichkeit geschaffen, verschiedene Koeffizienten operativ zu korrigieren und auch andere Plankennziffern durch Berechnungen mit dem dynamischen Modell einer entsprechenden Korrektur zu unterziehen.

Von großem Nutzen für die Begründung der Plannormative kann sein, wenn anhand der statistischen Daten über die Entwicklung sowohl der Wirtschaft unseres Landes als auch anderer entwickelter Länder eine Analyse angestellt und die tatsächlichen Änderungstendenzen aufgezeigt werden. Zu diesem Zweck (aber nicht allein hierfür) ist es erforderlich, systematisch (am besten jährlich) Berichtsverflechtungsbilanzen aufzustellen. Hierbei sollte entsprechend den Möglichkeiten gewährleistet sein, daß die Verflechtungsbilanzen verschiedener Jahre sowohl in der Zweig- und Erzeugnisnomenklatur als auch hinsichtlich der Preise (bei Verflechtungsbilanzen im Wertausdruck) vergleichbar sind.

Bei der Begründung der Plannormative ist es erforderlich, den Grad ihrer Wichtigkeit zu berücksichtigen. Um die tatsächlich wichtigen Normative und deren Rang festzustellen, genügt es nicht, sich nur auf deren unmittelbaren Vergleich zu beschränken, selbst wenn man dabei das Bruttoproduktionsvolumen der Liefer- und der Empfängerzweige mit einbezieht. Die vielschichtigen Wechselbeziehungen der Zweige bedeuten, daß keineswegs nur direkte (isolierte) Verbindungen zwischen ihnen bestehen, die in den „direkten“ Ausnutzungsnormativen der Produktionsressourcen zum Ausdruck kommen. Es existiert vielmehr ein verzweigtes System von indirekten Verbindungen zwischen den verschiedenen Zweigen über mehrere weitere, zwischengeschaltete (genau genommen: über alle) Zweige; diese indirekten Verbindungen lassen sich nur auf der Grundlage von Methoden der ökonomisch-mathematischen Analyse quantitativ beschreiben. Konkrete Formen des Einsatzes ökonomisch-mathematischer Methoden zur Ermittlung des Wichtigkeitsgrades der verschiedenen Normative werden insbesondere in [3], [4] und [5] betrachtet.

Dabei muß jedoch folgendes beachtet werden: Verwendet man zur Feststellung der Wichtigkeit der verschiedenen Normative ökonomisch-mathematische Methoden, die auf den Kennziffern der Kehrmatrix der direkten Aufwandskoeffizienten verschiedener Verflechtungsmodelle (genauer: der Matrix $(E-A)^{-1}$, E — Einheitsmatrix, A — Matrix der direkten Aufwandskoeffizienten) beruhen, so werden nicht alle Aspekte der betrachteten Frage berücksichtigt, da eine Veränderung der Ausnutzungsnormative einzelner Produktionsmittel, vor allem neuer, moderner Arten, dazu führt, daß sich (auch auf unterschiedliche Weise) die Kennziffern der Arbeitsproduktivität sowie die anderen „direkten" Ausnutzungsnormative der materiellen Ressourcen ändern. Überhaupt ist die Berücksichtigung des wechselseitigen Zusammenhangs zwischen den Veränderungen der verschiedenen Normative eine notwendige und sehr wichtige Bedingung bei deren komplexer Begründung für die Planperiode. Das bezieht sich vor allem auf die Wechselbeziehung zwischen den verschiedenen Normativen „innerhalb einer Spalte", das heißt zwischen den Ausnutzungsnormativen verschiedener Produktionsmittel und der Arbeitskräfte in dem jeweiligen Zweig. Eben hier tauchen auch das Problem der quantitativen Beschreibung (der Proportionen) der gegenseitigen Substituierbarkeit verschiedener Arbeitsgegenstände (Metalle und synthetische Plaste u. a. m.) bei der Produktion des betrachteten Erzeugnisses und das Problem der Wechselbeziehung zwischen den Fondsintensitäts- und den Arbeitsproduktivitätskoeffizienten usw. auf. Gleichzeitig ist es häufig sehr kompliziert, das quantitative Maß dieser Abhängigkeiten zu bestimmen.

Aus all dem folgt, daß bei der Berechnung der Normativkennziffern (Koeffizienten) unterschiedliche Methoden (detaillierte technisch-ökonomische Berechnungen, Experteneinschätzungen, die Aufdeckung und Berücksichtigung der tatsächlichen Tendenzen, die ökonomisch-mathematische Analyse, Variantenrechnungen mit dem Modell) nicht nur möglich sind, sondern daß die Anwendung aller dieser Methoden mehr oder weniger notwendig ist; dadurch wird eine wechselseitige Kontrolle und — folglich — eine vollständigere Begründung der betrachteten Kennziffern möglich.

Neben der Vielzahl von Faktoren, die bei der Verbesserung der Ausnutzung der materiellen und Arbeitskräfteressourcen im Zusammenhang mit der Begründung der Normative für die Planperiode eine Rolle spielen, muß auch der Faktor der Strukturverschiebungen innerhalb jedes, in der Verflechtungsbilanz als selbständig ausgewiesenen Zweiges berücksichtigt werden. Diese Zweige stellen in der Regel ein bestimmtes Aggregat mehrerer konkreter Zweige bzw. Erzeugnisarten dar. Dementsprechend sind die Normative (Koeffizienten) des Verflechtungsmodells aggregierte Kennziffern. Sowohl die Veränderung der innerzweiglichen Produktionsstruktur als auch eine Veränderung der Ausnutzungsnormative der konkreten Produktionsmittelarten bei der Herstellung der konkreten Erzeugnisarten jedes Zweiges üben deshalb auf die aggregierten Koeffizienten einen bestimmten Einfluß aus.

In [3] wurde eine Möglichkeit des Herangehens vorgeschlagen, die genannten Faktoren bei der Berechnung der aggregierten Koeffizienten des Aufwandes an Arbeitsgegenständen zu berücksichtigen. Die aggregierten Normative werden aus den konkreten (individuellen) durch eine Summierung letzterer gebildet; die konkreten Normative werden dabei entsprechend der vorgegebenen innerzweiglichen Produktionsstruktur der Verbraucherzweige gewichtet und danach über die konkreten Arten von Arbeitsgegenständen, die in den aggregierten Lieferzweig eingehen, summiert.[6] Die Veränderung der innerzweiglichen Produktionsstruktur des Verbraucherzweiges hängt jedoch (sofern dieser Zweig selbst Arbeitsgegenstände produziert) von der Änderung der individuellen Aufwandsnormen dieser Arbeitsgegenstände in allen konkreten Zweigen und von der Veränderung der konkreten Struktur des gesellschaftlichen Produkts ab. Anders ausgedrückt: Damit die Aggregation der Koeffizienten korrekt ist, muß entweder ein Gleichungssystem des jeweiligen Verflechtungsmodells gelöst werden, in dem jeder konkrete Typ von Arbeitsgegenständen durch eine selbständige Gleichung dargestellt ist, oder es ist eine andere, gleichwertige Annahme zu treffen.

Das bedeutet nicht, daß die beschriebene Methode zur Berechnung der aggregierten Normative nicht verwendet werden kann. Sie kann durchaus brauchbare Ergebnisse liefern, wenn die eingegebene Veränderung der innerzweiglichen Produktionsstruktur der Zweige auf einer Stabilitätsanalyse dieser Struktur und der auf diese am stärksten einwirkenden Faktoren basiert. Gleichzeitig existiert eine absolut korrekte Methode zur Aggregation der individuellen Normative [6], die nicht den herkömmlichen Lösungsmethoden eines Gleichungssystems ähnelt und sich bei dem derzeitigen Stand der Rechentechnik leicht realisieren läßt. Sie besteht in der schrittweisen (iterativen) Veränderung der innerzweiglichen Produktionsstruktur im aggregierten Zweig, wobei man mit dessen Struktur im Basisjahr (bzw. in dem Planjahr, das dem Jahr vorausgeht, für das die Aggregation durchgeführt werden soll) beginnt.

Mit einigen Modifikationen kann diese Methode für Berechnungen des im 1. Kapitel betrachteten dynamischen Modells ausgenutzt werden, wobei man sie für Berechnungen der miteinander gekoppelten Modelle (des dynamischen Modells mit optimalen Zweigmodellen) im Rahmen eines Modellsystems nutzen kann. Dabei wird vorausgesetzt, daß die konkreten (individuellen) Normative in den Zweigen im Ergebnis von Berechnungen nach den optimalen Zweigmodellen bestimmt und (falls naturale Maßeinheiten benutzt werden) über den Preis vergleichbar gemacht werden müssen; dazu benötigt man für die konkreten Erzeugnisse natürlich einen Preisvektor.

Wie bereits festgestellt wurde, ist die Anwendung eines Modellsystems zur Berechnung eines ausbilanzierten und optimalen Planes der volkswirtschaft-

[6] Die Produktionsgrößen der konkreten Zweige und Arten sowie auch alle individuellen Normative hierfür müssen natürlich in vergleichbaren Preisen ausgedrückt werden, wodurch die Verknüpfung (die Bilanziertheit) der konkreten und auch der aggregierten Kennziffern gewährleistet wird.

lichen Entwicklung darauf begründet, daß zwischen Modellen verschiedener Ebenen Informationen ausgetauscht werden, was auf iterativem Wege geschieht. Gleichzeitig en passant kann man auch das Problem der hinreichend korrekten Aggregation der individuellen Normative lösen. Zunächst werden die Aggregationsprinzipien der individuellen Aufwandsnormative für Arbeitsgegenstände betrachtet. Entsprechend den oben dargelegten Besonderheiten, die für die Ermittlung der Aufwandsnormative bei Arbeitsgegenständen gelten, muß man in dem betrachteten Modell die individuellen Normative ebenfalls um die Veränderung der Bestände an entsprechenden materiellen Umlauffonds korrigieren. Der Ablauf des Informationsaustausches zwischen dem volkswirtschaftlichen dynamischen Modell und den Zweigmodellen besteht in folgendem.

1. Die Produktionsvolumina der aggregierten Zweige, die man aus der Lösung des dynamischen Modells erhalten hat, werden in die Größen der konkreten Zweige und in die für die Erzeugnisarten zerlegt (dabei muß die Nomenklatur der konkreten Zweige mit der Nomenklatur der individuellen Aufwandsnormen übereinstimmen), welche in der Produktionsstruktur des Vorjahres bzw. in der im vorangehenden Iterationsschritt entstandenen Verwendungsstruktur in den entsprechenden aggregierten Zweig eingehen. Die Produktionsstruktur des Vorjahres ist entweder aus den statistischen Unterlagen bekannt (wenn das Vorjahr gleichzeitig Basisjahr der gegebenen Planperiode ist), oder sie ergibt sich aus den nach dem gleichen Iterationsverfahren durchgeführten Berechnungen für das der Planperiode vorangehende Jahr. Das Prinzip, nach dem die Bedarfsstruktur nach Erzeugnissen auf der Grundlage der Ergebnisse der vorangehenden Iteration bestimmt wird, betrachten wir in den folgenden Punkten.

2. Die im Punkt 1 erhaltenen Produktionsgrößen der konkreten Erzeugnisarten werden für die optimalen Zweigmodelle als Beschränkungen eingegeben. In diesen Modellen werden Aufgaben der Aufwandsminimierung gelöst, und man erhält die minimierten, individuellen Normative des Aufwandes an Arbeitsgegenständen.

3. Die in Punkt 2 gefundenen Normative werden mit den in Punkt 1 ermittelten konkreten Produktionsgrößen multipliziert. Wir erhalten die konkrete Matrix der Aufwandsströme.[7] Die Summe der Ströme jeder Zeile liefert die Gesamtgröße des Bedarfs an entsprechenden Arbeitsgegenständen; diese Größe entspricht den Produktionsvolumina aus Punkt 1 und den Normativen, die in Punkt 2 ermittelt wurden.

[7] Diese und die nachfolgenden Operationen mit analogem Charakter werden — entsprechend den konkreten Erzeugnisarten — nacheinander durchgeführt; sie erfordern keine Matrizeninversion und lassen sich unabhängig von der Größenordnung auf der EDVA leicht und schnell realisieren.

4. Die Bedarfsgrößen für die konkreten Erzeugnisarten aus Punkt 3 werden zu Größen der aggregierten Zweige aufsummiert.

5. Die im Punkt 3 entstandene Matrix der Produktionsströme wird zu einer Matrix aggregiert, die der Nomenklatur der aggregierten Zweige entspricht.

6. Nach Division der Elemente der in Punkt 5 erhaltenen Flußmatrix durch die entsprechenden Produktionsvolumina aus Punkt 4 erhalten wir die Matrix der aggregierten Koeffizienten des Aufwandes an Arbeitsgegenständen.

7. Die in Punkt 6 ermittelte Koeffizientenmatrix wird für die nachfolgende Rechnung mit dem dynamischen Modell eingesetzt. Alle übrigen, für die Rechnung nach diesem Modell erforderlichen Informationen bleiben entweder die gleichen wie vorher oder werden so, wie später noch gezeigt wird, geändert. Diese Rechnung ist gleichzeitig der Beginn der neuen Iterationsschrittes.

8. Dieser Punkt ist dem Punkt 1 bis auf eine Besonderheit analog: Die Aufteilung der in Punkt 7 erhaltenen Produktionsvolumina auf die konkreten Erzeugnisarten erfolgt anhand der in den Punkten 3 und 4 der vorhergehenden Iteration bestimmten Struktur.

9. Dieser Punkt ist Punkt 2 analog. Der Unterschied besteht darin, daß die als Begrenzungen für die Zweigmodelle vorzugebenden Produktionsvolumina der konkreten Zweige (und in der Regel auch die Gesamtgrößen der Produktion der aggregierten Zweige) den im vorangehenden Iterationsschritt vorgegebenen Größen nicht gleich sein werden. Dementsprechend können sich die aus der Lösung der Zweigmodelle ergebenden minimierten, individuellen Normative von denen aus der vorhergehenden Iteration mehr oder weniger unterscheiden, was (in gewissen Grenzen) eine Überprüfung der nächsten Iteration notwendig macht.

Aus all dem ist ersichtlich, daß die Iterationsprozedur in einer sich periodisch wiederholenden Folge von Operationen, wie sie in den Punkten 1 bis 7 dargestellt sind, besteht. Der Iterationsprozeß wird so lange fortgesetzt, bis die Werte der zu minimierenden individuellen Normative und die Produktionsvolumina der konkreten Erzeugnisarten (und gleichzeitig auch die innerzweigliche Produktionsstruktur in sämtlichen Zweigen) zweier aufeinanderfolgender Iterationsschritte (mit einem vorzugebenden Genauigkeitsgrad) übereinstimmen. Es ist nicht ausgeschlossen, daß eine Übereinstimmung der genannten Kennziffernarten nicht immer gleichzeitig eintritt; dann ist es notwendig, einen zusätzlichen Iterationsschritt durchzuführen, um die gewünschte Übereinstimmung bei beiden Kennzifferngruppen zu erreichen.

Die Prozedur zur Aggregation der individuellen Normative des Arbeitsaufwandes verläuft im Prinzip analog zu der oben beschriebenen und wird gleichzeitig mit der Aggregation der Normative für die Arbeitsgegenstände realisiert. Hierbei ist es wünschenswert, daß die in den Zweigmodellen zu minimierenden Aufwandsnormen so weit konkretisiert werden, wie die Erzeugnisse in den entsprechenden aggregierten Zweigen aufgegliedert sind.

Verwendet man bei der Lösung der Zweigmodelle die individuellen Normative der Fondsintensität und andere Kennziffern, die die Entstehung und den Einsatz der produktiven Grundfonds charakterisieren und die ihrem Inhalt nach den entsprechenden Koeffizienten des oben betrachteten Verflechtungsmodells analog sind, so erfolgt die Aggregation dieser Normative im Prinzip auf die gleiche Art wie die Aggregation der Arbeitsaufwandsnormative. Der Bedarf an Erzeugnissen, bestehend aus konkreten Fonds, wird in jedem Iterationsschritt entsprechend der Modellgleichung (3) ermittelt, wo gewisse Vereinfachungen möglich sind; die Normative b_{ij}, l_{ij}, β_{ij} und die Größen der Produktion x_j müssen natürlich konkrete Fonds- und Erzeugnisarten darstellen. Der Bedarf an Erzeugnissen der jeweiligen konkreten Art, welche dem Ersatz der Aussonderungen entsprechender Fondsarten dienen, wird in analoger Weise wie der Bedarf an Arbeitsgegenständen bestimmt. Genauso erfolgt auch die Aggregation der entsprechenden Zweige und der Ströme des Fondszuwachses sowie des Ersatzes.

Schließlich ist es möglich, daß sich in den aggregierten Zweigen der Abteilung II von Iteration zu Iteration (und sogar von Jahr zu Jahr) die innerzweigliche Struktur nicht verändert, wenn sich der zusätzliche Zuwachs des gesamten Konsumtionsfonds im Ergebnis der Optimierungsrechnungen nach den Zweigmodellen als relativ unbedeutend erweist. Für den Fall, daß der zu betrachtende zusätzliche Zuwachs des Konsumtionsfonds nicht unbedeutend ist, erfolgt die Veränderung der konkreten Struktur der Abteilung II auf der Grundlage von früher aufgedeckten (oder angenommenen) Abhängigkeiten zwischen einem Vektor des gesamten Konsumtionsvolumens, dessen Werte relativ nahe beieinander liegen, und den konkreten Strukturvektoren, die jeder vorgegebenen Höhe des gesamten Konsumtionsfonds entsprechen. Zu einer neuen Struktur wird in dem Fall übergegangen, wenn das Gesamtvolumen des Konsumtionsfonds, das sich in dem entsprechenden Iterationsschritt ergeben hat, das nächste, höhere Konsumtionsvolumen, dem entsprechend der Strukturvektor aufgebaut ist, erreicht (oder in gewissen Grenzen übersteigt). Alle notwendigen Informationen und das unkomplizierte Programm werden in die EDVA eingegeben und dort automatisch abgearbeitet.

Die Bedeutung der beschriebenen Methode besteht darin, daß sie es gestattet, schnell Resultate zu erhalten, die praktisch jenen Ergebnissen gleichwertig sind, die man mit den herkömmlichen Lösungsmethoden von Gleichungssystemen erhält; hier können die Matrizen aber von sehr großer Dimension sein, wenn man die Tatsache berücksichtigt, daß der externe Speicher der EDVA praktisch unbegrenzt ist. Für den Fall, daß man die Aufgaben zur Aggregation der individuellen Normative für die Verflechtungsmodelle organisch vereinigt und diese Modelle mit denen zur Optimierung der Entwicklung der Zweige verknüpft, ist der Wert der erzielten Ergebnisse natürlich noch viel höher einzuschätzen. Schließlich sei bemerkt, daß es die betrachtete Methode zur Aggregation der Kennziffern für die Verflechtungsmodelle bei Vorliegen hinreichend vollständiger Informationen über die individuellen Normative im wesentlichen gestattet, en passant auch das Problem zu lösen, das in der Herauslösung der sogenannten „reinen“ Zweige aus den „Wirtschafts“-Zweigen besteht. Das setzt aber voraus, daß insbesondere eine solche Methodik angewendet wird, mit deren Hilfe man die Größen jener Produktionsressourcen bestimmt, die nicht unmittelbar einer konkreten Erzeugnisart zugerechnet werden können (Produktionsgebäude, einige Arten von Ausrüstungen mit allgemeiner Zweckbestimmung u. a. m.).

Die Methode zur Aggregation der Normative kann auch angewendet werden, ohne daß eine Wechselbeziehung mit den Zweigoptimierungsmodellen hergestellt wird. Der Unterschied besteht nur darin, daß sich die individuellen Normative, die nach den Jahren der Planperiode differenziert sind, innerhalb jedes Jahres von Iteration zu Iteration nicht ändern werden. Verändern werden sich lediglich die Produktionsgrößen der konkreten Arten.

Kommen wir schließlich zur Begründung der *Temposkala* für die Zweige der Abteilung II. Die Temposkala muß auf der Basis verschiedener Informationsquellen und unter Berücksichtigung der unterschiedlichen, auf die Veränderung der Konsumtionsstruktur einwirkenden Faktoren begründet werden. Aus den Berichtsdaten über die Struktur der Produktion für nichtproduktive Zwecke in den Verflechtungsbilanzen, der Handelsstatistik, der Statistik der Bevölkerungshaushalte, aus den Daten von Fragebogen und anderen Materialien, die die Struktur der konsumtiven Nachfrage charakterisieren, werden Tendenzen von Strukturveränderungen der Produktion in der Abteilung II in Abhängigkeit von deren Gesamtvolumen abgeleitet. Es ist offensichtlich, je höher das Wachstumstempo des Gesamtvolumens dieser Produktion ist, desto intensiver verändert sich deren Struktur im Vergleich zu den Kennziffern in der Basisperiode. Neben den Tendenzen der Strukturveränderung der Nachfrage müssen auch der Grad wissenschaftlich begründeter Verbrauchsnormen für gewisse Erzeugnisarten, die Notwendigkeit der schnellen Erweiterung des Wohnungsbaus und einige andere Faktoren berücksichtigt werden. Die aufgedeckten Tendenzen und Änderungskennziffern der Nachfragestruktur für die konkreten Erzeugnis- und Dienstleistungsarten werden in den stärker aggregierten Kennziffern, die der in den Modellrechnungen benutzten Zweignomenklatur entsprechen, berücksichtigt.

Der Übergang von den Kennziffern der Zweigstruktur der Produktion der Abteilung II zu Kennziffern des Wachstumstempos der Zweigproduktionen erfolgt anhand der Formel

$$\tau_j(t) = \frac{\varphi_j(t)}{\varphi_j(t-1)} - s(t); \tag{11}$$

es bedeuten:

$r_j(t)$ — Wachstumstempo der Konsumtion von Erzeugnissen des j-ten Zweiges im Jahre t im Verhältnis zum Jahr $t - 1$;

$\varphi_j(t)$ — Anteil der Produktion des j-ten Zweiges, der im Jahre t konsumiert wird, am gesamten Produktionsvolumen der Abteilung II, das im Jahre t verbraucht wird;

$s(t)$ — Wachstumstempo des gesamten Produktionsvolumens der Abteilung II, das im Jahre t — im Vergleich zum Jahr $t - 1$ — konsumiert wird.

Offenbar ist es vorteilhafter, bei der Aufdeckung der Abhängigkeiten zwischen der Gesamtgröße und der Zweigstruktur der Abteilung II, nicht vom Produktionsvolumen, sondern vom Konsumtionsvolumen auszugehen. (Die erworbenen langlebigen Konsumgüter wie auch den übergebenen neuen Wohnungsfonds kann man in der Praxis sehr einfach der Größe des Konsumtionsvolumens zum Zeitpunkt des Kaufs dieseser Güter bzw. des Nutzungsbeginns zuschlagen.) Die Unterschiede zwischen Produktions- und Konsumtionsvolumen, die mit dem Export und Import zusammenhängen, wurden in der Modellgleichung (2) berücksichtigt. Auf die gleiche Weise kann man die Veränderung der Warenbestände in der Zirkulationssphäre berücksichtigen. Da die Abhängigkeit zwischen der Veränderung des gesamten Konsumtionsfonds und dessen Struktur noch unzureichend untersucht ist, können die Kennziffern der Temposkala vorgegeben werden, wobei die bestehenden Vorstellungen über die Reihenfolge (was die Tempi anbelangt) der Entwicklung der Zweige der Abteilung II und über die entsprechende Veränderung der Struktur des Konsumtionsfonds zugrunde gelegt werden. Ein mögliches Vorgehen besteht hier in folgendem. Man bestimmt die Tempi der Konsumtion in der Skala, indem man von dem Verhältnis zwischen der tatsächlichen durchschnittlichen Konsumtionsstruktur des Landes im Basisjahr und der Konsumtionsstruktur ausgeht, die in der gleichen Periode für den Teil der Bevölkerung beobachtet wurde, dessen Einkommensniveau den landesweiten Durchschnitt wesentlich übersteigt. Die Höhe selbst, um die der Durchschnitt übertroffen wird, kann unterschiedlich angenommen werden, das heißt, man kann unterschiedlich hohe Einkommensgruppen in Betracht ziehen; oder aber man bestimmt auf der Grundlage einer mehr oder weniger systematischen Untersuchung Konsumtionsfondsstrukturen für die Bevölkerung mit einem relativ hohen Einkommensniveau, wobei man die Größe selbst, um die das Mittel überschritten wird, als gewisses Intervall betrachtet.

3. Untersuchung volkswirtschaftlicher Proportionen anhand der Ergebnisse von Modellrechnungen

3.1. Einfluß von Änderungen der Fonds- und Materialintensität sowie der Wachstumstempi des gesellschaftlichen Gesamtprodukts auf das Verhältnis der Tempi der Abteilungen I und II der gesellschaftlichen Produktion

Hohe und stabile Wachstumstempi der Produktion müssen in erster Linie die schnelle Hebung des Niveaus des Wohlstandes der Werktätigen garantieren; letzteres wird in entscheidendem Maße durch die Wachstumstempi der Produktion von Konsumgütern bestimmt. Hieraus ergibt sich die Bedeutung der Klärung und Analyse der Faktoren, die das Verhältnis in der Entwicklung der Abteilungen I und II der gesellschaftlichen Produktion bestimmen. Das Verhältnis der Tempi der Abteilungen I und II ist bei gegebenen Wachstumstempi des gesellschaftlichen Gesamtprodukts durch die Wachstumstempi der Abteilung I bestimmt. Letzteres wird seinerseits durch die Dynamik der Bestandteile bestimmt, in die die Produktion der Abteilung I zerfällt: Ersatzfonds für materielle Aufwendungen und Akkumulationsfonds. Andererseits kann man das gesellschaftliche Gesamtprodukt auch als Summe der Produktion der Abteilungen I und II darstellen. Deshalb ist das Verhältnis der Tempi der Abteilungen I und II (bei ein und denselben Tempi der gesamten Bruttoprodukts) offensichtlich durch die Änderung des Anteils der materiellen Aufwendungen am gesellschaftlichen Gesamtprodukt bestimmt (durch Änderung seiner Materialintensität[1] und seines spezifischen Anteils der Akkumulationen). Ihrerseits wird die Dynamik der Akkumulationen durch die Wachstumstempi des gesamten Volumens der Produktionsfonds und folglich — bei gegebenen Wachstumstempi des Bruttoprodukts — durch die Änderung seiner Fondsintensität bestimmt. Damit ist das Verhältnis der Wachstumstempi der Abteilungen I und II durch drei Kennziffern bestimmt: durch die Materialintensität des gesellschaftlichen Gesamtprodukts, durch seine Fondsintensität und durch das Wachstumstempo des Bruttoprodukts als Ganzes.

Es ist verständlich, daß alle diese Kennziffern eng mit der Arbeitsproduktivität zusammenhängen [1]. Der Einfluß jedes Faktors (Materialintensität,

1 Die Materialintensität des Produkts im engen Sinne wird definiert als Verhältnis des Ersatzfonds der Aufwendungen an Arbeitsgegenständen zum gesellschaftlichen Gesamtprodukt. Hier wird der Begriff im weiteren Sinne verwendet, wobei in den Ersatzfonds der materiellen Aufwendungen auch die Amortisationen der Grundfonds einbezogen werden.

Fondsintensität und Wachstumstempo des Produkts) auf das Verhältnis der Abteilungen I und II wird hier nach dem Prinzip „gleicher übriger Bedingungen" betrachtet, das es gestattet, das quantitative Maß des Einflusses jedes Faktors zu ermitteln. Die unten angegebenen quantitativen Charakteristika wurden zunächst empirisch auf der Grundlage von Variantenrechnungen mit dem dynamischen Modell erhalten und danach erklärt. Die Rechnungen mit dem Modell der dynamischen Verflechtungsbilanz, die mit dem Ziel der Ermittlung des Einflusses der angegebenen Kennziffern auf das Verhältnis der Abteilungen I und II durchgeführt wurden, zeigten, daß ein höheres Niveau der Fondsintensität bei weitem nicht immer einen großen Unterschied zwischen den Abteilungen I und II bei Erhöhung der Fondsintensität im Vergleich zur Vergrößerung des Unterschieds bei gleicher (in Prozent) Erhöhung der Materialintensität bestimmt. Im Unterschied zur Materialintensität ändert sich der Einfluß der Erhöhung (und allgemein der Veränderung) der Fondsintensität auf das Verhältnis der Abteilungen I und II wesentlich in Abhängigkeit vom Charakter der Wachstumstempi des Bruttoprodukts.

Weil der Anteil des Ersatzfonds der materiellen Aufwendungen etwa die Hälfte des allgemeinen Volumens des Bruttoprodukts ausmacht und ein großer Teil der übrigen Produktion zur Abteilung II gehört, so bedeutet eine Erhöhung des Anteils der materiellen Aufwendungen um 1%, die etwa gleich 0,5 Einheiten von jeweils 100 Einheiten des Bruttoprodukts ist, gleichzeitig, daß sich die Produktion der Abteilung II auf jeweils hundert Einheiten des Bruttoprodukts um etwa ebenfalls 0,5 Einheiten verringert. Mit anderen Worten: Die Erhöhung der Materialintensität um 1% führt zu einem zusätzlichen Wachstum der Abteilung I um etwa 1% (hierbei wird die Tatsache berücksichtigt, daß 6/7 des Volumens der Abteilung I auf den Ersatzfonds entfallen) und zu einer Senkung des Tempos der Abteilung II ebenfalls um etwa 1%, was einen Unterschied in den Wachstumstempi der Abteilungen I und II bei sonst gleichen Bedingungen um etwa 2% ergibt.

Was den Einfluß der Erhöhung (und allgemein der Veränderung) der Fondsintensität auf das betrachtete Verhältnis betrifft, so sind hier die Wechselbeziehungen nicht so einfach und unmittelbar.

Bei konstantem Wachstumstempo des Produkts, z. B. eines jährlichen Zuwachses von 8%, bedeutet eine stabile Erhöhung der Fondsintensität, z. B. um 1% pro Jahr, daß auch die Wachstumstempi der Produktionsfonds konstant sind und in unserem Beispiel einen jährlichen Zuwachs von 9,08%*

* Diese 9,08% ergeben sich gemäß der allgemeinen Formel für die Wachstumstempi eines Produkts zweier Größen: $w_t(uv) = r_t(u)\, w_t(v) + w_t(u) = r_t(v)\, w_t(u) + w_t(v)$, wobei die Bezeichnungen $w_t(g) := \Delta g_t / g_t$ und $r_t(g) := g_{t+1}/g_t$ verwendet werden. Da nun die Gleichung $F_t = k_t P_t$ gilt, wobei F die Fonds, k die Fondsintensität des Produkts und P das Produkt selbst bezeichnen, so ergibt sich $w_t(F) = r_t(k)\, w_t(P) + w_t(k) = 1{,}01 \cdot 0{,}08 + 0{,}01 = 0{,}0908$, was 9,08% entspricht. Man kann diese 9,08% auch nur mit Hilfe der Größen r_t ermitteln. Es gilt nämlich allgemein $r_t(uv) = r_t(u)\, r_t(v)$

ergeben. Im Falle stabiler Wachstumstempi der Produktionsfonds sind die Wachstumstempi des Zuwachses der Fonds (d. h. der Akumulationen) ebenfalls stabil und gleich den ersteren. Die Richtigkeit hiervon kann wie folgt bewiesen werden. Wir bezeichnen mit $F_1, F_2, \ldots, F_t, F_{t+1}, \ldots, F_n$ die Produktionsfonds am Anfang des 1., 2., ..., n-ten Jahres; entsprechend gibt $\Delta F_1, \Delta F_2, \ldots, \Delta F_t, \Delta F_{t+1}, \ldots, \Delta F_n$ den jeweiligen Zuwachs der Produktionsfonds im 1., 2., ..., n-ten Jahr an. Stabilität der Tempi bedeutet nun

$$\frac{\Delta F_t}{F_t} = \frac{\Delta F_{t+1}}{F_{t+1}}.$$

Aus dieser Gleichung folgt

$$\frac{\Delta F_t}{F_t} \cdot \frac{F_{t+1}}{\Delta F_{t+1}} = \frac{F_{t+1}}{F_t} \cdot \frac{\Delta F_t}{\Delta F_{t+1}} = 1,$$

wobei $F_{t+1}/F_t = p$ die Kennziffer des jährlichen Wachstumstempos ist (im betrachteten Falle ist p eine konstante Zahl). Somit gilt $p \cdot \Delta F_t/\Delta F_{t+1} = 1$, woraus $\Delta F_t/\Delta F_{t+1} = \frac{1}{p}$ und schließlich $\Delta F_{t+1}/\Delta F_t = p$ folgen, d. h., das Wachstumstempo des Zuwachses der Fonds fällt mit dem Wachstumstempo aller Fonds zusammen. Die umgekehrte Behauptung ist nicht richtig, d. h., wenn die Wachstumstempi des Zuwachses der Fonds stabil sind, so müssen die Wachstumstempi der Fonds nicht unbedingt stabil sein.

Weiterhin gilt Folgendes. Wenn die Wachstumstempi des Bruttoprodukts und der Produktionsfonds stabil sind (wie im betrachteten Beispiel, wo der jährliche Zuwachs des Produkts 8% und der Fonds 9,08% ausmacht, d. h. wo die Fondsintensität des Produkts sich jährlich um 1% erhöht), so sind die Wachstumstempi des Anteils der Akkumulation am Produkt ebenfalls stabil und gleich den Tempi der Änderung der Fondsintensität.

Es seien F_1 die Produktionsfonds am Anfang des ersten Jahres, P_1 — das Bruttoprodukt im ersten Jahr und p bzw. g die jährlichen Wachstumstempi der Produktionsfonds bzw. des Bruttoprodukts. Die Wachstumstempi der Fondsintensität sind gleich dem Quotienten der Wachstumstempi der Fonds durch die des Produkts, d. h. gleich p/g. Tatsächlich, wenn die Fondsintensität des ersten Jahres gleich F_1/P_1, die des zweiten Jahres gleich F_2/P_2 usw. ist, dann gilt

$$\frac{F_1 p}{P_1 g} : \frac{F_1}{P_1} = \frac{F_1 p}{P_1 g} \cdot \frac{P_1}{F_1} = \frac{p}{g};$$

$$\frac{F_1 p^2}{P_1 g^2} : \frac{F_1 p}{P_1 g} = \frac{F_1 p^2}{P_1 g^2} \cdot \frac{P_1 g}{F_1 p} = \frac{p}{g} \quad \text{usw.}$$

und somit speziell $r_t(F) = r_t(k)\, r_t(P) = 1{,}01 \cdot 1{,}08 = 1{,}0908$, was ebenfalls den angegebenen 9,08% entspricht. In dieser Weise werden weiter unten auch die Wachstumstempi von Quotienten ermittelt. — Bem. d. Übers.

Betrachten wir nun die Dynamik des Anteils der Akkumulationen im produzierenden Bereich am Produkt bei den gleichen Bedingungen. Weil bei stabilen Wachstumstempi der Fonds $\Delta F_{t+1} = p \cdot \Delta F_t$ gilt, so ergibt sich für den Anteil der Akkumulation der Fonds am Bruttoprodukt

im ersten Jahr $\frac{\Delta F_1}{P_1}$;

im zweiten Jahr $\frac{p\Delta F_1}{gP_1}$;

im dritten Jahr $p^2\Delta F_1/g^2P_1$ usw.

Somit sind die Wachstumstempi des Anteils der Akkumulation gleich

im zweiten Jahr $\frac{p\Delta F_1}{gP_1} : \frac{\Delta F_1}{P_1} = \frac{p\Delta F_1}{gP_1} \cdot \frac{P_1}{\Delta F_1} = \frac{p}{g}$;

im dritten Jahr $\frac{p^2\Delta F_1}{g^2P_1} : \frac{p\Delta F_1}{gP_1} = \frac{p}{g}$ usw.

Das zeigt nun, daß die Wachstumstempi des Anteils der Akkumulation der Fonds am Produkt gleich den Wachstumstempi der Fondsintensität des Produkts sind.

Somit bedeutet unter den betrachteten Bedingungen eine jährliche Erhöhung der Fondsintensität des Produkts, z. B. um 1%, daß auch der Anteil der Akkumulation der Produktionsmittel am Produkt um ebenfalls 1% größer wird und sich von 9%[2] auf 9,09% erhöht. Mit anderen Worten, für jeweils 100 Einheiten des Produkts macht der Zuwachs der Produktionsmittel im Ergebnis der Erhöhung der Fondsintensität 0,09 Einheiten aus; dagegen ergibt die Erhöhung der Materialintensität um 1% einen Zuwachs der Produktionsmittel von 0,55 Einheiten auf jeweils einhundert Einheiten des Bruttoprodukts, d. h. dieser Zuwachs ist 6mal größer als jener. Darauf beruht auch der schroffe Unterschied im Einfluß der Erhöhung der Material- bzw. Fondsintensität auf die Größe des Unterschieds in den Wachstumstempi der Abteilungen I und II unter den Bedingungen stabiler Wachstumstempi der Produktion.

Es entsteht die Frage, ob die oben hergeleitete Aussage über das Zusammenfallen der Dynamik der Akkumulationsrate[3] im produktiven Bereich und der Fondsintensität der Produktion bei stabilen Tempi der Produktion auch dann gilt, wenn die Erhöhung der Fondsintensität begleitet wird von einer Senkung der Tempi des Produkts. Es erweist sich, daß eine solche Behauptung im betrachteten Fall (und überhaupt bei sich verändernder Dynamik der Produktion) nicht richtig ist.

[2] Gegenwärtig beträgt der Anteil der produktiven Akkumulation am Bruttoprodukt etwa 9%.

[3] Hier wird die Akkumulationsrate in bezug auf das ganze Bruttoprodukt betrachtet.

Unter Verwendung der obigen Bezeichnungen kann man schreiben: $p_t = F_t/F_{t-1}$ — Wachstumstempo der Fonds am Anfang des t-ten Jahres, bezogen auf die Fonds am Anfang des $(t - 1)$-ten Jahres, ausgedrückt in absoluten Einheiten (in Anteilseinheiten), ΔF_t — Zuwachs der Fonds (Akkumulation) im t-ten Jahr.

Dann gilt

$$p_t = \frac{F_{t-1} + \Delta F_{t-1}}{F_{t-1}} = 1 + \frac{\Delta F_{t-1}}{F_{t-1}}$$

und entsprechend

$$p_{t+1} = 1 + \frac{\Delta F_t}{F_t}$$

oder

$$p_t - 1 = \frac{\Delta F_{t-1}}{F_{t-1}}, \quad p_{t+1} + 1 = \frac{\Delta F_t}{F_t},$$

woraus sich

$$\Delta F_t = F_t(p_{t+1} - 1) \quad \text{und} \quad \Delta F_{t-1} = F_{t-1}(p_t - 1)$$

ergibt. Folglich ist

$$\frac{\Delta F_t}{\Delta F_{t-1}} = \frac{F_t(p_{t+1} - 1)}{F_{t-1}(p_t - 1)}.$$

Wegen $F_t/F_{t-1} = p_t$ kann die oben hergeleitete Gleichung auch so geschrieben werden:

$$\frac{\Delta F_t}{\Delta F_{t-1}} = p_t \cdot \frac{p_{t+1} - 1}{p_t - 1}.$$

Weiterhin stellt $p_t - 1$ nichts anderes dar als das Tempo des Zuwachses der Fonds im t-ten Jahr, ausgedrückt in Anteileinheiten, so daß man sie mit Δp_t bezeichnen* kann; somit ergibt sich endgültig die Formel

$$\frac{\Delta F_t}{\Delta F_{t-1}} = p_t \cdot \frac{\Delta p_{t+1}}{\Delta p_t}. \tag{12}$$

Diese Formel drückt die Wachstumstempi des Zuwachses der Produktionsfonds (d. h. die Tempi der Akkumulation) durch die Wachstumstempi der Fonds aus. Sie ist selbstverständlich auch für den Fall konstanter Wachstumstempi der Fonds gültig. Wenn z. B. die jährliche Vergrößerung der Produk-

* Diese Bezeichnung und damit die Formel (12) sind unkorrekt, denn das Symbol „Δ" ist eindeutig für die Differenz vergeben und wird auch weiter oben bereits so verwendet. Dann würde aber $\Delta p_t = p_{t+1} - 1 \neq p_t - 1$ bedeuten. Deshalb ist es besser, mit der vorhergehenden Formel (4 Zeilen über (12)) zu arbeiten, was übrigens auch die Autoren in den folgenden Rechnungen für konstante Tempi der Fonds machen. — Bem. d. Übers.

tionsfonds 9% beträgt, so folgt $\Delta F_t/\Delta F_{t-1} = 1{,}09 \cdot \frac{0{,}09}{0{,}09} = 1{,}09$, d. h., in diesem Fall sind Wachstumstempi von Akkumulation und Fonds gleich, was schon weiter oben gezeigt wurde. Die Formel (12) gestattet es, die Wachstumstempi der Akkumulation für die einen oder anderen Änderungen der Wachstumstempi der Fonds zu ermitteln. So erhält man für das o. g. Beispiel mit sinkenden Wachstumstempi der Fonds $\Delta F_2/\Delta F_1 = 1{,}0908 \cdot \frac{0{,}08575}{0{,}0908} = 1{,}030133$, d. h., der Zuwachs der Akkumulation beträgt praktisch 3%. Die Wachstumstempi der Akkumulation erweisen sich nicht nur kleiner als die der Fonds, sondern liegen auch wesentlich unter denen des Bruttoprodukts. Wenn die Materialintensität stabil bliebe, so ergäbe sich im betrachteten Falle trotz Erhöhung der Fondsintensität eine vorrangige Entwicklung der Abteilung II, weil sich der relative Anteil des zweiten Bestandteils der Abteilung I — die Akkumulationen — am Produkt verringert (wegen der geringeren Wachstumstempi der Akkumulation gegenüber denen des Bruttoprodukts) und sich folglich der Anteil der Produktion der Abteilung I als Ganzes ebenfalls verringert. Da die Dynamik der Akkumulation der Fonds völlig durch die Dynamik der Fonds selbst bestimmt wird, ist es weiterhin in gewissen Perioden möglich, daß Abteilung II sogar bei stabilen (nicht sinkenden) Wachstumstempi des Bruttoprodukts und stabilem Niveau seiner Materialintensität sowie bei Erhöhung der Fondsintensität vorrangig wächst. Tatsächlich, wenn sich die jährliche Erhöhung der Fondsintensität verringert, d. B. von 1% im zweiten Jahr auf 0,7% im dritten und 0,4% im vierten Jahr, so betragen die Wachstumstempi der Fonds (bezogen auf den Zustand am Jahresanfang) bei jährlicher Vergrößerung des Bruttoprodukts um 8%: 109,08% im zweiten Jahr, $108 \cdot 1{,}007 = 108{,}76\%$ im dritten und $108 \cdot 1{,}004 = 108{,}43\%$ im vierten Jahr. Entsprechend beträgt das Wachstumstempo der Akkumulation im zweiten Jahr $1{,}0908 \cdot \frac{0{,}0876}{0{,}0908} = 105{,}24\%$ und im dritten Jahr $1{,}0876 \cdot \frac{0{,}0843}{0{,}0876} = 104{,}67\%$.

Somit bleiben die Wachstumstempi der Akkumulation der Produktionsmittel wesentlich hinter denen des Bruttoprodukts zurück, und folglich nimmt der Anteil der Produktion der Abteilung I bei stabilem Anteil des Ersatzfonds der materiellen Aufwendungen (Materialintensität) ab, d. h., die Abteilung I wird sich langsamer als die Abteilung II entwickeln. (Es ist interessant, zu bemerken, daß sich bei Stabilität von Material- und Fondsintensität sowie unveränderlichen Wachstumstempi der Produktion die Abteilungen I und II mit gleichen Tempi entwickeln, wie es aus den oben betrachteten Beziehungen folgt.) Die Erklärung hierfür liegt in dem Umstand, daß der Einfluß der Änderungen der Fondsintensität auf das Verhältnis der Tempi von Abteilung I und II nicht unmittelbar wie bei der Materialintensität, sondern nur über die Akkumulationsrate erfolgt.

Die erhaltenen Beziehungen sind völlig verständlich, wenn man berücksichtigt, daß bei Akkumulation die Fonds immer wachsen; das gilt also auch dann, wenn die Akkumulation selbst nicht wächst oder sogar sinkt. Sinkt z. B. der Zuwachs der Fonds von 10 auf 9% in einem Jahr, so beträgt das „Wachstum" der Akkumulation der Fonds $1{,}1 \cdot \frac{0{,}09}{0{,}10} = 0{,}99$, d. h., die Akkumulation ist nicht nur nicht gewachsen, sondern hat sich sogar um 1% verringert. Es ist verständlich, daß sich unter diesen Bedingungen der Anteil der Akkumulation am gesellschaftlichen Gesamtprodukt sogar bei Wachstum seiner Fondsintensität wesentlich verringern wird.

Somit beeinflußt das Wachstum der Fondsintensität bei sinkenden Wachstumstempi des Produkts (und der Produktionsfonds) den Unterschied zwischen den Tempi der Abteilungen I und II sogar wesentlich geringer als bei stabilen Tempi der Produktion. Mehr noch, bei Senkung der Wachstumstempi der Produktion wird die Erhöhung der Fondsintensität in bestimmten Grenzen bei konstanter Materialintensität von einem vorrangigen Wachstum der Abteilung II begleitet.

Es sei schließlich der Fall zunehmender Wachstumstempi des Bruttoprodukts und der Produktionsfonds betrachtet. Angenommen, das Wachstumstempo des Produkts erhöhe sich jährlich um 0,5%. Im zweiten Jahr betrage es 108,5%, im dritten 109,0% und im vierten 109,5%. Bei jährlicher Erhöhung der Fondsintensität um 1% ergeben sich folgende Wachstumstempi der Fonds (bezogen auf den Jahresanfang):

im zweiten Jahr $108{,}5 \cdot 1{,}01 = 109{,}585\%$;
im dritten Jahr $109{,}0 \cdot 1{,}01 = 110{,}09\%$;
im vierten Jahr $109{,}5 \cdot 1{,}01 = 110{,}595\%$.

Dann ist $\Delta F_2/\Delta F_1 = 1{,}09585 \cdot \frac{1{,}1009}{0{,}09585} = 1{,}15358$, d. h., der Zuwachs der Akkumulation beträgt im Jahr etwa 15,4%. Somit sind die Wachstumstempi der Akkumulation in diesem Falle wesentlich größer als die der Fonds. Wenn der Anteil der Akkumulation am Produkt des Basisjahres 9% beträgt, so wird er im zweiten Jahr $\frac{9 \cdot 1{,}15358}{100 \cdot 1{,}085} = 9{,}57\%$ betragen. Mit anderen Worten, das Volumen der akkumulierten Produktionsmittel vergrößert sich auf jeweils 100 Einheiten des Bruttoprodukts von 9 auf 9,57 Einheiten, d. h. um 0,57 Einheiten; gleichzeitig vergrößert eine Erhöhung der Materialintensität des Produkts um 1% das Volumen der Produktionsmittel, das auf jeweils 100 Einheiten des Bruttoprodukts entfällt, von 55 auf 55,55 Einheiten, d. h. um 0,55 Einheiten. Folglich kann sich der Einfluß des Wachstums der Fondsintensität auf den Unterschied zwischen den Tempi der Abteilungen I und II im Falle zunehmender Wachstumstempi der Produktion bei sonst gleichen Bedingungen als etwas größer als der Einfluß des gleichen Wachstums der Materialintensität erweisen. Dabei gilt: Je intensiver sich die Wachstumstempi der Produktion erhöhen, desto größeren Einfluß auf den Unterschied der Tempi der Entwicklung der Abteilungen I und II übt ein und dasselbe Wachstum der Fondintensität aus. Wenn speziell die jährliche Erhöhung des Wachstums nicht gleich 0,5%, wie im betrachteten Beispiel, sondern 0,3% gesetzt wird (d. h. das Wachstums des Produktes ist im zweiten Jahr gleich 108,3%, im dritten gleich 108,6% und im vierten Jahr gleich 108,9% usw.), dann ist der Einfluß der Erhöhung der Fondsintensität auf den Unterschied der Tempi der Abteilungen I und II geringer als der Einfluß einer gleich großen (in Prozent) Erhöhung der Materialintensität.

Die Tatsache, daß der Einfluß der Fondsintensität unter der Bedingung zunehmender Wachstumstempi der Produktion (und somit stabiler Erhöhung der Fondsintensität und in gleichem Maße zunehmender Wachstumstempi der Fonds) auf den Unterschied zwischen den Tempi der Abteilungen I und II schroff wächst, hat ebenfalls eine Erklärung. Die Erhöhung der Tempi der Fonds um beispielsweise 0,5% wie im oben angegebenen Beispiel, bedeutet, daß die zusätzliche Erhöhung der Fonds, wie auch all ihre Vergrößerung, durch die Akkumulation realisiert wird. Das jährliche Volumen der Akkumulation der Fonds ist unter den gegenwärtigen Bedingungen etwa 10mal kleiner als das Volumen aller eingesetzten Fonds. Deshalb führt eine Vergrößerung der eingesetzten Fonds um zusätzlich 0,5% zu einem zusätzlichen Wachstum der Akkumulation von 5%. Der gesamte jährliche Zuwachs der Akkumulation macht (abgerundet) nicht 10%, sondern mehr als 15% aus, was der obigen Rechnung entspricht. Einer schroffen Vergrößerung der akkumulierten Produktionsmittel entspricht natürlich ein großer Unterschied zwischen den Tempi der Abteilungen I und II. Der aufgezeigte Unterschied zwischen der Dynamik aller eingesetzten Fonds und der ihres Zuwachses (der Akkumulation) erklärt speziell auch den Umstand, daß eine Erhöhung der Wachstumstempi des Produkts bei Stabilität von Material- und Fondsintensität zu vorrangiger Entwicklung der Abteilung I auf Kosten der Akkumulationsrate führt.

Zwischen den oben untersuchten Fällen sind weitere verschiedene Fälle (abgeleitete) möglich, auf die nicht eingegangen wird. Es sei nur bemerkt, daß bei Senkung der Material- und Fondsintensität des Produkts die Korrelationen zwischen den Abteilungen I und II in bestimmter Beziehung symmetrisch zu den obigen sind, d. h., eine Senkung der Materialintensität führt zu einem größeren Unterschied der Tempi der Abteilungen I und II, allerdings schon zum Vorteil eines vorrangigen Wachstums der Abteilung II.

Von bestimmtem Interesse ist die folgende Frage. In den vorangehenden Darlegungen wurden die Kennziffern der Fondsintensität des Produkts bezüglich der Produktionsfonds am Anfang des Jahres bestimmt. Allerdings muß im Zusammenhang damit, daß das Produktionsvolumen dieses oder jenes Jahres das Resultat der Quote nicht nur *der* Fonds ist, die am Jahresanfang vorhanden sind, sondern auch *der* Fonds, die im Verlauf des Jahres akkumuliert werden, die Fondsquote (und folglich die Fondsintensität der Produktion) entsprechend dem jahresdurchschnittlichen Fondsbestand berechnet werden. Dabei zeigt es sich, daß die Dynamik der Akkumulation der Fonds, die dieser oder jener Änderung der Wachstumstempi der durchschnittlichen Fonds entspricht, sich unter bestimmten Bedingungen wesentlich von der Dynamik der Akkumulation unterscheidet, die sich auf die gleiche Änderung der Wachstumstempi der Fonds am Jahresanfang (oder Ende) bezieht. Zur Klärung dieser Bedingungen und für die quantitative Charakteristik des angeführten Unterschieds wird eine Formel entwickelt, die den Übergang von Kennziffern der Dynamik durchschnittlicher Fonds zu Kennziffern ihrer Dynamik, bezogen auf die Zustände am Jahresanfang, gestattet. Danach kann die Dynamik der Fondsakkumulation auf der Grundlage der Formel (12) berechnet werden.

Der Zusammenhang zwischen den Volumina der jahresdurchschnittlichen Fonds und der Fonds am Jahresanfang kann durch folgende rekursive Formel ausgedrückt werden[4]:

$$F_{t+1} = \frac{\bar{F}_t - F_t}{\beta} + F_t,$$

wobei F_t und F_{t+1} die Produktionsfonds am Anfang des t-ten und $(t+1)$-ten Jahres angeben, $\bar{F}_t$ die durchschnittlichen Fonds im t-ten Jahr und β ein Umrechnungskoeffizient ist. In Übereinstimmung hiermit gilt:

$$\frac{F_{t+1}}{F_t} = \left(\frac{\bar{F}_t - F_t}{\beta} + F_t\right) : \left(\frac{\bar{F}_{t-1} - F_{t-1}}{\beta} + F_{t-1}\right) = \frac{\bar{F}_t + F_t(\beta - 1)}{\bar{F}_{t-1} + F_{t-1}(\beta - 1)}.$$

Weiter wird für die Kennziffer des Wachstumstempos der durchschnittlichen Fonds im t-ten Jahr, bezogen auf die des $(t-1)$-ten Jahres, die Bezeichnung $\bar{F}_t / \bar{F}_{t-1} = \gamma_t$ verwendet. Dann folgt

$$\frac{F_{t+1}}{F_t} = \frac{\bar{F}_t + F_t(\beta - 1)}{\bar{F}_{t-1} + F_{t-1}(\beta - 1)} = \frac{\bar{F}_{t-1}\gamma_t + F_t(\beta - 1)}{\bar{F}_{t-1} + F_{t-1}(\beta - 1)}.$$

Wegen

$$F_t = \frac{\bar{F}_{t-1} - F_{t-1}}{\beta} + F_{t-1}$$

folgt nach elementaren Umformungen $\bar{F}_{t-1} = \beta F_t + F_{t-1}(1 - \beta)$. Daher gilt

$$\begin{aligned}\frac{F_{t+1}}{F_t} &= \frac{[\beta F_t + F_{t-1}(1-\beta)]\,\gamma_t + F_t(\beta - 1)}{\beta F_t + F_{t-1}(1-\beta) + F_{t-1}(\beta - 1)} \\ &= \frac{\beta\gamma_t F_t + (1-\beta)\,\gamma_t F_{t-1} + (\beta - 1)\,F_t}{\beta F_t + (1 - \beta + \beta - 1)\,F_{t-1}} \\ &= \frac{\beta\gamma_t F_t + (1-\beta)\,\gamma_t F_{t-1} + (\beta - 1)\,F_t}{\beta F_t}.\end{aligned}$$

[4] Für die hier betrachteten Ziele werden die Produktionsfonds nicht nach Zweigen und Arten differenziert, sondern für die ganze Volkswirtschaft genommen.

Werden Zähler und Nenner des Bruches durch F_{t-1} dividiert, so erhält man

$$\frac{F_{t+1}}{F_t} = \frac{\beta\gamma_t \frac{F_t}{F_{t-1}} + (1-\beta)\gamma_t \frac{F_{t-1}}{F_{t-1}} + (\beta - 1)\frac{F_t}{F_{t-1}}}{\beta \frac{F_t}{F_{t-1}}}.$$

Unter Verwendung der bereits eingeführten Bezeichnungen

$$\frac{F_t}{F_{t-1}} = p_t \quad \text{und} \quad p_t - 1 = \Delta p_t$$

kann man schreiben

$$\frac{F_{t+1}}{F_t} = p_{t+1} = \frac{\beta\gamma_t p_t + (1-\beta)\gamma_t + (\beta-1)p_t}{\beta p_t}$$

$$= \frac{[\beta(p_t - 1) + 1]\gamma_t + (\beta - 1)p_t}{\beta p_t} = \frac{(\Delta p_t \beta + 1)\gamma_t + (\beta - 1)p_t}{\beta p_t}.$$

Somit ergibt sich die Formel

$$\frac{F_{t+1}}{F_t} = P_{t+1} = \frac{(\Delta p_t \beta + 1)\gamma_t + (\beta - 1)p_t}{\beta p_t}, \tag{13}$$

die es gestattet, von den gegebenen Kennziffern γ_t und p_t zu p_{t+1} überzugehen. Die Umkehrung dieses Übergangs von p_t und p_{t+1} zu γ_t wird durch die Formel

$$\gamma_t = \frac{p_t(\beta\Delta p_{t+1} + 1)}{\beta\Delta p_t + 1} \tag{14}$$

vollzogen, die aus (13) abgeleitet wird.

Die Formeln (13) und (14) geben zusammen mit der oben erhaltenen Relation (12) die Möglichkeit, ausgehend von dieser oder jener Änderung der Dynamik der durchschnittlichen Fonds die Dynamik der Akkumulation zu ermitteln.

Zunächst gestattet es die Formel (14), die Richtigkeit der recht natürlichen Annahme leicht zu überprüfen, daß bei stabilen Wachstumstempi der Fonds, bezogen auf den Bestand am Anfang der entsprechenden Jahre, und konstantem β die Wachstumstempi der jahresdurchschnittlichen Fonds ebenfalls stabil sind und mit ersteren zusammenfallen. Tatsächlich, in diesem Falle ist $\Delta p_{t+1} + \Delta p_t$, und in Übereinstimmung mit (14) ergibt sich $\gamma_t = p_t$. Folglich entsprechen auch umgekehrt den stabilen Wachstumstempi der durchschnittlichen Fonds ebensolche Tempi der Fonds, bezogen auf den Bestand am Anfang der entsprechenden Jahre; wie oben gezeigt, sind diese Tempi auch gleich den Wachstumstempi des Zuwachses der Fonds (der Akkumulation).

Wenn sich beim Übergang von konstanten zu sinkenden Wachstumstempi der durchschnittlichen Fonds diese beispielsweise von 10% Zuwachs im $(t-1)$-ten Jahr ($\gamma_{t-1} = 1{,}1$) auf 9% im t-ten Jahr ($\gamma_t = 1{,}09$) verringern, so beträgt der Zuwachs der Fonds, bezogen auf den Bestand am Anfang der angrenzenden Jahre

$$\frac{(0{,}5 \cdot 0{,}1 + 1)\,1{,}09 + (0{,}5 - 1)\,1{,}1}{0{,}5 \cdot 1{,}1} = 1{,}081;$$

hierbei wurde $\beta = 0{,}5$ gesetzt. Werden nun die entsprechenden Zahlenwerte in die Formel (12) eingesetzt, so ergibt sich für die Akkumulation der Fonds im $(t-1)$-ten Jahr in bezug auf das t-te Jahr $1{,}1 \cdot \frac{0{,}081}{0{,}1} = 0{,}89$, d. h., die Akkumulation verringert sich um 11%; bei gleicher Senkung (von 10% auf 9%) des Wachstumstempos der Fonds, bezogen auf den Bestand am Anfang der entsprechenden Jahre, verringert sich dagegen die Akkumulation nur um 1% $\left(1{,}1 \cdot \frac{0{,}09}{0{,}10} = 0{,}99\right)$. Beim Übergang von stabilen zu sinkenden Wachstumstempi der Fonds ist somit die Abnahme der Wachstumstempi der Akkumulation (oder auch die Verkleinerung ihres absoluten Volumens) sogar wesentlich größer als bei der Rechnung mit Fonds, die auf den Bestand am Anfang der entsprechenden Jahre bezogen sind.

Beim Übergang von stabilen zu zunehmenden Tempi der durchschnittlichen Fonds ergibt sich die umgekehrte (symmetrische) Situation. Werden die Tempi z. B. von 10% auf 11% jährlichen Zuwachses erhöht, so vergrößert sich die Akkumulation der Fonds auf 31%, während sich bei gleicher Erhöhung dieser Tempi für die Fonds, bezogen auf den Anfang der entsprechenden Jahre, die Akkumulation auf 21% erhöht. In den Fällen schließlich, in denen die Wachstumstempi der Fonds systematisch (Jahr für Jahr) erhöht bzw. gesenkt werden, fällt die Dynamik der Akkumulation, die den sinkenden bzw. steigenden Tempi der durchschnittlichenn Fonds entspricht, praktisch mit der Dynamik der Akkumulation bei den gleichen Wachstumstempi der Fonds (für jeden konkreten Fall) zusammen, die auf den Bestand am Anfang der entsprechenden Jahre bezogen sind.

Die betrachteten Abhängigkeiten ändern sich in bestimmter Weise, wenn sich die Gleichmäßigkeit der Aktivierung der Produktionsfonds ändert, d. h., wenn sich der Koeffizient β von Jahr zu Jahr ändert. Die quantitative Wechselbeziehung der Dynamik der jahresdurchschnittlichen Fonds und der Fonds, bezogen auf den Bestand am Anfang der entsprechenden Jahre, wird bei veränderlichem Koeffizient durch folgende Formeln[5] ausgedrückt:

$$p_{t+1} = \frac{(\beta_{t-1} \Delta p_t + 1)\,\gamma_t + p_t(\beta_t - 1)}{\beta_t p_t}, \tag{15}$$

$$\gamma_t = \frac{p_t(\beta_t \Delta p_{t+1} + 1)}{\beta_{t-1} \Delta p_t + 1}. \tag{16}$$

[5] Diese Formeln werden analog wie die Formeln (13) und (14) hergeleitet.

Praktisch beträgt der Koeffizient β gegenwärtig für die Volkswirtschaft als Ganzes etwa 0,35. Mit anderen Worten, ein großer Teil der jährlichen Aktivierung an Produktionsfonds wird auf das zweite Halbjahr übertragen, was von einer bestimmten Ungleichmäßigkeit der Aneignung der Akkumulationen im Verlaufe des Jahres zeugt. Wird angenommen, daß sich der betrachtete Koeffizient von 0,35 im $(t - 1)$-ten Jahr auf 0,38 im t-ten Jahr, also nicht wesentlich, erhöht, so erhält man bei gleichmäßigen Wachstumstempi der durchschnittlichen Fonds von 9% (d. h. praktisch auf dem Niveau der gegenwärtigen tatsächlichen Tempi)

$$p_{t+1} = \frac{(0{,}35 \cdot 0{,}09 + 1)\,1{,}09 + 1{,}09(0{,}38 - 1)}{0{,}38 \cdot 1{,}09} = 1{,}083.$$

Entsprechend ist das Wachstum der Akkumulation gleich

$$\frac{\Delta F_t}{\Delta F_{t-1}} = 1{,}09 \cdot \frac{0{,}083}{0{,}09} = 1{,}0052.$$

Somit vergrößert sich die Akkumulation der Fonds praktisch nicht — der Zuwachs beträgt nur 0,5%; dagegen betrug der jährliche Zuwachs der Akkumulation bei konstantem β unter den betrachteten Bedingungen 9% (d. h. bei stabilen Wachstumstempi der durchschnittlichen Fonds von 9% jährlichen Zuwachses).

Somit ist in bestimmten Grenzen der Erhöhung der Fondsintensität des Produkts bei seiner unveränderten Materialintensität ein vorrangiges Wachstum der Abteilung II möglich, verbunden mit einer Senkung der Akkumulationsrate. Es ist verständlich, daß das vorrangige Wachstum der Abteilung II auch dann zu beobachten sein wird, wenn sich neben dem Wachstum der Fondsintensität auch die Materialintensität etwas erhöht, wobei die Erhöhung der letzteren den Effekt der Senkung der Akkumulationsrate nicht vollständig kompensiert.

3.2. *Wechselbeziehungen zwischen der Dynamik von Akkumulation und Konsumtion*

Die unten betrachteten Rechenresultate hängen unmittelbar zusammen mit der Spezifik der Koeffizienten der Kehrmatrix der Gleichungen des dynamischen Modells und erklären im Prinzip diese Spezifik. Angenommen, man nimmt diese oder jene (beliebige) Variante als Basis, die für mehrere Jahre berechnet ist, und verringert in diesem oder jenem Jahr das Wachstumstempo des Bruttoprodukts, indem z. B. das Wachstumstempo der in der Produktion verbrauchten Elektroenergie — als beschränkte Ressource genommen — verringert wird, wobei alle übrigen Parameter für das betrachtete Jahr (die Normen der Material- und Fondsintensität usw.) unverändert gegenüber denen im entsprechenden Jahr der Basisvariante bleiben; dann erweist es sich, daß das Wachstumstempo der Abteilung II im gegebenen Jahr im Vergleich zur Basisvariante als Folge der Senkung des Wachstumstempos des Bruttoprodukts nicht sinkt, sondern umgekehrt selbst wächst.

Das geschieht deshalb, weil bei unverändertem Anteil der Produktion der Abteilung I am Bruttoprodukt jede beliebige Senkung (oder Erhöhung) der Wachstumstempi des Bruttoprodukts begleitet wird von einer Senkung (oder Erhöhung) des Zuwachses sowohl der Abteilung I als auch der Abteilung II, und zwar in entsprechender Proportion. Folglich ist die Erklärung des betrachteten Tatbestandes zurückgeführt auf die Klärung der Gründe für die Verringerung des Anteils der Produktion der Abteilung I am Bruttoprodukt bei Senkung der Zuwachsgrößen des Bruttoprodukts. Die Produktion der Abteilung I zerfällt in zwei Bestandteile: Ersatzfond der materiellen Aufwendungen und akkumulierte Produktionsmittel. Deshalb wird die Änderung des Anteils der Abteilung I am Bruttoprodukt natürlich von der Dynamik dieser Bestandteile der Abteilung I bestimmt. Da sich die Zweigkoeffizienten der direkten Materialaufwendungen für den betrachteten Fall im Vergleich zur Basisvariante nicht ändern, bleiben die Kennziffern der Material- und Fondsintensität des Bruttoprodukts als Ganzes praktisch die gleichen wie in der Basisvariante.[6] Die Beibehaltung des Anteils des Ersatzfonds auf dem gleichen Niveau wie in der Basisvariante bedeutet, daß dieser Bestandteil der Produktion der Abteilung I (der Ersatzfonds) sich direkt proportional mit dem Volumen des Bruttoprodukts ändert. Anders verhält es sich mit dem zweiten Bestandteil der Abteilung I — mit den akkumulierten Produktionsmitteln. Das Niveau der Fondsintensität des Bruttoprodukts beträgt gegenwärtig — wie bereits erwähnt — etwa 0,66 bezogen auf die Grundfonds und 0,93 bei Einbeziehung der Umlauffonds, d. h., auf jeden Rubel des jährlichen Bruttoprodukts kommen 93 Kopeken Fonds. Folglich führt — bei Beibehaltung des Niveaus der Fondsintensität des Bruttoprodukts aus der Basisvariante — eine Verringerung des Produkts um eine Einheit zu einer Senkung des Zuwachses der Fonds um 0,93 Einheiten. Somit führt unter den betrachteten Bedingungen eine Senkung des Zuwachses des Bruttoprodukts um eine Einheit zur Senkung des Zuwachses der Produktion der Abteilung I[7] und folglich zur Erhöhung des

[6] Einige Änderungen sind im Zusammenhang mit Änderungen der Zweigstruktur des Produkts möglich; sie sind jedoch bei unwesentlichen Änderungen der Wachstumstempi des Bruttoprodukts unbedeutend, und die Hauptsache ist — diese Änderungen verstärken den betrachteten Effekt.

[7] Eine solche Relation ergibt sich, wenn Fonds- und Materialintensität des Bruttoprodukts in der Planungsperiode auf dem Niveau des Basisjahres gehalten werden. Es ist verständlich, daß eine gewisse Änderung dieser Kennziffern in der Planungsperiode praktisch die betrachtete Beziehung nicht ändert. Nochmals sei unterstrichen, daß hier zwei Varianten ein und desselben Planjahres verglichen werden, die sich nur durch unterschiedliches Volumen des Bruttoprodukts unterscheiden.

Zuwachses der Abteilung II im Vergleich zur Basisvariante. Mehr noch, im Zusammenhang damit, daß die Fondsintensität des Produkts nicht in bezug auf den Fondsbestand am Anfang (oder Ende) des Jahres, sondern auf seinen jeweiligen Jahresdurchschnitt bestimmt wird, verringert sich der Zuwachs der Fonds im Zusammenhang mit der Senkung des Zuwachses des Bruttoprodukts um eine Einheit noch wesentlicher.

Aus den gleichen Gründen ist das Bild umgekehrt, wenn das Bruttoprodukt im Vergleich zur Basisvariante zusätzlich wächst, d. h., in diesem Falle verringert sich der Zuwachs der Produktion der Abteilung II.

Aus dem Gesagten folgt, daß bei den betrachteten Bedingungen eine Vergrößerung des Zuwachses der Abteilung II zu einer Verringerung des Zuwachses des Bruttoproduktes führt, und umgekehrt der Verringerung des Zuwachses der Abteilung II eine Vergrößerung des Zuwachses des Bruttoprodukts entspricht.

Im weiteren betrachten wir den Zusammenhang dieses Fakts mit den Koeffizienten der Kehrmatrix des dynamischen Modells, genauer mit den Koeffizienten der Matrix $(E - A - B)^{-1}$, wobei E die Einheitsmatrix, A die Matrix der direkten Aufwände a_{ij} und B die Matrix der Koeffizienten $\frac{b_{ij}}{l_{ij}\beta_{ij}}$ bezeichnen. Wenn die Variante des dynamischen Modells mit dem Produktionsvektor der Abteilung II als Parameter genommen wird, so gehen die Komponenten dieses Vektors mit positiven Vorzeichen in den Vektor der absoluten Glieder der Gleichungen ein. Im gegebenen Fall kann man bekanntlich das Gleichungssystem mit Hilfe der Inversen der Matrix lösen, die sich als Differenz der Einheitsmatrix und der Gesamtmatrix der Normative des dynamischen Modells ergibt (durch Multiplikation der genannten Inversen mit dem Vektor der absoluten Glieder). Die gesuchten Größen sind in diesen Gleichungen die Volumina der Bruttoproduktion der Zweige.

Weiterhin führt jede Vergrößerung der Produktion der Abteilung II zu einer (algebraischen) Vergrößerung der entsprechenden Komponenten des Vektors der absoluten Glieder. Wenn daher alle Komponenten der betrachteten Kehrmatrix positiv wären, so würde eine zusätzliche Vergrößerung der Produktion von Zweigen der Abteilung II zu dieser oder jener zusätzlichen Vergrößerung der gesuchten Volumina des Bruttoprodukts und folglich auch des gesamten Bruttoprodukts führen. Weil ein solcher Sachverhalt im Rahmen eines Jahres (bei einem Zeitschritt von der Länge eines Jahres) im Zusammenhang mit den oben betrachteten Abhängigkeiten nicht möglich ist, so muß ein Teil der Koeffizienten der Kehrmatrix negativ sein. Und in der Tat sind viele Koeffizienten dieser Matrix negativ, wobei die Matrix auf der Basis der sich herausgebildeten und im dynamischen Modell verwendeten ökonomischen Normative erhalten wird; die Normative werden auf das Jahresvolumen des Bruttoprodukts bezogen.

Zur Vermeidung möglicher Mißverständnisse sei bemerkt, daß die Koeffizienten der betrachteten Kehrmatrix im Unterschied zu den Koeffizienten der analogen Kehrmatrix der statischen Verflechtungsbilanz nicht gleich den vollen Aufwendungen an Produktionsmitteln sind, weil die Koeffizienten der Fondsintensität, die im dynamischen Modell verwendet werden, nicht den Aufwand an Produktionsgrundfonds, sondern ihren Bedarf ausdrücken. Die tatsächlichen Aufwendungen dieses Fonds für ein Jahr werden durch die Größe ihres jährlichen Verschleißes bestimmt, der einen nicht wesentlichen Teil des Gebrauchswertes der in diesem oder jenem Jahr eingesetzten Grundfonds ausmacht. In Übereinstimmung damit werden die in einem beliebigen Jahr akkumulierten Grundfonds nicht in diesem Jahr vollständig aufgebraucht, sondern dienen im Verlaufe vieler folgender Jahre.

Aus den oben betrachteten quantitativen Abhängigkeiten folgt, daß der Effekt einer zusätzlichen Vergrößerung der Produktion der Abteilung II bei Verringerung des Zuwachses des Bruttoprodukts nicht unmittelbar mit dem gegenwärtigen Niveau der Fondsintensität der Produktion zusammenhängt. Wenn dieses Niveau um einiges geringer wäre, so würde eine zusätzliche Vergrößerung des Bruttoprodukts in diesem oder jenem Jahr begleitet werden von einem gewissen zusätzlichen Wachstum auch der Produktion der Abteilung II. Im Zusammenhang damit, daß die Koeffizienten der Fondsintensität von der im Modell verwendeten zeitlichen Schrittlänge abhängen, würde die Verwendung von z. B. 5 Jahren statt einem Jahr als Schrittlänge den betrachteten Effekt beseitigen und damit dazu führen, daß alle Koeffizienten der oben betrachteten Matrix positiv werden.

Im Prinzip stellt die betrachtete Erscheinung einen Spezialfall der Vergrößerung des Konsumtionsfonds im Zusammenhang mit der Senkung des Wachstums (oder sogar mit absoluter Verringerung) der Produktionsakkumulation dar.[8] Allerdings ist die Effektivität einer solchen Methode zur Vergrößerung des Konsumtionsfonds relativ. Eine bestimmte Senkung der produktiven Akkumulationsrate ist anscheinend für eine vergleichsweise kurze Periode möglich, wenn die gegenwärtigen großen Reserven der Vergrößerung der Produktion auf Kosten der verbesserten Nutzung vorhandener Produktionskapazitäten berücksichtigt werden. Aber die systematische Senkung der Akkumulationsrate im Verlauf einer langen Periode kann zur Senkung der Zuwachstempi nicht nur des gesellschaftlichen Produkts als Ganzes, sondern auch des Konsumtionsfonds führen. Das wird auch durch entsprechende Berechnungen mit dem Modell bestätigt. Wenn die Verringerung der Wachstumstempi des Bruttoprodukts im Verlauf von zwei bis drei Jahren bei sonst gleichen Bedingungen im Zusammenhang mit dem oben betrachteten Effekt zu einem zusätzlichen Wachstum der Abteilung II führt, so führt die Senkung

[8] Die Verringerung des Akkumulationsvolumens geht hier bei unverändertem Niveau der Fondsintensität der Produktion (oder bei unveränderten Wachstumstempi der Fondsintensität) vor sich.

der Tempi des gesellschaftlichen Produkts über einen längeren Zeitabschnitt zu einer wesentlichen Senkung (nach Ablauf einiger Jahre) der Tempi der Abteilung II im Vergleich zu den Tempi der Basisvariante. Um in der Nachplanperiode hinreichend hohe und stabile Tempi der Entwicklung der Ökonomie zu gewährleisten, ist es notwendig, am Ende der Planperiode einen Zuschlag an Investitionsbauten und an anderen Formen der Akkumulation der Produktionsmittel zu machen.

Das Problem der Bestimmung der Proportionen zwischen Konsumtion und Akkumulation war immer eines der zentralen Probleme bei der Begründung und Ausarbeitung der Pläne, insbesondere der Perspektivpläne. Das ist durch die enge Wechselbeziehung der Dynamik der beiden Teile des Nationaleinkommens bedingt. Die Wechselbeziehung besteht nicht nur darin, daß die Aufrechterhaltung eines bestimmten hinreichend hohen Niveaus der Akkumulation in jeder konkreten Periode (zusammen mit anderen Bedingungen) relativ hohe und stabile Wachstumstempi des Konsumtionsfonds in der folgenden Periode garantiert, sondern auch darin, daß die Erhöhung des Wohlstandes der Werktätigen in der laufenden Periode, welche vom Standpunkt der Ziele der sozialistischen Produktion eine selbständige und bestimmende Rolle besitzt, eine der wesentlichen Bedingungen für ein schnelles Wachstum der Arbeitsproduktivität und damit für hohe Wachstumstempi des Nationaleinkommens und der Ressourcen für die Akkumulation und Konsumtion ist.

3.3. Analyse der Faktoren, die die Stabilität der berechneten Kennziffern bestimmen

Eines von den Resultaten, denen Aufmerksamkeit gebührt und die bei der Berechnung unterschiedlicher Varianten erhalten wurden, besteht darin, daß trotz gleichmäßigen Charakters der vorgenommenen Änderungen aller Modellparameter bestimmte Schwankungen der Wachstumstempi der Produktion der Zweige und anderer Kennziffern zu beobachten sind. Zur Illustration dieser Erscheinungen seien die Ausgangsbedingungen und grundlegenden Resultate zweier Varianten angeführt. Unter Ausgangsbedingungen werden hier die Kennziffern des Basisjahres und die Änderungen der Modellparameter der nächsten Periode verstanden. Die Kennziffern des Basisjahres wurden auf der Grundlage faktischer statistischer Daten gemäß den im vorigen Kapitel beschriebenen Methoden zusammengestellt. Die praktischen Rechnungen aller Varianten wurden auf Basis gleicher Informationen des Basisjahres durchgeführt, für welches das Jahr 1965 gewählt wurde. Folglich werden die Unterschiede der Varianten durch diese oder jene Unterschiede (z. B. verschiedene Hypothesen) in der Änderung der Normative und anderer Modellparameter für die Perioden bestimmt, für die die Berechnungen durchgeführt wurden.

Die jährlichen Änderungen der Normative der direkten Aufwendungen (der Koeffizienten a_{ij}), die in der ersten der beiden obengenannten Varianten gegeben waren, sind in Tabelle 7 angeführt. Jeder Zeile dieser Tabelle entspricht eine bestimmte Art der Produktionsmittel, die in den Zweigen genutzt werden, welche in den Spalten aufgeführt sind. Gleichen Nummern der Zeilen und Spalten entsprechen in jedem Falle dieselben Zweige, z. B. entsprechen der Spalte 6 die Aufwandsnormen verschiedener Produktionsmittel in der Chemieindustrie usw. In Übereinstimmung damit gibt die Zahl 0,98, die in der Spalte 5 in der Zeile 2 steht an, daß sich der (direkte, d. Ü.) Aufwand von Schwarz- und Buntmetallen, bezogen auf eine Einheit der Produktion des Maschinenbaus, jährlich um 2% verringert; die Zahl 1,00, die im Schnitt der Zeile 6 mit der Spalte 6 steht, gibt an, daß die Norm des Aufwandes der Produktion der Chemieindustrie für sich selbst als unveränderlich für die ganze Berechnungsperiode angenommen wird usw. Die Änderungen der Normative der Abteilung II wurden in der Regel so wie in den entsprechenden Zweigen der Abteilung I gewählt; z. B. sinken die Aufwendungen an Schwarz- und Buntmetallen bezogen auf eine Einheit der Produktion des Maschinenbaus, die dem nichtproduktiven Verbrauch dient (langlebige Gebrauchsgegenstände), ebenfalls jährlich um 2% usw. Eine Ausnahme bilden die Aufwandsnormative der Produktion des Handels, der materiell-technischen Versorgung und Beschaffung für die Produktion einiger Zweige (in 5 Zweigen von 11) der Abteilung II[9], für die eine jährliche Erhöhung der Aufwandsnormen der spezifischen Produktion um 1,5% vorgegeben wurde.

Die Änderung der Koeffizienten der Fondsintensität wurde genauso vorgegeben wie die Änderung der entsprechenden Koeffizienten des direkten Aufwandes (genauer der Koeffizienten der Aussonderung). Zum Beispiel bedeutet die Zahl 1,04, die in der Zeile 5 und der Spalte 14 steht, daß sich der Koeffizient der Fondsintensität der landwirtschaftlichen Produktion, bezogen auf Maschinen und Ausrüstungen, genau wie der Koeffizient der Aussonderung von Maschinen in diesem Zweig jährlich um 4% vergrößert. Mit anderen Worten, die Aussonderungsrate der Grundfonds — d. h. das Verhältnis der Aussonderung von Fonds zu ihrem allgemeinen Volumen in diesem oder jenem Zweig — wird als unveränderlich und gleich dem Niveau des Basisjahres angenommen. Unveränderlich gleich dem Niveau des Basisjahres wurden die Koeffizienten der unvollendeten Produktion (l_{ij}) und die Koeffizienten der Umrechnung der jährlichen Akkumulation in jahresdurchschnittliche Werte (β_{ij}) angenommen. Diese Koeffizienten wurden für alle Zweige und alle Fondsarten gleich 0,5 gesetzt. Beschränkungen für das Minimum der Akkumulation von Grundfonds in den Zweigen (Koeffizienten r_{ij}) wurden in diesen Berechnungen nicht genutzt.

Schließlich wurde in diesen Berechnungen die Elektroenergie als beschränkte Ressource betrachtet.

[9] Die betrachtete Serie von Berechnungen wurde mit einer Nomenklatur der Abteilungen I und II durchgeführt, die im Vergleich zur aufgeführten gekürzt ist.

Tabelle 7: Jährliche Änderung der Koeffizienten des direkten Materialaufwandes in der Variante I

Lieferzweige	Verbraucherzweige				
	1	2	3	4	5
1. Elektro- und Wärmeenergie	1,00	1,02	1,02	1,02	1,01
2. Schwarz- und Buntmetallurgie	0,99	1,00	0,99	0,98	0,98
3. Brennstoffindustrie	1,01	0,99	1,00	0,99	0,99
4. Zulieferungen und sonstige Produktion des Maschinenbaus und der Metallverarbeitung	1,01	1,015	1,015	1,00	1,00
5. Fertige Maschinen und Ausrüstungen	1,00	1,015	1,015	0,99	0,99
6. Chemieindustrie	1,02	1,02	1,02	1,05	1,05
7. Holz- und holzverarbeitende Industrie	1,00	1,00	1,00	1,00	1,00
8. Baumaterialienindustrie	1,00	1,00	1,00	1,00	1,00
9. Glas- und Porzellan-Fayence-Industrie	1,00	1,00	1,00	1,00	1,00
10. Leichtindustrie	1,00	1,00	1,00	1,00	1,00
11. Lebensmittelindustrie	1,00	1,00	1,00	1,00	1,00
12. Sonstige Industriezweige	1,00	1,00	1,00	1,00	1,00
13. Investitionsbauwesen	1,00	1,00	1,00	0,99	0,99
14. Landwirtschaft	1,00	1,00	1,00	1,00	1,00
15. Lastentransport, Post und Fernmeldewesen	0,99	0,99	0,99	0,99	0,99
16. Handel, materiell-technische Versorgung	1,00	1,00	1,00	1,00	1,00
17. Sonstige Zweige des materiellen Bereichs	1,00	1,00	1,00	1,00	1,00

Der jährliche Zuwachs der Energieerzeugung, der in der Produktion verwendet wird, wurde gleich 12% gesetzt.

Die Hauptergebnisse, die die Rechnungen nach der ersten Variante lieferten, sind in den Tabellen 8, 9 und 10 zusammengestellt.

Aus Tabelle 8 ist ersichtlich, daß die Wachstumstempi der fondsproduzierenden Zweige („Fertige Maschinen und Ausrüstungen" und „Investitionsbauwesen") in den ersten Jahren stark schwanken. Diese Schwankungen rufen ihrerseits bestimmte Schwankungen der Tempi in der Schwarz- und Buntmetallurgie, der Holz- und holzverarbeitenden Industrie, der Baumaterialienindustrie sowie der Glas- und Porzellan-Fayence-Industrie hervor, weil ein wesentlicher Teil der Produktion dieser Zweige im Maschinenbau und im Bauwesen verwendet wird. Der Einfluß der betrachteten Schwankungen dehnt sich auch auf die Tempi der Abteilung II aus (siehe Tabelle 9).[10] Gleichzeitig

[10] Die Unterschiede in den Wachstumstempi der Zweige der Abteilung II sind durch Beschränkungen bedingt, die in der Skala der Tempi der Abteilung II gegeben sind. In den betrachteten Varianten wurde der Einfachheit halber eine verstärkte Differenzierung angenommen. Die größten Tempi der Produktion wurden einheitlich für die Gruppe der Zweige der langlebigen Gebrauchsgüter, der Möbelindustrie und beim Bau von Objekten der nichtproduktiven Bestimmung angesetzt. In die zweite Gruppe

6	7	8	9	10	11	12	13	14	15	16	17
1,01	1,03	1,02	1,01	1,01	1,01	1,02	1,03	1,04	1,05	1,02	1,01
0,99	0,99	0,99	0,99	0,99	0,99	0,99	0,98	1,02	0,99	0,99	0,99
1,00	1,00	0,99	0,99	0,99	0,99	1,00	0,99	1,01	0,99	1,01	1,00
1,015	1,02	1,00	1,00	1,00	1,00	1,00	1,02	1,04	1,00	1,00	1,00
1,015	1,02	1,01	1,00	1,00	1,00	1,01	1,01	1,04	0,99	0,99	1,00
1,00	1,03	1,03	1,02	1,05	1,03	1,05	1,05	1,05	1,03	1,10	1,03
1,00	1,00	1,00	1,00	1,00	1,00	1,00	0,99	1,00	1,00	1,00	1,00
1,00	1,00	1,00	1,00	1,00	1,00	1,00	0,99	1,00	1,00	1,00	1,00
1,00	1,00	1,00	1,00	1,00	1,00	1,00	1,00	1,00	1,00	1,00	1,00
1,00	1,00	1,00	1,00	1,00	1,00	1,00	1,00	1,00	1,00	1,00	1,00
1,00	1,00	1,00	1,00	1,00	1,00	1,00	1,00	1,00	1,00	1,00	1,00
1,00	1,00	1,00	1,00	1,00	1,00	1,00	1,00	1,00	1,00	1,00	1,00
1,00	1,00	1,00	1,00	1,00	1,00	1,00	1,00	1,04	1,00	1,00	1,00
1,00	1,00	1,00	1,00	1,00	1,00	1,00	1,00	1,00	1,00	1,00	1,00
0,99	0,99	0,99	0,99	0,99	0,99	0,99	1,00	0,99	1,00	1,00	0,99
1,00	1,00	1,00	1,00	1,00	1,00	1,00	1,00	1,00	1,00	1,00	1,00
1,00	1,00	1,00	1,00	1,00	1,00	1,00	1,00	1,00	1,00	1,00	1,00

ist aus den Kennziffern der Tabelle ersichtlich, daß die Schwankungen der Wachstumstempi abklingenden Charakter besitzen.

Die betrachtete Erscheinung ist im wesentlichen durch folgende Umstände bedingt. Die Änderung der Koeffizienten des direkten Aufwandes und der Fondsintensität dieser Variante (s. Tabelle 7) verletzten in bestimmtem Maße das System der Wechselbeziehungen, das sich in der Basisperiode zwischen den Zweigen herausgebildet hat und seine Widerspiegelung in Normativen und anderen Beschränkungen der Modellgleichungen für das Basisjahr erhielt, von denen die Rechnungen für die folgende Periode ausgingen. Dem in der betrachteten Variante gegebenen Charakter der Änderungen der Koeffizienten entspricht ein etwas anderes System von quantitativen Abhängigkeiten, die ein bestimmtes Gleichgewicht ausdrücken — ein stationäres Entwicklungsregime

mit einheitlichen, aber niedrigeren Wachstumstempi als die der ersten Gruppe wurden die Zweige eingeordnet: Elektro- und Wärmeenergie, Brennstoffindustrie, Glas- und Porzellan-Fayence-Industrie, sonstige Industriezweige und sonstige Zweige der materiellen Produktion. Die Wachstumstempi der Leichtindustrie, der Lebensmittelindustrie und der Landwirtschaft wurden für die ganze Periode konstant und verhältnismäßig niedrig angesetzt: in der Leichtindustrie wurden 4%, in der Lebensmittelindustrie 5% und in der Landwirtschaft 1,5% jährlicher Zuwachs vorgegeben.

Tabelle 8: Jährliche Wachstumstempi der Abteilung I. Variante I (in % zum vorangegangenen Jahr)

Zweige	Jahre									
	1	2	3	4	5	6	7	8	9	10
1. Elektro- und Wärmeenergie	112,0	112,0	112,0	112,0	112,0	112,0	112,0	112,0	112,0	112,0
2. Schwarz- und Buntmetallurgie	108,4	109,4	108,9	109,3	108,6	108,9	108,8	108,8	108,7	108,6
3. Brennstoffindustrie	108,9	108,8	108,8	109,8	108,8	108,7	108,7	108,7	108,7	108,7
4. Zulieferungen des Maschinenbaus	110,2	110,8	110,5	110,6	110,4	110,5	110,4	110,3	110,3	110,2
5. Fertige Maschinen und Ausrüstungen	104,7	111,5	107,9	109,9	108,2	109,7	108,8	109,2	109,3	108,9
6. Chemieindustrie	114,1	115,0	114,5	114,8	114,5	114,7	114,6	114,7	114,6	114,6
7. Holz- und holzverarbeitende Industrie	111,1	109,1	110,1	109,4	109,8	109,2	109,4	109,3	109,0	109,0
8. Baumaterialienindustrie	113,4	108,2	111,1	109,1	110,2	109,0	109,5	109,1	108,9	108,7
9. Glas- und Porzellan-Fayence-Industrie	112,2	110,0	111,2	110,2	110,7	110,2	110,5	110,1	110,1	109,7
10. Leichtindustrie	106,0	106,0	106,1	106,2	106,3	106,4	106,5	106,7	106,7	106,8
11. Lebensmittelindustrie	105,7	105,9	105,8	105,9	105,9	106,0	106,0	106,1	106,1	106,2
12. Sonstige Industriezweige	106,7	106,3	106,7	106,5	106,6	106,6	106,6	106,6	106,5	106,5
13. Investitionsbauwesen	114,3	103,9	111,5	106,8	109,5	107,7	108,9	108,2	108,8	108,1
14. Landwirtschaft	105,0	104,9	104,9	105,0	105,0	105,0	105,1	105,1	105,1	105,2
15. Lastentransport, Post- und Fernmeldewesen	108,6	108,0	108,3	108,1	108,1	108,1	108,1	108,0	108,0	108,0
16. Handel, materiell-technische Versorgung und Beschaffung	107,0	107,1	107,0	107,1	107,1	107,1	107,1	107,2	107,2	107,2
17. Sonstige Zweige des materiellen Bereichs	108,9	108,5	108,8	108,2	108,7	108,4	108,5	108,5	108,5	108,5
Abteilung I insgesamt	108,5	107,9	108,5	108,2	108,4	108,4	108,5	108,5	108,6	108,5

Tabelle 9: Jährliche Wachstumstempi der Abteilung II. Variante I (in % zum vorangegangenen Jahr)

Zweige	Jahre									
	1	2	3	4	5	6	7	8	9	10
1. Elektro- und Wärmeenergie	106,9	110,4	108,1	109,0	108,1	108,1	107,5	107,2	106,9	106,9
2. Brennstoffindustrie	109,6	110,4	108,1	109,0	108,1	108,1	107,5	107,2	106,9	106,9
3. Langlebige Gebrauchsgüter (ohne Möbel)	116,0	117,5	113,5	105,0	113,5	113,5	112,5	112,0	111,5	111,5
4. Möbel	118,0	117,5	113,5	115,0	113,5	113,5	112,5	112,0	111,5	111,5
5. Glas- und Porzellan-Fayence-Industrie	109,6	106,4	108,1	109,0	108,1	108,1	107,5	107,2	106,9	106,9
6. Leichtindustrie	104,0	104,0	104,0	104,0	104,0	104,0	104,0	104,0	104,0	104,0
7. Lebensmittelindustrie	105,0	105,0	105,0	105,0	105,0	105,0	105,0	105,0	105,0	105,0
8. Sonstige Industriezweige	109,6	110,4	108,1	109,6	108,1	108,1	107,5	107,2	106,9	106,9
9. Investitionsbauwesen	116,0	117,5	113,5	115,0	113,5	113,5	112,5	112,0	111,5	111,5
10. Landwirtschaft	101,5	101,5	101,5	101,5	101,5	101,5	101,5	101,5	101,5	101,5
11. Sonstige Zweige des materiellen Bereiches	109,6	110,4	108,1	109,0	108,1	108,1	107,5	107,2	106,9	106,9
Abteilung II insgesamt	106,9	107,5	106,6	107,2	107,0	107,2	106,9	106,8	106,7	106,8

Tabelle 10: Wachstum der Produktion in den Hauptzweigen und Dynamik der verallgemeinerten Kennziffern der Entwicklung der Volkswirtschaft
Variante I (in % zum vorhergehenden Jahr)

Jahr	Industrie	Bauwesen	Landwirtschaft	Bruttoprodukt	Nationaleinkommen	Akkumulation der Grundfonds	Materialintensität des Bruttoprodukts	Fondsintensität des Bruttoprodukts bezüglich der Grundfonds
1	108,0	115,0	104,2	108,1	107,5	111,9	100,4	100,5
2	108,5	109,2	104,1	109,7	107,3	105,1	100,4	100,7
3	108,2	112,4	104,1	108,1	107,3	111,1	100,4	100,4
4	108,2	110,3	104,2	108,0	107,4	108,2	100,4	100,7
5	108,6	111,3	104,3	108,1	107,3	108,9	100,5	100,5
6	108,4	110,4	104,3	108,1	107,4	108,7	100,5	100,5
7	108,4	110,6	104,4	108,2	107,3	109,2	100,5	100,5
8	108,5	110,0	104,4	108,1	107,1	108,2	100,6	100,5
9	108,5	110,1	104,4	108,2	107,3	109,5	100,5	100,5
10	108,5	109,8	104,5	108,2	107,2	108,4	100,5	100,5

verschiedener Zweige bei gegebenen Wachstumstempi des gesellschaftlichen Gesamtprodukts. Das System strebt gegen dieses stationäre, aber für verschiedene Zweige unterschiedliche Entwicklungsregime, weil die Änderung aller Normative, wenn auch unterschiedlich nach Zweigen und Arten, in der Zeit gleichmäßig gegeben ist. Deshalb klingen die Schwankungen der Wachstumstempi der Zweige allmählich ab.

Der Umstand, daß der Impuls der Schwingungen von den Zweigen ausgeht, die die Elemente der Grundfonds der Produktion schaffen, ist unmittelbar dadurch bedingt, daß in das Modell für diese Zweige zusätzlich („Fonds-")-Gleichungen eingeführt wurden, deren Unbekannte die Größen des Zuwachses der Grundfonds nach Zweigen und Arten sind. Aber unter Berücksichtigung des Umstandes, daß die Spezifik der Gleichungen für die betrachteten Zweige mit den Besonderheiten des technisch-ökonomischen Umschlags der Produktion dieser Zweige zusammenhängt, kann man offenbar sagen, daß dieser Fakt gerade mit der Spezifik des technisch-ökonomischen Umschlags der fondsproduzierenden Zweige in Beziehung steht.

Wie aus Tabelle 10 ersichtlich, erhöhte sich die Fondsintensität des gesellschaftlichen Produkts, bezogen auf die Grundfonds, im Durchschnitt um 0,5% im Jahr. Tatsächlich erhöhte sich die Fondsintensität des Bruttoprodukts im Basisjahr, von dem die Berechnungen ausgingen, wesentlich mehr.

Tabelle 11: Jährliche Änderung der Normative der Nutzung von Elektroenergie sowie fertiger Maschinen und Ausrüstungen nach Zweigen in der Variante II

Verbraucherzweige	jährliche Änderungen der Normative des direkten Verbrauchs an Elektro- und Wärmeenergie	jährliche Änderungen der Normative der Fondsintensität nach fertigen Maschinen und Ausrüstungen sowie die Normative der Aussonderung der Ausrüstungen bezogen auf eine Einheit Produktion
1. Elektro- und Wärmeenergie	1,00	1,01
2. Schwarz und Buntmetallurgie	1,03	1,025
3. Brennstoffindustrie	1,03	1,025
4. Zulieferungen des Maschinenbaus	1,015	1,00
5. Fertige Maschinen und Ausrüstungen	1,015	1,00
6. Chemieindustrie	1,04	1,025
7. Holz- und holzverarbeitende Industrie	1,03	1,025
8. Baumaterialienindustrie	1,015	1,2
9. Glas- und Porzellan-Fayence-Industrie	1,01	1,01
10. Leichtindustrie	1,015	1,01
11. Lebensmittelindustrie	1,02	1,02
12. Sonstige Industriezweige	1,02	1,01
13. Investitionsbauwesen	1,04	1,04
14. Landwirtschaft	1,06	1,05
15. Lastentransport, Post- und Fernmeldewesen	1,05	1,00
16. Handel, materiell-technische Versorgung, Beschaffung	1,03	1,02
17. Sonstige Zweige des materiellen Bereichs	1,02	1,01

Im Zusammenhang damit wurde der Versuch gemacht, die Schwankungen der Wachstumstempi der Zweige zu verringern, indem solche Änderungen der Fondsintensitäten vorgegeben wurden, die ihrer tatsächlichen Änderung im Basisjahr recht nahe kommen. In der unten aufgeführten zweiten Variante sind die Koeffizienten der Fondsintensität nach Maschinen und Ausrüstungen (in der Dynamik) im Vergleich mit der ersten Variante erhöht, wie das Tabelle 11 zeigt. Die Koeffizienten der Fondsintensität nach Gebäuden und Ausstattungen wurden so belassen wie in der ersten Variante, mit Ausnahme der Landwirtschaft, für die der genannte Koeffizient jährlich um 1% statt 4% wie in der ersten Variante erhöht wurde. Außerdem wurde in der zweiten

Tabelle 12: Jährliche Wachstumstempi der Abteilung I. Variante II (in % zum vorangegangenen Jahr)

Zweige	Jahre									
	1	2	3	4	5	6	7	8	9	10
1. Elektro- und Wärmeenergie	112,0	112,0	112,0	112,0	112,0	112,0	112,0	112,0	112,0	112,0
2. Schwarz- und Buntmetallurgie	108,1	107,9	108,0	107,9	107,8	107,7	107,7	107,6	107,5	107,4
3. Brennstoffindustrie	108,1	108,2	108,1	108,1	108,1	108,1	108,1	108,1	108,1	108,2
4. Zulieferungen des Maschinenbaus	100,1	110,0	110,0	110,0	109,9	109,9	109,8	109,7	109,7	109,5
5. Fertige Maschinen und Ausrüstungen	110,1	109,3	109,8	109,7	109,7	109,7	109,7	109,6	109,8	109,5
6. Chemieindustrie	114,1	114,2	114,1	114,1	114,1	114,1	114,2	114,1	114,1	114,1
7. Holz- und holzverarbeitende Industrie	108,9	108,9	108,8	108,7	108,6	108,5	108,5	108,3	108,1	108,1
8. Baumaterialienindustrie	109,1	109,0	108,7	108,6	108,4	108,2	108,0	109,0	107,5	107,5
9. Glas- und Porzellan-Fayence-Industrie	109,8	110,0	109,7	109,7	109,5	109,6	109,1	109,4	109,1	109,3
10. Leichtindustrie	105,8	105,8	105,9	106,0	106,0	106,1	106,2	106,2	106,3	106,3
11. Lebensmittelindustrie	105,5	105,7	105,7	105,7	105,7	105,8	105,8	105,8	105,9	105,9
12. Sonstige Industriezweige	106,4	106,6	106,5	106,5	106,5	106,4	106,3	106,3	106,2	106,2
13. Investitionsbauwesen	108,8	107,8	107,9	108,1	107,9	107,9	107,9	108,0	107,9	107,8
14. Landwirtschaft	104,6	104,8	104,8	104,9	104,9	104,9	105,0	105,0	105,0	105,0
15. Lastentransport, Post- und Fernmeldewesen	107,4	107,5	107,4	107,4	107,4	107,3	107,3	107,3	107,3	107,2
16. Handel, materiell-technische Versorgung und Beschaffung	106,0	106,7	106,7	106,7	106,7	106,7	106,7	106,8	106,8	106,7
17. Sonstige Zweige des materiellen Bereichs	107,7	108,0	107,7	107,9	107,8	107,8	107,7	107,6	107,8	107,6
Abteilung I insgesamt	108,0	107,9	108,0	108,0	108,0	108,1	108,1	108,1	108,2	108,1

Tabelle 13: Jährliche Wachstumstempi der Abteilung II. Variante II (in % zum vorangegangenen Jahr)

Zweige	Jahre									
	1	2	3	4	5	6	7	8	9	10
1. Elektro- und Wärmeenergie	107,6	108,2	107,6	107,2	107,0	106,7	106,3	106,1	105,7	105,6
2. Brennstoffindustrie	107,6	108,2	107,6	107,2	107,0	106,7	106,3	106,1	105,7	105,6
3. Langlebige Gebrauchsgüter (ohne Möbel)	112,6	113,6	112,6	112,0	111,6	111,2	110,5	110,2	109,5	109,3
4. Möbel	112,6	113,6	112,6	112,0	111,6	111,2	110,5	110,2	109,5	109,3
5. Glas- und Porzellan-Fayence-Industrie	107,6	108,2	107,6	108,2	107,0	106,7	106,3	106,1	105,7	105,6
6. Leichtindustrie	104,0	104,0	104,0	104,0	104,0	104,0	104,0	104,0	104,0	104,0
7. Lebensmittelindustrie	105,0	105,0	105,0	105,0	105,0	105,0	105,0	105,0	105,0	105,0
8. Sonstige Industriezweige	107,6	108,2	107,6	107,2	107,0	106,7	106,3	106,1	105,7	105,6
9. Investitionsbauwesen	112,6	113,6	112,6	112,0	111,6	111,2	110,5	110,2	109,5	109,3
10. Landwirtschaft	101,5	101,5	101,5	101,5	101,5	101,5	101,5	101,5	101,5	101,5
11. Sonstige Zweige des materiellen Bereiches	107,6	108,2	107,6	108,2	107,0	106,7	106,3	106,1	105,7	105,6
Abteilung II insgesamt	106,1	106,5	106,3	106,2	106,2	106,2	106,1	106,1	106,0	106,0

Tabelle 14: Wachstum der Produktion in den Hauptzweigen und Dynamik der verallgemeinerten Kennziffern der Entwicklung der Volkswirtschaft
Variante II (in % zum vorhergehenden Jahr)

Jahr	Industrie	Bauwesen	Landwirtschaft	Bruttoprodukt	Nationaleinkommen	Akkumulation der Grundfonds	Materialintensität des Bruttoprodukts	Fondsintensität des Bruttoprodukts bezüglich der Grundfonds
1	107,8	110,3	104,1	107,5	106,8	110,6	100,5	101,1
2	107,9	110,1	104,0	107,5	106,8	108,3	100,4	101,1
3	107,9	109,8	104,1	107,5	106,7	108,8	100,4	101,1
4	107,9	109,7	104,1	107,5	106,7	108,9	100,5	101,1
5	107,9	109,5	104,2	107,6	106,7	108,9	100,4	101,1
6	107,9	109,3	104,2	107,6	106,6	108,6	100,5	101,1
7	107,9	109,1	104,2	107,6	106,6	109,0	100,5	101,1
8	107,9	108,9	104,3	107,6	106,5	108,6	100,5	101,1
9	107,9	108,6	104,3	107,6	106,5	109,0	100,5	101,1
10	108,0	108,5	104,4	107,6	106,4	108,3	100,5	101,1

Variante im Vergleich zur ersten eine intensivere jährliche Erhöhung der Normative der Elektrointensität nach Zweigen (s. die Tabellen 7 und 11) vorgegeben. Die restlichen Normative und sonstigen Beschränkungen wurden genau so wie in der ersten Variante vorgegeben. Die Ergebnisse der Rechnungen der zweiten Variante sind in den Tabellen 12, 13 und 14 dargestellt.

Aus Tabelle 14 ist ersichtlich, daß sich die Fondsintensität des gesellschaftlichen Produkts hier bedeutender erhöht hat als in der ersten Variante (um 1,1% im Jahr im Vergleich zu 0,5% in der ersten Variante). Die Wachstumstempi des Bruttoprodukts waren etwas geringer, speziell betrug der jährliche Zuwachs in den ersten 5 Jahren 7,5% statt 8% in der ersten Variante. Das erklärt sich unmittelbar daraus, daß bei gleichen Tempi des Zuwachses der beschränkten Ressource (Elektroenergie) um 12% im Jahr die Erhöhung der Elektrointensität der Produktion in den Zweigen (und folglich auch für das Bruttoprodukt als Ganzes) bei der zweiten Variante intensiver gegeben war.

Wie aus den Tabellen 12 und 13 ersichtlich, ist die Schwankung der Wachstumstempi der Zweige in dieser Variante praktisch überwunden. Daraus folgt natürlich nicht, daß die in dieser Variante gegebene Änderung der Koeffizienten der Fonds- und Elektrointensität die einzig mögliche zur Überwindung der Schwankungen in den Tempi der Zweige ist. Für den Übergang zu gleichmäßigen Wachstumstempi der Produktion der fondserzeugenden Zweige kann man die Änderungen der Koeffizienten der Fondsintensität nach Zweigen in verschiedenen Kombinationen vorgeben. Die Hauptsache besteht hierbei darin, zu einem solchen Niveau der Änderung der Fondsintensität des Bruttoprodukts (und zu solchen Wachstumstempi des Produkts) überzugehen, bei denen die Dynamik der zu akkumulierenden Grundfonds mehr oder weniger gleichmäßig ist. Dem entsprechen natürlich auch gleichmäßigere Wachstumstempi der Produktion in den fondserzeugenden Zweigen, da ein großer Teil ihrer Produktion nach der Verwendung unter den gegenwärtigen Bedingungen faktisch die Akkumulation der Grundfonds in den Zweigen darstellt. Zugleich wurde die Differenzierung der Koeffizienten der Fondsintensitäten nach Zweigen in der betrachteten Variante im Prinzip in Übereinstimmung mit den tatsächlichen Tendenzen ihrer Änderung vorgegeben.

Zurückkehrend zur Frage der Schwankungen der Wachstumstempi der Produktion ist zu bemerken, daß die gemäß den Modellrechnungen erhaltene Regularität der Schwankungen der Tempi für die Zweige (jährliche Schwingungen vom Typ des Pendels) unmittelbar dadurch bedingt ist, daß als zeitliche Schrittlänge in den Modellrechnungen ein Jahr gewählt wurde — natürlich unter den Bedingungen gleichmäßiger Änderung aller Parameter über die Jahre. Der oben skizzierte Zusammenhang zwischen dem Charakter der vorgegebenen Änderungen der Modellparameter (durch diese oder jene ihrer Abweichungen vom vorhandenen Niveau und Tendenzen) und der Amplitude der Schwankungen der Tempi in den Zweigen ist unzweifelhaft. Gleichzeitig fordert die Klärung des konkreten Mechanismus, der die Rechenresultate bestimmt, eine spezielle ökonomisch-mathematische Analyse des Modells. Im einzelnen kamen einige Autoren auf Grund einer entsprechenden Analyse zu dem Schluß, daß bei sonst gleichen Bedingungen die Stabilität der Resultate, die mit diesen oder jenen Modellen der dynamischen Verflechtungsbilanz erhalten werden, um so größer ist, je größer die zeitliche Schrittlänge in den Modellrechnungen ist [2]. Das hängt anscheinend damit zusammen, daß sich das Niveau der Koeffizienten der Fondsintensität im Unterschied zum Niveau der Koeffizienten der direkten Aufwendungen umgekehrt proportional zur zeitlichen Schrittlänge ändert, die im Modell verwendet wird. Das Gesagte bedeutet nicht, daß die Berechnungen nach diesen oder jenen Modellen mit großer zeitlicher Schrittlänge, z. B. gleich 5 Jahren, Vorzüge besitzen. Die Rechnungen mit zeitlich größeren Schrittweiten führen dazu, daß die Bilanziertheit aller Kennziffern innerhalb des 5-Jahres-Schrittes nicht die geringste konkrete Widerspiegelung erhält. Die zeitliche Schrittlänge von einem Jahr ist für praktische Rechnungen und für die Begründung bilanzierter Pläne mehr gerechtfertigt, weil sie mit dem natürlichen Produktionszyklus in der Landwirtschaft zusammenhängt; auch die Dynamik der Produktion anderer Zweige hängt in bestimmtem Grad mit dem Wechsel der Jahreszeiten zusammen, ganz zu schweigen von den Zweigen, die vorrangig mit der Verarbeitung landwirtschaftlicher Rohstoffe beschäftigt sind. Das schließt natürlich nicht die Zweckmäßigkeit von Modellrechnungen mit größerer zeitlicher Schrittlänge für diese oder jene Ziele aus.

Schließlich sei folgender Umstand vermerkt. Die Schwankungen der Tempi der fondserzeugenden Zweige sind im Prinzip durch die Dynamik des Zuwachses der Produktionsgrundfonds bestimmt. Die Dynamik des Fondszuwachses selbst ist besonders empfindlich gegenüber den Koeffizienten β_{ij}, die das jährliche Volumen in einen jahresdurchschnittlichen Wert umrechnen. Wenn diese Koeffizienten z. B. in allen Zweigen und für alle Fondsarten gleich 0,5 gesetzt werden, so fordert die zusätzliche Vergrößerung des Bruttoprodukts um eine Einheit (bei dem früheren Niveau der Fondsintensität) eine zusätzliche Akkumulation von Produktionsgrundfonds nicht um 0,66 Einheiten (die Fondsintensität des Bruttoprodukts, bezogen auf die Grundfonds, beträgt gegenwärtig 0,66), sondern um $\frac{0,66}{0,5} = 1,32$ Einheiten. Genauso verringert sich im Falle der Verkleinerung des Bruttoprodukts um eine Einheit der Akkumulationsbedarf an Grundfonds bei sonst gleichen Bedingungen um 1,32 Einheiten.

Sowohl die theoretischen Überlegungen als auch die praktischen Rechnungen zeigten, daß sich bei der Annahme von $\beta_{ij} = 1$ (d. h. wenn diese Koeffizienten im Prinzip aus den Gleichungen entfernt werden) die Schwankungen der Wachstumstempi der fondserzeugenden und damit auch der anderen Zweige wesentlich verringern. Die Vernachlässigung der genannten Koeffizienten in den Gleichungen ist im Prinzip gleich der Annahme, daß alle in diesem oder jenem Jahr zu akkumulierenden Grundfonds einheitlich am Jahresanfang aktiviert werden. In Übereinstimmung hiermit muß die Fondsintensität zur Einhaltung der Bilanziertheit aller Kennziffern und Größen im Basisjahr unbedingt mit den Fonds am Jahresende berechnet werden. Bei der angegebenen Voraussetzung sind sie gleich den Fonds am Jahresanfang, die aus den tatsächlich am Jahresanfang vorhandenen Fonds durch Hinzunahme der gesamten Akkumulation der Fonds im Basisjahr gebildet wurden. Die betrachtete Methode, die zur Erhöhung der Stabilität der Resultate der Modellrechnungen genutzt wurde, stellt natürlich eine Vereinfachung der realen Abhängigkeiten dar, weil die Aktivierung der zu akkumulierenden Fonds in diesem oder jenem Jahr im Verlaufe des ganzen Jahres mit größerer oder kleinerer Gleichmäßigkeit erfolgt. Gleichzeitig scheint diese Methode bei Nutzung von Modellen des betrachteten Typs für bestimmte Ziele gerechtfertigt.

Es sei noch ein Aspekt der Stabilität der Kennziffern betrachtet, die man bei den Modellrechnungen erhält. Im Kapitel 1 wurde bemerkt, daß als beschränkte Ressource in den Modellrechnungen sowohl die Arbeit als auch einige materielle Ressourcen und speziell das Volumen der Elektroenergie gewählt werden kann, die in der Produktion verbraucht wird. Wenn ein Ein-Produkt-Modell verwendet und die Produktion der Volkswirtschaft als homogen betrachtet wird, so besteht zwischen der Änderung des Volumens der beschränkten Ressource und dem der Produktion bei ein und derselben Änderung der spezifischen Aufwendungen der beschränkten Ressourcen für die Produktion eine direkte Proportionalität: Mit der Vergrößerung der zur Produktion verwendeten Ressource wächst auch das Volumen des erzeugten Produkts. Eine solche Wechselbeziehung wird — wenn sie auch nicht streng proportional ist — auch in den Rechnungen nach dem Modell der dynamischen Verflechtungsbilanz beobachtet. Das bezieht sich auf den Fall, in dem als Beschränkungen sowohl die Arbeit als auch die Elektroenergie verwendet wurden (in den praktischen Modellrechnungen wurden diese beiden Arten der Beschränkung verwendet). Gleichzeitig stießen wir bei der praktischen Verwendung des Modells auf folgenden Fakt. Bei der Aufstellung der Ausgangsinformationen für das Jahr 1965, das bei den Rechnungen als Basisjahr diente, erwiesen sich die Koeffizienten der Arbeitsintensität der Produktion der Zweige, die auf der Grundlage der tatsächlichen statistischen Kennziffern und einiger Vereinfachungen berechnet wurden, als unvereinbar (in den Grenzen der Modellrechnungen für ein Jahr) mit der oben erwähnten direkten Abhängigkeit zwischen der Änderung des Volumens der Arbeitsressourcen und des Volumens der Produktion. Eine zusätzliche Vergrößerung des Umfangs der Arbeitsressourcen in diesem oder jenem Jahr führt hier nicht zu einem zusätzlichen Wachstum der Produktion, sondern umgekehrt zur Verringerung ihres Zuwachses im Vergleich zur Ausgangsvariante (d. h. zur Variante mit geringerem Volumen der Arbeitsressourcen). Dabei wurde dieser Umstand nicht durch Modellrechnungen mit den oben gebildeten Beschränkungen der Arbeitsressourcen und den Koeffizienten der Arbeitsintensität, sondern bei der ökonomisch-mathematischen Analyse des Modells erhalten und danach durch Rechnungen mit Beschränkungen für die Elektroenergie bestätigt, wobei anschließend der Bedarf an Arbeitsressourcen bei gegebenen Zweigkoeffizienten der Arbeitsintensität und den als Lösung erhaltenen Volumina der Bruttoproduktion der Zweige bestimmt wurde. Eine direkte Lösung des Gleichungssystems mit Beschränkungen für die Arbeitsressourcen erwies sich in diesem Falle ohne zusätzliche Beschränkungen als nicht möglich.[11] Gleichzeitig erwiesen sich die Zweigkoeffizienten der Arbeitsintensität — aufgestellt für das Jahr 1966 nach den Daten der abgerechneten Verflechtungsbilanz (welche entsprechend den Maßstäben des dynamischen Modells aggregiert wurden) — derart, daß die Dynamik der Arbeitskräfte und die der Produktion des Bruttoprodukts direkt proportional sind, d. h. eine zusätzliche Vergrößerung der Arbeitsressourcen einen bestimmten zusätzlichen Zuwachs des Bruttoprodukts hervorruft. In Übereinstimmung hiermit ist im gegebenen Fall eine direkte Lösung des Gleichungssystems des Modells unter Benutzung der Beschränkungen für die Arbeitsressourcen und

[11] Es ist nicht ausgeschlossen, daß die Unmöglichkeit der Lösung der Gleichungen in diesem Falle nicht absoluter Natur ist, sondern nur mit der Spezifik des Algorithmus zusammenhängt, der bei der Lösung des Modells mittels EDVA benutzt wurde.

für die Kennziffern der Arbeitsintensität der Zweige möglich. Der gleiche Umstand ergibt sich bei Modellrechnungen, die für die Ökonomie der RSFSR durchgeführt wurden. Was die Berechnungen unter Verwendung von Beschränkungen der Elektroenergie betrifft, so wird hier immer (auf jeden Fall in den praktisch durchgeführten Rechnungen) ein direkter Zusammenhang zwischen der Dynamik der genannten Ressourcenbeschränkungen und der Änderung des Umfangs des erzeugten Bruttoprodukts beobachtet.

Das bei der Verwendung von Beschränkungen der Arbeitsressourcen beobachtete „paradoxe“ Resultat (gemeint sind die Rechnungen auf Grundlage der Ausgangsinformation, die für das Basisjahr 1965 bereitgestellt wurden) hat eine einfache Erklärung. Es ist dadurch hervorgerufen, daß sich das Niveau der Arbeitsintensität der Produktion der Abteilung II[12] im Vergleich mit dem der Abteilung I als so hoch erwies, daß eine zusätzliche Vergrößerung des Umfangs der Produktion der Abteilung II in diesem Fall noch im gegebenen Jahr zu einer Vergrößerung des Bedarfs an Arbeitsressourcen für die ganze Volkswirtschaft führt. Wie andererseits gezeigt wurde, führt eine zusätzliche Vergrößerung der Produktion der Abteilung II — wenn man sich auf ein Jahr beschränkt — zur Verringerung des Zuwachses (oder sogar zur absoluten Verringerung) des Bruttoprodukts im gegebenen Jahr. Somit führt eine zusätzliche Vergrößerung des Volumens der angewandten Arbeitsressourcen für dieses oder jenes Jahr in dem betrachteten Fall zur Verringerung des Volumens des Bruttoprodukts — wie das in den oben erwähnten Rechnungen bestätigt wurde. Dieses Resultat wurde zunächst auf der Grundlage der Koeffizienten der vollen Arbeitsintensität des Endprodukts aufgestellt, die den betrachteten Koeffizienten der direkten Aufwendungen an Arbeit und Produktionsmittel entsprechen.[13]

Zur Konkretisierung der aufgezeigten Abhängigkeiten wurde eine sukzessive Korrektur (in mehreren Iterationen) der zweiglichen Koeffizienten der Arbeitsintensität, die für das Jahr 1965 gebildet worden waren, mit der Absicht durchgeführt, für das Modell mit den korrigierten Koeffizienten der Arbeitsintensität eine direkte Lösung zu erhalten; dabei sollten sich diese Koeffizienten gleichzeitig möglichst wenig von ihren Ausgangswerten unterscheiden. Im Ergebnis wurden Kennziffern der Arbeitsintensität für das Basisjahr aufgestellt, die für die Mehrzahl der Zweige hinreichend nahe bei deren Ausgangswerten dieses Jahres[14] lagen und die für mehrere Jahre eine direkte Lösung des Gleichungssystems des Modells gestatten, ohne zusätzliche Beschränkungen bei Verwendung der auf die angegebene Weise „präparierten“ Beschränkungen

[12] Wiederum unter Berücksichtigung der Ungenauigkeiten und Abweichungen, die bei der Zusammenstellung der Informationen für das Jahr 1965 zugelassen wurden.

[13] Diese Analyse wurde von M. A. Gersenzon durchgeführt.

[14] Natürlich haben sich die Kennziffern der Arbeitsintensität der Produktion der Zweige für die Planperiode in diesem oder jenem Maße jährlich verringert.

für die Arbeitsressourcen. In den erhaltenen Berechnungen mit den so gebildeten Beschränkungen für die Arbeitsressourcen wurde ebenfalls der direkte Zusammenhang — wie auch bei der Verwendung der Beschränkungen für Elektroenergie — zwischen der Dynamik der Arbeitsressourcen und der Dynamik der Produktion des Bruttoprodukts beobachtet. Gleichzeitig zeichnen sich diese Rechnungen durch eine schroffe Instabilität in der Dynamik der aus der Lösung erhaltenen Kennziffern aus; insbesondere treten schroffe Schwankungen in den Wachstumstempi der fondserzeugenden Zweige auf (siehe Abbildung 2).

Im Bild 2 sind zum Vergleich die Tempi des Zuwachses der Produktion in den fondserzeugenden Zweigen angegeben, die bei den Rechnungen mit verschiedenen Typen der Beschränkung erhalten wurden. Fondserzeugende Zweige sind die Produktion von Maschinen und fertigen Ausrüstungen (1) sowie das Investitionsbauwesen (2). Für die Rechenvariante mit Beschränkungen der Arbeit sind Resultate angeführt, die unter Verwendung der korrigierten Koeffizienten der Arbeitsintensität und des ihnen entsprechenden Umfangs des Bedarfs an Arbeitsressourcen erhalten wurden.

Die Analyse der im Bild 2 angegebenen Kennziffern gestattet folgende Schlußfolgerungen: die mit Hilfe der Modellrechnung erhaltene Lösung trägt Schwingungscharakter; das ist — wie bereits bemerkt — in hohem Maße durch die Spezifik des Reproduktionsumschlags der Produktion bedingt, die in den betrachteten Zweigen erzeugt wird. Allerdings ist der Schwingungscharakter der Zuwachstempi der Produktion in den Rechenvarianten mit unterschiedlichen Typen von Beschränkungen nicht gleich. Bei Beschränkungen des Umfangs des Produktionsverbrauchs an Elektroenergie haben die Schwingungen der Zuwachstempi der Produktion in den fondserzeugenden Zweigen und in den mit ihnen verbundenen Zweigen entgegengesetzte Phasen. Das führt dazu, daß sich die Schwingungen insgesamt für die Volkswirtschaft aufheben und sich eine monotone Dynamik für die verallgemeinerten Kennziffern ergibt. Gleichzeitig werden die Amplituden der Schwingungen mit der Zeit merklich kleiner (es handelt sich um gedämpfte Schwingungen). Wie oben bemerkt, erklärt sich das daraus, daß das System im Laufe der Zeit immer besser in Übereinstimmung mit dem gegebenen Charakter der Änderungen der normativen Kennziffern und der beschränkten Ressource kommt. Im Unterschied dazu haben die Schwingungen der Zuwachstempi der Produktion bei Verwendung von Beschränkungen für die Arbeit eine sehr hohe Amplitude, die im Verlauf der Planungsperiode die Tendenz zum Anwachsen hat, d. h., die Schwingungen werden größer (sie tragen „explosiven Charakter"). Außerdem fallen in diesem Fall die Phasen der Schwingungen der Produktion in den fondserzeugenden und in den mit ihnen verbundenen Zweigen zusammen, was bei sonst gleichen Bedingungen zu einer schroffen Senkung der Stabilität der erhaltenen Lösung führt. Die Gründe dieser Erscheinungen sind gegenwärtig noch unzureichend untersucht und erfordern eine weitere sorgfältigere Betrach-

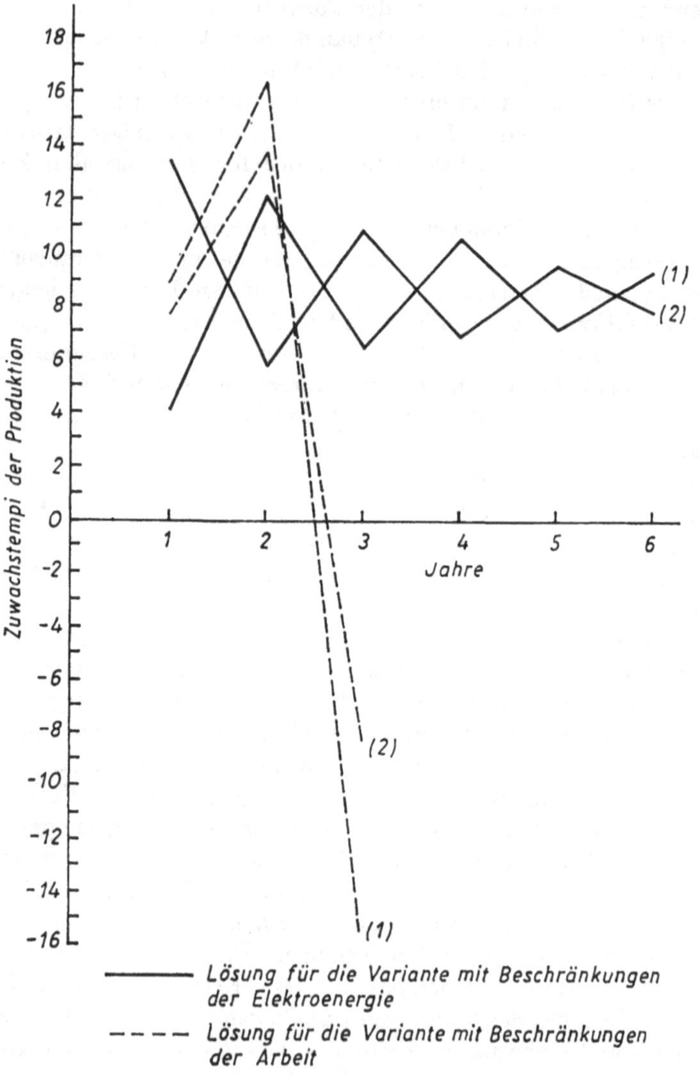

Abb. 2. Zuwachstempi der Produktion in den fondserzeugenden Zweigen für verschiedene Typen von Beschränkungen (in % zum vorangegangenen Jahr): (1) — Produktion von Maschinen und Ausrüstungen, (2) — Investitionsbauwesen

tung. Einige Schlußfolgerungen kann man allerdings schon jetzt ziehen. Erstens wird in den angegebenen Resultaten noch einmal bestätigt, daß der unmittelbare Impuls der Schwingungen in der Entwicklung der Zweige — und zusammen damit die Größe dieser Schwingungen — ausgeht und bestimmt wird von den Schwingungen der Produktion in den fondserzeugenden Zweigen. Und zweitens hängt die Stabilität der Lösungen vom Charakter des Zusammenhangs zwischen der Dynamik der beschränkten Ressource und der Dynamik des Bruttoprodukts ab. Die in Bild 2 für drei Jahre angegebene instabile Lösung, die bei korrigierten Beschränkungen für die Arbeitsressourcen erhalten wurde, befindet sich anscheinend in unmittelbarer Nähe der Grenze zwischen direktem und indirektem Zusammenhang der Dynamik der beschränkten Ressource und der Dynamik des Bruttoprodukts. Es sei noch einmal betont, daß Berechnungen für das dynamische Modell mit einer Schrittlänge von einem Jahr für relativ kurze Perioden von 1—2 Jahren betrachtet werden.

3.4. Wechselbeziehungen zwischen den Kennziffern der Entwicklung der einzelnen Zweige und der Volkswirtschaft als Ganzes

Zuerst wenden wir uns den Beziehungen zwischen Fondsintensität der gesellschaftlichen Produktion, produktiver Akkumulationsrate und Wachstumstempi in den Zweigen zu, die die Elemente der Grundfonds erzeugen. Die Rechnungen zeigten, daß bei relativ hohen und stabilen Wachstumstempi des gesellschaftlichen Gesamtprodukts und bei wesentlicher Erhöhung seiner Fondsintensität das Niveau der Wachstumstempi in den Zweigen, die Elemente der Grundfonds produzieren — insbesondere im Maschinenbau —, verhältnismäßig klein, wesentlich geringer als die tatsächlichen Tempi der letzten Jahre ist. So betrugen in einer für eine fünfjährige Periode berechneten Variante die jährlichen Zuwachstempi des Maschinenbaus 9% und des Bauwesens 8,5%.

Ein Wachstum der Produktion in den Zweigen, die Elemente der Grundfonds erzeugen, auf dem Niveau von jährlich 9% Zuwachs bei einer jährlichen Vergrößerung des Bruttoprodukts um 7% sowie seiner Fondsintensität um 2% hat eine natürliche und einfache Erklärung. Stabilität der Wachstumstempi des Bruttoprodukts und der Produktionsfonds bedeutet, daß die Wachstumstempi der Akkumulation der Grundfonds mit den Wachstumstempi aller aktivierten Fonds zusammenfallen und im betrachteten Falle auch etwa gleich 9% jährlichen Zuwachs ausmachen. Ein großer Teil des Bauwesens und des Maschinenbaus entfällt auf die Bildung der Akkumulation der Grundfonds (es wird natürlich der Teil der Produktion des Maschinenbaus betrachtet, der aus fertigen Maschinen und Ausrüstungen besteht). Folglich fällt die Dynamik der Produktion der fondserzeugenden Zweige praktisch mit der Dynamik des Zuwachses der Grundfonds zusammen.

Im Zusammenhang damit, daß das Wachstumstempo der Produktionsgrundfonds hier höher ist als das Wachstumstempo des Produkts und des Nationaleinkommens, erhöht sich natürlich die Rate der produktiven Akkumulation; es ist zu beachten, daß die Akkumulation der Grundfonds den überwiegenden Teil der zu akkumulierenden Produktionsmittel ausmacht. In der betrachteten Variante beträgt die Erhöhung 1,5% (von 21% am Anfang des 5-Jahr-Plan-Zeitraumes auf 22,5% an seinem Ende). Hieraus folgt noch eine wesentliche Schlußfolgerung. Wenn die Aufgabe gestellt ist, die Rate der produktiven Akkumulation zu stabilisieren, d. h. die Akkumulation mit den gleichen Tempi zu erhöhen wie das Nationaleinkommen als Ganzes genommen, so ergibt sich für den Fall gleicher Dynamik des Ersatzes der ausgesonderten Grundfonds und ihrer Akkumulation, daß sich die Produktion der fondserzeugenden Zweige mit den gleichen Tempi wie das Nationaleinkommen entwickelt; im Unterschied zu der gewöhnlich vorrangigen Entwicklung des Maschinenbaus im Vergleich mit der ganzen Industrie wird also ein Zurückbleiben seines Wachstums beobachtet, weil die Tempi des Nationaleinkommens praktisch immer kleiner als die Wachstumstempi der Industrie waren, und auf Grund einer Reihe von Umständen ein solches Verhältnis im wesentlichen auch weiterhin erhalten bleibt. Wenn die Produktion von Zuliefererzeugnissen und anderen Metallbearbeitungen (d. h. der Teil der Produktion des Maschinenbaus, der nach dem Charakter seines ökonomischen Umlaufs zu den Arbeitsgegenständen gehört) sich schneller oder langsamer vergrößert als die Produktion fertiger Ausrüstungen, so wird sich die Abhängigkeit zwischen dem Wachstum des Maschinenbaus als Ganzes, dem Nationaleinkommen und der Rate der produktiven Akkumulation nach dieser oder jener Seite korrigieren. Es ist ebenfalls klar, daß diesen Beziehungen auch bestimmte Korrekturen von den verschiedenen Intensitäten des Ersatzes der ausgesonderten Ausrüstungen zugefügt werden. Die Betrachtung der Wechselbeziehungen zwischen der Produktion fertiger Maschinen und Ausrüstungen und einigen verallgemeinerten Kennziffern ist von eigenständigem und größtem Interesse.

Hohe und vorrangige Tempi des Maschinenbaus, welcher einer der führenden progressiven Zweige ist, setzen sogar bei bedeutendem Wachstum der Fondsintensität und einer gewissen Erhöhung der Rate der produktiven Akkumulation eine intensive Erneuerung der Produktionsausrüstungen voraus. Die Erhöhung der Intensität des Ersatzes der verschlissenen und moralisch veralteten Ausrüstung ist berechtigt, besonders wenn man den Umstand berücksichtigt, daß die Aufwendungen für seine Generalreparatur gegenwärtig außerordentlich hoch sind. Die schnelle Umrüstung von Zweigen der Volkswirtschaft auf neue Technik schafft Bedingungen für ein schnelles und stabiles Wachstum der Arbeitsproduktivität.

Die Dynamik der Produktion von Arbeitsgegenständen bestimmt im wesentlichen das Niveau des Wachstums der materiellen Aufwendungen in der Volkswirtschaft im voraus, denn alle produzierten Arbeitsgegenstände treten im kontinuierlichen Reproduktionsprozeß als Elemente der materiellen Aufwendungen auf, und der Anteil der Amortisationen am allgemeinen Volumen des Ersatzfonds ist nicht wesentlich. Bei ein und denselben Wachstumstempi des Bruttoprodukts ist der Anteil der materiellen Aufwendungen darin um so größer, je höher die Wachstumstempi der Produktion von Arbeitsgegenständen sind.

Es ist wichtig zu bemerken, daß die Erhöhung der Materialintensität des Bruttoprodukts wesentlich durch die Änderung der Zweigstruktur der gesellschaftlichen Produktion bedingt ist.

Die Senkung des Niveaus der Materialintensität in der Mehrzahl der Industriezweige und der Volkswirtschaft realisiert sich in der Regel zusammen mit einer Erhöhung der Aufwandskoeffizienten der Produktion der Chemieindustrie, der Elektroenergie und auch der Amortisationen der Grundfonds, die auf eine Produktionseinheit dieser Zweige entfallen. Das ist nur dann möglich, wenn die Aufwandsnormen der traditionellen Materialien (Metalle, Brennstoffe, Baumaterialien usw.) wesentlich gekürzt werden. Dadurch sind auch die verhältnismäßig niedrigen Wachstumstempi der Produktion vieler Arten von Rohstoffen, Materialien und auch der Brennstoffindustrie bedingt.

Es sei bemerkt, daß die Erhöhung der Aufwandskoeffizienten der Elektroenergie und der Produktion der Chemieindustrie in der Mehrzahl der Zweige der Volkswirtschaft organisch mit der vorrangigen Entwicklung dieser Zweige zusammenhängt. Gleichzeitig ist es notwendig zu berücksichtigen, daß sich die Materialintensität des gesellschaftlichen Gesamtprodukts wesentlich erhöht, insbesondere unter Beachtung des Faktors der Änderung seiner Zweigstruktur, wenn die intensive Entwicklung der progressiven Zweige nicht von einer wesentlichen Senkung der Aufwandsnormen traditioneller Materialien und Brennstoffe begleitet wird. Das führt bei sonst gleichen Bedingungen zu einem wesentlichen Unterschied in den Tempi der Abteilungen I und II.

Die Tempi der Abteilung II als Ganzes werden in wesentlichem Maße durch die Kennziffern des Wachstums der Produktion der Leicht- und Lebensmittelindustrie bestimmt. Die Entwicklung dieser Zweige wiederum, insbesondere der Lebensmittelindustrie, hängt eng mit dem Wachstum der landwirtschaftlichen Produktion zusammen. Die Schaffung von Bedingungen, die eine möglichst vollständige Nutzung vorhandener Reserven zur Erhöhung der Tempi der landwirtschaftlichen Produktion garantieren, gestatten es, die Tempi der Entwicklung dieses Zweiges wesentlich zu erhöhen; in die zu schaffenden Bedingungen sind die weitere Erhöhung der materiellen Interessiertheit und die wirtschaftliche Initiative der landwirtschaftlichen Betriebe sowie auch eine wesentliche Vergrößerung des Umfangs der Investitionen in der Landwirtschaft eingeschlossen. Die Wachstumstempi der Produktion der Leicht- und Lebensmittelindustrie werden die Entwicklung der Landwirtschaft durch die Ökonomie landwirtschaftlicher Rohstoffe pro Einheit der Produktion dieser Zweige übertreffen, insbesondere im Ergebnis deren Verdrängung durch

Kunstfasern, Kunstleder und anderer Ersatzstoffe. Allerdings wird der Unterschied zwischen den Wachstumstempi der genannten Zweige und der Landwirtschaft anscheinend nicht sehr wesentlich werden.

Die Begründung real möglicher Tempi der Entwicklung der Landwirtschaft und ihre Koordinierung mit den Kennziffern der Entwicklung der Lebensmittel- und Leichtindustrie ist eine sehr wichtige Bedingung eines allseitig begründeten und bilanzierten Perspektivplanes der Entwicklung der Volkswirtschaft.

In den Jahren 1965 bis 1972 wurde mit dem Modell eine Vielzahl von Berechnungen durchgeführt; sie hatten Perspektivcharakter für die Periode bis 1970 (darunter auch die in dieser Arbeit angeführten) und für Perioden bis 1975, 1980, 1990. Die Perspektivrechnungen für einige Jahrzehnte mit verschiedenen Hypothesen über die Änderung der Normative und anderer Beschränkungen sind — wie die Erfahrung lehrt — von wesentlichem Interesse, weil sie ein System bilanzierter Kennziffern liefern, die dieser oder jener Hypothese über die Änderung der Modellnormative entsprechen. Das Modell kann auch für die Analyse der wichtigsten Bilanzbeziehungen unter Bedingungen der Erfüllung des Volkswirtschaftsplanes durch Variantenvergleich genutzt werden.

4. Ökonomisch-mathematische Modellanalyse

Bei der Ausarbeitung von volkswirtschaftlichen Perspektivplänen ist neben der Nutzung unmittelbarer Modellrechnungen die ökonomisch-mathematische Modellanalyse von wesentlicher Bedeutung.

In diesem Abschnitt werden folgende Aspekte der ökonomisch-mathematischen Analyse betrachtet:

- die quantitative Analyse direkter und indirekter Zusammenhänge, die in den Gleichungen des Modells der dynamischen Verflechtungsbilanz berücksichtigt wurden,
- Untersuchung des Einflusses von Änderungen im Volumen und in der Struktur des Fonds des nichtproduktiven Konsums sowie der Volumina der beschränkten Ressourcen auf andere Kennziffern der Entwicklung der Ökonomie,
- Studium des Einflusses von Variationen der Modellparameter auf die Rechenergebnisse,
- Abschätzung der Stabilität des Modells.

4.1. Allgemeine Charakteristik der Parameter des Modells der dynamischen Verflechtungsbilanz

Wie aus der Beschreibung des Modells ersichtlich ist (vgl. Kapitel 1), kann es sich herausstellen, daß zur Bestimmung des Zuwachses der Produktionsgrundfonds in der Lösung nur die Koeffizienten b_{ij}, l_{ij} und β_{ij} oder neben diesen auch r_{ij}, welche die untere Grenze des Fondszuwachses charakterisieren, verwendet werden.

Der erste Fall entspricht der zweiten Variante des Modells unter der Voraussetzung, daß die Rechnung ein positives Volumen der produktiven Akkumulation von Grundfonds im Ganzen für die Volkswirtschaft liefert.

Der zweite Fall entspricht im allgemeinen der ersten Variante des Modells, aber auch seiner zweiten, wenn die Positivitätsbedingung des allgemeinen Volumens der produktiven Akkumulation von Grundfonds nicht erfüllt ist.

Wenn der erste Fall eintritt, dann werden die materiell-stofflichen Beziehungen des Reproduktionsprozesses im Jahr t durch das System (siehe (1)—(5) im Kapitel 1) beschrieben:

$$x(t) = \bar{A}(t)\, x(t) + \psi(t)\, x(t) - M(t)\, k + z(t); \tag{17}$$

dagegen werden sie durch das System

$$x(t) = \bar{A}(t)\, x(t) = \tilde{\psi}(t)\, x(t) - \tilde{M}(t)\, k + z(t) \tag{17'}$$

beschrieben, wenn in der Lösung Beschränkungen für die Akkumulation der Produktionsgrundfonds benutzt werden; dabei werden die folgenden Bezeichnungen verwendet:

$$x = \begin{pmatrix} x_1 \\ x_2 \\ \vdots \\ x_n \end{pmatrix}, \quad \bar{A} = \|\bar{a}_{ij}\|_1^n, \quad \psi = \|\psi_{ij}\|_1^n, \quad M = \|m_{ij}\|_1^n,$$

$$\psi_{ij} = \begin{cases} \dfrac{b_{ij}}{l_{ij}\beta_{ij}}, & \text{wenn } i \text{ einen fondserzeugenden Zweig angibt,} \\ 0, & \text{in allen anderen Fällen,} \end{cases}$$

$$m_{ij} = \begin{cases} \dfrac{F_{ij}}{l_{ij}\beta_{ij}}, & \text{wenn } i \text{ einen fondserzeugenden Zweig angibt,} \\ 0, & \text{in allen anderen Fällen,} \end{cases}$$

k — n-dimensionaler Vektor, dessen Komponenten alle gleich eins sind,
z — Produktionsvektor des nichtproduktiven Verbrauchs.

$$\tilde{\psi} = \|\tilde{\psi}_{ij}\|_1^n, \quad \tilde{\psi}_{ij} = \begin{cases} a_{ij} r_{ij}, & \text{wenn } \dfrac{b_{ij}x_{ij} - F_{ij}}{l_{ij}\beta_{ij}} < \bar{a}_{ij} r_{ij} x_{ij} \\ \psi_{ij}, & \text{in allen anderen Fällen,} \end{cases}$$

$$\tilde{M} = \|\tilde{m}_{ij}\|_1^n, \quad \tilde{m}_{ij} = \begin{cases} 0, & \text{wenn } \tilde{\psi}_{ij} \neq \psi_{ij} \\ m_{ij}, & \text{wenn } \tilde{\psi}_{ij} = \psi_{ij} \end{cases}.$$

Das System (17′) ist im Unterschied zu (17) nichtlinear. Die Größe der Koeffizienten $\tilde{\psi}_{ij}$ hängt funktional mit den gesuchten Größen $x_j(t)$ zusammen. Allerdings wird die Analyse wesentlich dadurch vereinfacht, daß $\tilde{\psi}_{ij}(t)$ eine Stufenfunktion von $x_j(t)$ ist, die ihren Wert nur in dem einen Punkt

$$\bar{x}_j(t) = \frac{F_{ij}}{b_{ij}(t) - \bar{a}_{ij}(t)\, r_{ij}(t)\, l_{ij}(t)\, \beta_{ij}(t)}$$

ändert.

Der Matrix $\tilde{\psi}(t)$ wird die Matrix

$$H = \|h_{ij}\|_1^n, \quad h_{ij} = \begin{cases} 1, & \text{wenn } \tilde{\psi}_{ij} \neq \psi_{ij} \\ 0, & \text{wenn } \tilde{\psi}_{ij} = \psi_{ij} \end{cases}$$

zugeordnet.

Für die Parameterwerte und Beschränkungen des Modells, denen Vektoren $x(t)$ entsprechen, die zu ein und derselben Matrix H gehören, ist das System (17') linear. Nach Berechnungen innerhalb der Grenzen der zeitlichen Schrittweite ist die Matrix H in der Regel konstant. Deshalb wird die Analyse des praktisch realisierten Modells mit Beschränkungen für den Fondszuwachs und des Modells ohne diese Beschränkungen in gleicher Weise durchgeführt. Die weitere Analyse wird für das Modell ohne Beschränkungen $r_{ij}(t)$ vorgenommen.

Das System (17) beschreibt für die Periode $[t, t + 1]$ die Wechselbeziehung der Kennziffern der erweiterten Reproduktion, einschließlich der Kennziffern der erweiterten Reproduktion der Grundfonds. Die Untersuchung der Proportionen auf der Grundlage eines solchen Systems der Wechselbeziehungen gestattet es, neue volkswirtschaftliche Strukturkoeffizienten zu erhalten, die auf Grundlage des Modells der statischen Verflechtungsbilanz nicht erhalten werden können. Das statische Modell, das die Beziehungen zwischen dem Bruttoprodukt und der Produktion, die über den laufenden Produktionsverbrauch hinausgeht (Endproduktion), untersucht, läßt solche wichtigen Beziehungen der Reproduktion wie die zwischen Akkumulation und Konsumtion, wie die zwischen Produktion von Produktionsmitteln und Produktion von Konsumgütern unberücksichtigt. Das ist damit verbunden, daß im statischen Modell im Prinzip kein Unterschied zwischen dem Einfluß gemacht wird, den die Fonds des nichtproduktiven Verbrauchs und der produktiven Akkumulation auf die Produktion ausüben. Tatsächlich, in dem Modell $x = Ax + Y$ hängt die Größe der Bruttoproduktion x bei gegebenem Endprodukt Y nicht von der Struktur dieses Endprodukts, d. h. nicht davon ab, wie groß die Produktion ist, die für den Fonds der nichtproduktiven Konsumtion verbraucht wird, und derjenigen, die für die Zwecke der produktiven Akkumulation verwendet wird.

Die Beschreibung des Fondsbildungsprozesses durch ein dynamisches Modell gibt die Möglichkeit, den Vektor des Endproduktes in seine Bestandteile zu zerlegen und die Wechselwirkungen von Volumina und Strukturen der Fonds der Konsumtion und Akkumulation sowie des gesellschaftlichen Gesamtprodukts zu untersuchen. Die ökonomisch-mathematischen Kennziffern des Modells der dynamischen Verflechtungsbilanz geben eine Charakteristik dieser Wechselwirkungen.[1]

[1] Im weiteren wird zur Vereinfachung der Analyse angenommen, daß die Variation des Vektors $z(t)$ in den Grenzen der zeitlichen Schrittlänge des Modells die Größe des von der Amortisation freien Restes nicht beeinflußt.

Um den Einfluß zu bestimmen, den Änderungen im Jahre t der Größen der Produktion, die in den Fonds der nichtproduktiven Konsumtion eingehen, auf das Volumen der Akkumulation von Produktionsgrundfonds ausüben, muß die Matrix

$$H(t) + \|\eta_{ij}\|_1^n = (E - \bar{A}(t))\,(E - \bar{A}(t) - \psi(t))^{-1} - E$$

ermittelt werden, wobei E die Einheitsmatrix der Ordnung n ist. Ein von Null verschiedener Koeffizient η_{ij} gibt an, um wieviel sich die produktive Akkumulation des i-ten Zweiges ändert, der Grundfonds erzeugt, wenn der nichtproduktive Verbrauch der Produktion des j-ten Zweiges um eine Einheit vergrößert wird (die Matrix H hat so viele von Null verschiedene Zeilen, wie es fondserzeugende Zweige in der Nomenklatur der Bilanz gibt. Die Summe $\sum_i \eta_{ij} = \eta_j$ gibt an, um wieviel sich das Gesamtvolumen der Akkumulation von Produktionsgrundfonds bei der Vergrößerung des nichtproduktiven Verbrauchs des j-ten Zweiges um eine Einheit verändert. Wenn in den Berechnungen die auf die Grundfonds insgesamt bezogenen Koeffizienten der Fondsintensität verwendet werden, dann sind η_j, $j = 1(1)\,n$ die Elemente der einzigen von Null verschiedenen Zeile der Matrix H.

Man kann zeigen, daß

$$\eta_j(t) = \frac{\frac{1}{l(t)} \cdot \frac{1}{\beta(t)} \cdot K_j(t)}{1 - \frac{1}{l(t)} \cdot \frac{1}{\beta(t)} \cdot K(t)}, \qquad (18)^2$$

wobei K_j den Koeffizient der vollen Fondsintensität der Produktion des j-ten Zweiges und K den der Produktion der Grundfonds bezeichnen.

Dann folgt aus (18)

$$\Delta N(t) = \frac{1}{l(t)\,\beta(t)}\,K(t)\,\Delta N(t) + \frac{1}{l(t)\,\beta(t)}\,K_j(t)\,\Delta z_j(t), \qquad (19)$$

wobei $\Delta z_j(t)$ den Zuwachs der Produktion des j-ten Zweiges, die in den Konsumtionsfonds eingeht, und ΔN die entsprechende Änderung des Akkumulationsfonds bezeichnen. Somit muß der Zuwachs ΔN den Bedarf an Vergrößerung des Grundfonds des Zweiges j zur Produktion von Δz_j und auch den Bedarf der Vergrößerung des Volumens an Grundfonds decken, die in der Produktion der Elemente des Zuwachses der Produktionsgrundfonds eingesetzt sind; dieser Bedarf ist gleich

$$\frac{1}{l\beta}\,K \cdot \Delta N.$$

[2] β ist die Kontinuität der Aktivierung der Produktionsgrundfonds insgesamt, l ist das Verhältnis der — im Resultat der Akkumulation — aktivierten Fonds zum Gesamtvolumen der Akkumulation.

Aus (18) folgt, daß eine Kürzung des Akkumulationsvolumens an Produktionsgrundfonds bei Vergrößerung der Produktion von Erzeugnissen, die in den Fonds der nichtproduktiven Konsumtion eingehen, dann und nur dann eintritt, wenn

$$K(t) > l(t)\,\beta(t), \qquad (20)$$

d. h., wenn die volle Fondsintensität einer Einheit von Erzeugnissen, die den stofflichen Bestand der Akkumulation von Produktionsgrundfonds bilden, größer ist als der Umfang der Aktivierung von Fonds einer Akkumulationseinheit.

Da die Fondsintensität die Dimension Zeit hat, hängt die Bedingung (20) wesentlich von der zeitlichen Schrittlänge des Modells ab. Nach Berechnungen sind — für das Modell mit einer zeitlichen Schrittlänge von einem Jahr — alle $\eta_j(t) < 0$ (siehe Tabelle 15), d. h., im Rahmen eines Jahres hängt das

Tabelle 15: Charakteristik des Einflusses des Wachstums der Produktion von Abteilung II auf die Größe der Akkumulation der Produktionsgrundfonds

Benennung der Zweige	Wert η_{ij}
1. Elektro- und Wärmeenergie	−2,34617
2. Schwarzmetallurgie	−2,04962
3. Brennstoffindustrie	−1,71938
4. Maschinenteile	−1,37320
5. Produktion von Grundfonds	−1,24240
6. Chemieindustrie	−1,70554
7. Holz- und holzverarbeitende Industrie	−1,46104
8. Baumaterialienindustrie	−1,96793
9. Glas- und Porzellan-Fayence-Industrie	−1,19406
10. Leichtindustrie	−0,56984
11. Lebensmittelindustrie	−0,82811
12. Landwirtschaft	−1,31493
13. Transport	−2,59021
14. Handel	−0,67776

Wachstum der Produktion der Abteilung II zusammen mit einer Kürzung des Akkumulationsfonds der Produktionsgrundfonds. Der Umfang der Kürzung ist differenziert nach der Abhängigkeit von der Art der Erzeugnisse der nichtproduktiven Bestimmung, weil die volle Fondsintensität der Erzeugnisse unterschiedlicher Zweige nicht gleich ist (vgl. Tabelle 16).

Die Analyse der Formel (18) für das Modell mit einer zeitlichen Schrittlänge von einem Jahr gestattet auch folgende Schlußfolgerungen. Für die nichtfondserzeugenden Zweige existiert zwischen den Koeffizienten η_j und K_j eine umgekehrt proportionale Abhängigkeit, d. h., je mehr der Koeffizient der vollen Fondsintensität der Erzeugnisse des nichtproduktiven Verbrauchs wächst,

Tabelle 16: Koeffizienten K_j der vollen Fondsintensität (Rubel/Rubel)

Benennung der Zweige	K_j
1. Elektro- und Wärmeenergie	4,64445
2. Schwarzmetallurgie	4,05741
3. Brennstoffindustrie	3,40367
4. Maschinenteile	2,71837
5. Produktion von Grundfonds	2,45944
6. Chemieindustrie	3,37627
7. Holz- und holzverarbeitende Industrie	2,89297
8. Baumaterialienindustrie	3,89569
9. Glas- und Porzellan-Fayence-Industrie	2,36376
10. Leichtindustrie	1,12806
11. Lebensmittelindustrie	1,63932
12. Landwirtschaft	2,60303
13. Transport	5,12756
14. Handel	1,34169

desto größer ist die Kürzung der Akkumulation der Produktionsgrundfonds und umgekehrt (vgl. Tabellen 15 und 16). Die Vergrößerung der vollen Fondsintensität der Erzeugnisse, die den stofflichen Bestand der produktiven Akkumulation bilden, führt zu einer noch größeren Kürzung des Fonds des nichtproduktiven Verbrauchs bei Vergrößerung der Akkumulation von Grundfonds. Eine Vergrößerung der Koeffizienten l und β, die mit der Verkürzung der Zeitverzögerung des Baus und mit einer kontinuierlicheren Aktivierung der Fonds im Laufe des Jahres zusammenhängt, führt — bei sonst gleichen Bedingungen — zu kleineren Kürzungen des Konsumtionsfonds bei Vergrößerung der Akkumulation von Produktionsgrundfonds um eine Einheit.

Praktisch kann man annehmen, daß der Koeffizient der Fondsintensität im Modell mit mehreren zehn Zweigen und mit einer zeitlichen Schrittlänge von τ Jahren τ-mal kleiner ist als der entsprechende Koeffizient der jahresdurchschnittlichen Fondsintensität, d. h.

$$b_{ij}^{\tau}(t) = \frac{b_{ij}(t)}{\tau}\,, \tag{21}$$

wobei $b_{ij}^{\tau}(t)$ der Koeffizient der Fondsintensität im Modell mit der zeitlichen Schrittlänge von τ Jahren ist.[3]

[3] Die Koeffizienten der periodendurchschnittlichen und jahresdurchschnittlichen Fondsintensität sind durch die Relation

$$b_{ij}^{\tau}(t) = \frac{b_{ij}(t)}{\tau}\left(\frac{\sum\limits_{n=0}^{\tau}\prod\limits_{\nu=0}^{n}(1+\alpha_{ij}^{t+\nu})}{\sum\limits_{n=0}^{\tau}\prod\limits_{\nu=0}^{n}(1+\beta_{ij}^{t+\nu})}\right) = \frac{b_{ij}(t)}{\tau} = v_{ij}(t)$$

Da die formale Modellstruktur nicht von der Zeiteinheit abhängt, ist das Verhältnis zwischen Akkumulation und Konsumtion im dynamischen Modell mit einer zeitlichen Schrittlänge von τ Jahren analog zu (18):

$$\eta_j^\tau(t) = \frac{\dfrac{1}{l(t)} \cdot \dfrac{1}{\beta(t)} \cdot K_j^\tau(t)}{1 - \dfrac{1}{l(t)} \cdot \dfrac{1}{\beta(t)} \cdot K^\tau(t)},$$

wobei K_j^τ die Koeffizienten der vollen Fondsintensität des Modells mit einer zeitlichen Schrittlänge von τ Jahren bezeichnen.

Aus (21) folgt, daß $K_j^\tau(t) = \dfrac{K_j(t)}{\tau}$ (die Normative der direkten Materialaufwendungen hängen nicht von der Schrittlänge τ ab). Folglich verringert sich der Wert $K^\tau(t)$ mit wachsendem τ, und es existiert ein solches τ^*, für das $\tau > \tau^* \eta_j{}^*(t) > 0$, $j = 1(1)\,n$.

Das ist der konkrete Ausdruck der bekannten Tatsache, daß sich Akkumulation und Konsumtion für kurze Zeitabschnitte in einem bestimmten Widerspruch befinden: je größer der Akkumulationsfonds, desto kleiner der Konsumtionsfonds und umgekehrt. Wenn man jedoch den zeitlichen Rahmen vergrößert und das Verhältnis von Akkumulation und Konsumtion für ein hinreichend großes Intervall betrachtet, dann tritt die Akkumulation als Mittel der Vergrößerung des Niveaus des Konsumtionsfonds auf.

Weil τ^* Lösung der Gleichung

$$l(t)\,\beta(t) - K^\tau(t) = 0$$

oder

$$l(t)\,\beta(t) - \frac{K(t)}{\tau} = 0$$

ist, so gilt

$$\tau^* = \frac{K(t)}{l(t)\,\beta(t)}.$$

Nach den Berechnungen beträgt die minimal mögliche Periode τ^*, für die sich ein positiver Effekt der Akkumulation auf die Konsumtion bemerkbar macht, etwa 6 Jahre.

miteinander verknüpft, wobei $\alpha_{ij}^{t+\nu}$ und $\beta_{ij}^{t+\nu}$ die jahresdurchschnittlichen Wachstumstempi von Fonds und Produktion im Jahre $t + \nu$, $0 \leqq \nu \leqq \tau$ angeben. Wie auch immer das Verhältnis der Wachstumstempi von Fonds und Produktion in der Periode $[t, t + \tau]$ ist, entscheidend bleibt der Umstand, daß die Koeffizienten $b_{ij}^\tau(t)$ mit wachsendem τ kleiner werden, d. h. $b_{ij}^\tau(t) \to 0$ für $\tau \to \infty$. Für den Fall, daß die $v_{ij}(\tau)$ sich hinreichend stark von eins unterscheiden, kann man eine Korrektur für $v(\tau)$ einführen (eine Korrektur auf die Kontinuität des Wachstums von Fonds und Produktion in den Grenzen des Modells).

Die Koeffizienten der Matrix

$$D(t) = \|d_{ij}\|_1^n = \left(E - A(t) - \psi(t)\right)^{-1}$$

charakterisieren den Einfluß von Änderungen der Größe der Produktion, die in den Fonds der nichtproduktiven Konsumtion eingeht, auf die Größe des Bruttoprodukts. Der ökonomische Inhalt der Koeffizienten d_{ij} $\left(i, j = 1(1)\, n,\right)$ besteht in folgendem: Die d_{ij} geben an, um wieviel sich die Bruttoproduktion des i-ten Zweiges bei einer Vergrößerung um eine Einheit des nichtproduktiven Verbrauchs der Produktion des j-ten Zweiges verändert. Bezüglich der Koeffizienten der Matrix $D(t)$ ist der Satz über produktive Matrizen in einer für die gegebene Klasse von Modellen etwas geänderten Form gültig: Die Nichtnegativität der Koeffizienten der Matrix $D(t)$ ist notwendig und hinreichend dafür, daß ein Vektor $\Delta\bar{x}(t) \geqq 0$ derart existiert, daß

$$\Delta\bar{x}(t) > A(t)\, \Delta\bar{x}(t) + \psi(t)\, \Delta x(t).$$

Somit hängt die Existenz von negativen Koeffizienten in der Matrix D_t, die dem Modell mit einer zeitlichen Schrittlänge von einem Jahr entspricht, damit zusammen, daß die Sicherung der Herstellung einer zusätzlichen Bruttoproduktion im Umfang von Δx in eben diesem Jahr die Produktion von Produktionsmitteln erfordert, die der Größe nach Δx übertreffen.

Folgt nun aus der Nichtpositivität der Matrix $D(t)$ die Nichtproduktivität der Ökonomik, d. h. bedeutet die Nichtproduktivität der Matrix $A(t) + \psi(t)$, daß die materiellen Aufwendungen zur Produktion der Erzeugnisse durch den Ausstoß an Erzeugnissen nicht gedeckt werden?

Das Wachstum der Bruttoproduktion betrage $\Delta x(t)$; dann wächst die Produktion von Produktionsmitteln um die Größe $[A(t) + \psi(t)]\, \Delta x(t)$; dabei sind die materiellen Aufwendungen zur Herstellung der Produktion $\Delta x(t)$ gleich $[A(t) + \chi^a B(t)]\, \Delta x(t)$, wobei χ^a die Diagonalmatrix der jährlichen Normen der Amortisationsabschreibungen ist (χ_{ii}^a ist die Norm der Amortisationsabschreibung im i-ten Zweig).

Bekanntlich gehen die Grundfonds stofflich ganz in den Produktionsprozeß ein, während sie ihren Wert auf die Erzeugnisse nur anteilmäßig übertragen. Deshalb gilt

$$\psi(t)\, \Delta x(t) > \chi^a \beta(t)\, \Delta x(t).$$

Für den Fall, daß die Amortisationsabschreibungen für Generalreparaturen und Modernisierung in den Koeffizienten der Matrix $A(t)$ berücksichtigt werden, sind die materiellen Aufwendungen für die Herstellung der Produktion $x(t)$ gleich

$$[A(t) + \chi^b B(t)]\, \Delta x(t),$$

wobei χ^b die Diagonalmatrix der Norm der Amortisationsabschreibungen für die Erneuerung ist. Wenn

$$l(t)\,\beta(t)\,\chi^b_{\max} < \frac{1}{\tau^*},$$

wobei τ^* die minimale Periode ist, für die sich ein positiver Effekt der Akkumulation auf die Konsumtion bemerkbar macht, dann ist die Ökonomik produktiv. Somit ist es für die Produktivität der Ökonomik hinreichend, daß die maximale Zweignorm der Amortisationsabschreibungen für die Erneuerung kleiner als

$$\frac{1}{l(t)\,\beta(t)} \cdot \frac{1}{\tau^*} \text{ ist.}$$

In dem untersuchten Modell werden Generalreparatur und Ersatz der ausgesonderten Produktionsgrundfonds in den Koeffizienten der Matrix $A(t)$ berücksichtigt. Für diesen Fall lautet die hinreichende Bedingung der Produktivität der Ökonomik

$$\nu_{\max} < \frac{1}{l(t)\,\beta(t)} \cdot \frac{1}{\tau^*},$$

wobei $\nu_{\max}$ die maximale Differenz zwischen der Norm der Amortisationsabschreibungen für Erneuerung und der Norm der tatsächlichen Aussonderung des Grundfonds ist. Gegenwärtig ist für die betrachtete Aggregation der Zweige $\nu_{\max} \approx 0{,}03$; deshalb ist die Ökonomik produktiv, trotz der Nichtproduktivität der Matrix $[A(t) + \psi(t)]$. Mehr noch, die „Reserve an Produktivität" ist hinreichend groß.

Die Tabelle 17 gibt Berechnungen der Koeffizienten $d_{ij}(t)$ an.

In der Tabelle sind einige der Koeffizienten d_{ij} aufgeführt. So gibt z. B. die Zahl $-0{,}51333$, die im Schnitt der Zeile „Maschinenteile" mit der Spalte 3 steht, an, daß sich mit einer Einheit Wachstum der Produktion der Landwirtschaft, die auf die nichtproduktiven Bedürfnisse entfällt, die Produktion des Zweiges Maschinenteile um 0,51333 Einheiten (für die Periode eines Jahres) reduziert.[4]

[4] Das Auftreten negativer Koeffizienten in den Matrizen $H(t)$ und $B(t)$ wird manchmal als ein gewisser Defekt des Modells interpretiert, der mit der vereinfachten Darstellung des Prozesses der Schaffung und Nutzung der Produktionsfonds im Modell zusammenhängt [1]. Zweifellos führt die Modelldarstellung des komplizierten Prozesses der Schaffung und Nutzung der Grundfonds zu bestimmten Vergröberungen der direkten und indirekten Verflechtungen der Produktionsbeziehungen. Allerdings hat das Auftreten negativer Koeffizienten in den Matrizen $H(t)$ und $B(t)$ eine inhaltliche ökonomische Begründung (vgl. 4.1.2. bis 4.1.4.), und das unterstreicht die Berechtigung der Nutzung des untersuchten Modells für die Analyse und Planung der zwischenzweiglichen Proportionen.

Tabelle 17: Einfluß des Wachstums der Produktion der Abteilung II auf die Größe des Bruttoprodukts

Benennung der Zweige	Leicht-industrie	Lebensmittel-industrie	Landwirt-schaft
Elektro- und Wärmeenergie	−0,01597	−0,03311	−0,05836
Schwarzmetallurgie	−0,09701	−0,14252	−0,23233
Brennstoffindustrie	−0,04937	−0,07670	−0,13632
Maschinenteile	−0,23032	−0,32437	−0,51333
Produktion von Grundfonds	−0,58589	−0,85266	−1,35978
Chemieindustrie	0,01696	−0,07717	−0,12254
Holz- und holzverarbeitende Industrie	−0,05507	−0,07879	−0,16527
Baumaterialienindustrie	−0,09212	−0,13446	−0,21591
Glas- und Porzellan-Fayence-Industrie	−0,00677	−0,00857	−0,01705
Leichtindustrie	1,71594	−0,02464	−0,06865
Lebensmittelindustrie	0,03460	1,35195	0,01688
Landwirtschaft	0,20934	0,46773	1,29730
Transport	−0,04027	−0,06386	−0,14625
Handel	0,05763	0,10398	0,02169

Die Koeffizienten der Matrix $P(t) = \|p_{ij}(t)\|_i^n = A(t)\, D(t)$ sind Kennziffern, die den Einfluß von Änderungen der Größe des nichtproduktiven Verbrauchs der Produktion zum Ersatz materieller Aufwendungen und zum Zuwachs der Reserven charakterisieren. Die $p_{ij}(t)$ geben an, um wieviel sich die Akkumulation der Umlauffonds und der Ersatz der materiellen Aufwendungen des i-ten Zweiges bei der Vergrößerung um eine Einheit nichtproduktiven Verbrauchs der Produktion des j-ten Zweiges verändert. Die Tabelle 18 gibt Berechnungen der Koeffizienten p_{ij} an.

In der Tabelle sind einige Spalten der Matrix $P(t)$ aufgeführt.

Aus der Definition der ökonomisch-mathematischen Kennziffern folgt, daß

$$d_{ij}(t) = p_{ij}(t) + \eta_{ij}(t) + \delta_{ij},$$

$$\delta_{ij} = \begin{cases} 1, & \text{wenn } i = j \\ 0, & \text{wenn } i \neq j. \end{cases}$$

Betrachten wir die ökonomische Struktur der Koeffizienten d_{ij}. Auf Grund der Identität

$$D(t) = \left(E - A(t)\right)^{-1} + \left(E - A(t)\right)^{-1} H(t)$$

erhält man

$$d_{ij}(t) = A_{ij}(t) + \sum_{k=1}^{n} A_{ik}(t)\, \eta_{kj}(t) \tag{22}$$

und $$d_{ij}(t) = A_{ij}(t) + A_{ij_0}(t)\, \eta_j(t), \tag{23}$$

wobei A_{ij} die Koeffizienten des vollen Materialaufwandes der Erzeugnisse des i-ten Zweiges für die Herstellung einer Einheit Endproduktion des Zweiges j sind; A_{ij_0} bezeichnen die Koeffizienten des vollen Materialaufwandes der Erzeugnisse des i-ten Zweiges für die Produktion einer Einheit Grundfonds.

Tabelle 18: Einfluß des Wachstums der Produktion der Abteilung II auf den Ersatz der Materialaufwendungen und auf den Zuwachs der Reserven

Benennung der Zweige	Leicht-industrie	Lebensmittel-industrie	Landwirt-schaft
Elektro- und Wärmeenergie	−0,01596	−0,03311	−0,05836
Schwarzmetallurgie	−0,09701	−0,14152	−0,23233
Brennstoffindustrie	−0,04937	−0,07670	−0,13632
Maschinenteile	−0,23032	−0,32437	−0,51333
Produktion von Grundfonds	−0,01605	−0,02455	−0,04485
Chemieindustrie	0,01696	−0,07717	−0,12254
Holz- und holzverarbeitende Industrie	−0,05507	−0,07879	−0,16527
Baumaterialienindustrie	−0,09212	−0,13446	−0,21591
Glas- und Porzellan-Fayence-Industrie	−0,00677	−0,00857	−0,01705
Leichtindustrie	0,71594	−0,02464	−0,06865
Lebensmittelindustrie	0,03460	0,35195	0,01688
Landwirtschaft	0,20934	0,46773	0,29730
Transport	−0,04027	−0,06386	−0,14625
Handel	0,05763	0,10398	0,02169

Die Relationen (22) und (23) zeigen, daß die Koeffizienten d_{ij} für Modelle mit einer Schrittlänge von einem Jahr gleich der Summe der vollen Aufwendungen der Erzeugnisse des i-ten Zweiges auf eine Einheit Endproduktion des j-ten Zweiges und der vollen Aufwendungen der Erzeugnisse des i-ten Zweiges für den (negativen) Zuwachs der Akkumulation der Produktionsgrundfonds sind, der durch die Vergrößerung des nichtproduktiven Verbrauchs der Produktion des j-ten Zweiges um eine Einheit hervorgerufen wird. Somit berücksichtigen die Koeffizienten d_{ij} sowohl die Vergrößerung des Bedarfs an Produktionsmitteln zur Herstellung einer zusätzlicnen Produktionseinheit, die für den Verbrauch bestimmt ist, als auch die Verringerung des Bedarfs an Produktionsmitteln durch Kürzung der Akkumulation der Produktionsgrundfonds. Deshalb ist es verständlich, daß die Zeilen von $D(t)$, deren Komponenten $d_{ij}(t)$ negativ und dem Betrage nach am größten sind, den Zweigen, deren Produktion den Hauptteil des stofflichen Bestandes der produktiven Akkumulation ausmacht, sowie auch jenen Zweigen entsprechen, deren Erzeugnisse zu wesentlichen Teilen bei der Produktion der Elemente der Produktionsgrundfonds verwendet werden (Produktion von Grundfonds, Maschinenteilen,

Tabelle 19: Koeffizienten des vollen Materialaufwandes

Benennung der Zweige	Leicht-industrie	Lebensmittel-industrie	Landwirt-schaft
Elektro- und Wärmeenergie	0,02186	0,02185	0,02892
Schwarzmetallurgie	0,02679	0,03839	0,05334
Brennstoffindustrie	0,06015	0,08245	0,11640
Maschinenteile	0,08955	0,14047	0,22477
Produktion von Grundfonds	0,05519	0,07897	0,11953
Chemieindustrie	0,11497	0,06526	0,10363
Holz- und holzverarbeitende Industrie	0,03868	0,05745	0,05106
Baumaterialienindustrie	0,01081	0,01512	0,02162
Glas- und Porzellan-Fayence-Industrie	0,00201	0,00419	0,00322
Leichtindustrie	1,76254	0,04307	0,03888
Lebensmittelindustrie	0,04763	1,37090	0,04696
Landwirtschaft	0,22467	0,49000	1,33266
Transport	0,05787	0,07875	0,08019
Handel	0,10308	0,17002	0,12656

Schwarz- und Buntmetallurgie, Produktion von Baumaterialien, Holz- und holzverarbeitende Industrie, Chemieindustrie).

Die Bildung der Koeffizienten d_{ij} wird anschaulich durch die Daten der Tabellen 15, 17, 19 und 20 demonstriert. Zum Beispiel führt die Vergrößerung des nichtproduktiven Verbrauchs der Produktion der Leichtindustrie um 1 Milliarde Rubel einerseits (siehe Tabelle 19) zum Wachstum des Bedarfs an Bruttoproduktion der Elektro- und Wärmeenergie um 21,86 Millionen Rubel, der Schwarzmetallurgie um 26,79 Millionen Rubel, der Brennstoffindustrie um 60,15 Millionen Rubel, der Chemieindustrie um 114,97 Millionen Rubel, der Landwirtschaft um 224,67 Millionen Rubel; andererseits ist die gleiche Vergrößerung mit einer Reduzierung der Akkumulation von Produktionsgrundfonds in einer Summe von 569,84 Millionen Rubel verbunden (siehe Tabelle 15), was einer Kürzung des Bedarfs (vgl. Tabelle 20) an Bruttoproduktion der Elektro- und Wärmeenergie um 37,82 Millionen Rubel, der Schwarzmetallurgie um 123,80 Millionen Rubel, der Brennstoffindustrie um 109,52 Millionen Rubel, der Chemieindustrie um 98,01 Millionen Rubel, der Landwirtschaft um 15,33 Millionen Rubel entspricht. Letzten Endes beträgt die Änderung der Bruttoproduktion im Zusammenhang mit dem Wachstum des nichtproduktiven Verbrauchs der Produktion der Leichtindustrie um eine Milliarde Rubel (vergleiche Tabelle 17) in der Elektro- und Wärmeenergie (21,85 − 37,82 =) −15,97 Millionen Rubel, in der Schwarzmetallurgie (26,79 − 123,80 =) −97,01 Millionen Rubel, in der Brennstoffindustsie (60,15 − 109,52 =) −49,37 Millionen Rubel, in der Chemieindustrie (114,97 − 98 01 =) 16,96 Millionen Rubel, in der Landwirtschaft (224,67 − 15,33) = 209,34 Millionen Rubel usw.

Tabelle 20: Charakteristik der Kürzung des Bedarfs der Herstellung der Endproduktion im Zusammenhang mit der Kürzung der Akkumulation von Produktionsgrundfonds, die durch das Wachstum der Produktion der Abteilung II hervorgerufen wird

Benennung der Zweige	Leicht-industrie	Lebensmittel-industrie	Landwirt-schaft
Elektro- und Wärmeenergie	−0,03782	−0,05496	−0,08728
Schwarzmetallurgie	−0,12380	−0,17991	−0,28567
Brennstoffindustrie	−0,10952	−0,15915	−0,25272
Maschinenteile	−0,31987	−0,46484	−0,73810
Produktion von Grundfonds	−0,64108	−0,93163	−1,47931
Chemieindustrie	−0,09801	−0,14243	−0,22617
Holz- und holzverarbeitende Industrie	−0,09375	−0,13624	−0,21633
Baumaterialienindustrie	−0,10293	−0,14958	−0,23753
Glas- und Porzellan-Fayence-Industrie	−0,00878	−0,01276	−0,02027
Leichtindustrie	−0,04660	−0,6771	−0,10753
Lebensmittelindustrie	−0,01303	−0,01895	−0,03008
Landwirtschaft	−0,01533	−0,02227	−0,03536
Transport	−0,09814	−0,14261	−0,22644
Handel	−0,04545	−0,06604	−0,10487

Die Kennziffer des Rückflusses der Aufwendungen für die Schaffung der Grundfonds (die wir mit ε^* bezeichnen) ergänzt das System der eingeführten ökonomisch-mathematischen Kennziffern des Modells; sie wird (bei gegebenen Ausnutzungsnormen der materiellen Ressourcen) bestimmt durch das maximal mögliche Verhältnis der mit neuen Fonds erzeugten Produktion zu den vollen Materialaufwendungen ihrer Herstellung. Formal führt die Bestimmung von ε^* und der ihr entsprechenden Struktur des Zuwachses der Produktion in den Zweigen Δx^* zu der Lösung der Aufgabe

$$\varepsilon \to \max, \Delta x \geqq \varepsilon\big(E - A(t)\big)^{-1} \psi(t) \, \Delta x, \, \varepsilon > 0, \, \Delta x \geqq 0.$$

Mit θ^* und $\Delta\bar{x}$ werden der maximale Eigenwert sowie der ihm entsprechende Eigenvektor der nichtnegativen und unzerlegbaren Matrix $\big(E - A(t)\big)^{-1}\psi\,(t)$ bezeichnet. Dann ist $\varepsilon^* = \dfrac{1}{\theta^*}$ und $\Delta x = k\,\Delta\bar{x}$, wobei k einen Proportionalitätskoeffizienten bezeichnet. Die Größe θ^* kann als Rückflußdauer der Aufwendungen zur Schaffung neuer Fonds interpretiert werden. Man kann zeigen, daß $\theta^* = \dfrac{1}{\varepsilon^*} = \tau^*$. Das gestattet, die grundlegenden Ergebnisse vorausgegangener Betrachtungen neu zu formulieren.

1. Die minimal mögliche Periode, in der sich ein positiver Effekt der Akkumulation auf die Konsumtion bemerkbar macht, ist gleich der minimalen Zeit θ^* des Rückflusses der Fondsaufwendungen.

2. Für die Produktivität der Ökonomik ist es notwendig und hinreichend, daß die maximale Zweignorm für die Erneuerung kleiner als $\frac{\varepsilon^*}{l(t)\,\beta(t)}$ ist.

4.2. Einfluß von Änderungen in Umfang und Struktur des Fonds der nichtproduktiven Konsumtion auf andere Kennziffern der Wirtschaftsentwicklung

Akkumulation und Konsumtion sind zusammenhängende Momente des kontinuierlichen Prozesses der erweiterten Reproduktion; deshalb müssen die Gesetzmäßigkeiten der Bildung der zwischenzweiglichen Proportionen auf der Synthese der Gesetzmäßigkeiten von Produktion und Konsumtion begründet sein. Das dynamische Modell der Verflechtungsbilanz bilanziert die Material- und Arbeitsressourcen, Volumen und Struktur der Produktion von Produktionsmitteln und Konsumgütern; das geschieht mittels eines Systems von Normativen der Anwendung der Material- und Arbeitsressourcen. Das Resultat einer solchen Bilanzierung ist die Bestimmung der Tempi und Proportionen der Entwicklung der einzelnen Zweige der Volkswirtschaft im Modell. Die Untersuchung der Zusammenhänge zwischen Produktion und Konsumtion setzt u. a. das Studium des Einflusses von Änderungen in Struktur und Volumen des Verbrauchs (der Produktion) auf die Kennziffern voraus, die in der Zeile der Produktion (des Verbrauchs) liegen.

Im gegebenen dynamischen Modell wird der Produktionsvektor der nichtproduktiven Bestimmung $z(t)$ aus der Lösung bestimmt. Allerdings ist die Auswahl des begründetsten Planes mit mehrmaligen Berechnungen für verschiedene Voraussetzungen bezüglich Größe und Struktur des geplanten Produktionsvektors der nichtproduktiven Konsumtion $z(t)$ verbunden. Die gefundenen Koeffizienten $d_{ij}(t)$, $p_{ij}(t)$, $\tilde{p}_{ij}(t)$ und $\eta_{ij}(t)$ bilden die Grundlage für anschließende Rechnungen verschiedener Planvarianten, die im Ergebnis einer ökonomischen Analyse der erhaltenen Daten aufgestellt werden.

Im Ergebnis von Rechnungen mit dem dynamischen Modell seien die Vektoren der Bruttoproduktion $x^1(t)$, des Ersatzes der Materialaufwendungen und der Akkumulation von Produktionsumlauffonds $\Pi^1(t)$, der Akkumulation der Produktionsgrundfonds $N^1(t)$ und der Produktion des nichtproduktiven Konsums $z(t)$ bestimmt. Um zu ermitteln, um wieviel sich der Vektor der Bruttoproduktion infolge von Änderungen des Vektors der nichtproduktiven Konsumtion von $z^1(t)$ auf $z^1(t) + \Delta z(t)$ selbst ändert, genügt es, die Koeffizientenmatrix $D(t) = \|d_{ij}(t)\|$ mit dem Vektor $\Delta z(t)$ zu multiplizieren, d. h. $x(t) = D(t)\,\Delta z(t)$ zu bilden. Für den Zweig i ist die Änderung des Volumens der Bruttoproduktion gleich

$$\Delta x_i(t) = \sum_{j=1}^{n} d_{ij}(t)\,\Delta z_j(t),$$

wobei $\Delta z_j(t)$ die j-te Komponente des Vektors Δz angibt.

Um die Änderung des Vektors der Produktion, die auf den Ersatz der Materialaufwendungen und auf die Akkumulation der Produktionsumlauffonds entfällt, zu ermitteln, genügt es, die Koeffizientenmatrix $P(t) = \|p_{ij}(t)\|$ mit dem Vektor $\Delta z(t)$ zu multiplizieren, d. h.

$$\Delta\Pi(t) = P(t)\ \Delta z(t)$$

oder

$$\Delta\Pi_i(t) = \sum_{j=1}^{n} p_{ij}(t)\ \Delta z_j(t), \quad i = 1(1)\ n,$$

zu bilden, wobei $\Delta\Pi_i$ die Änderung der Produktionsgröße des i-ten Zweiges angibt, der auf den Ersatz der materiellen Aufwendungen und den Zuwachs der Reserven entfällt.

Zur Ermittlung der Änderungen der Größe der Akkumulation der Produktionsgrundfonds genügt es, die Matrix $H(t) = \|\eta_{ij}(t)\|$ mit dem Vektor $\Delta z(t)$ zu multiplizieren, d. h.

$$\Delta N(t) = H(t)\ \Delta z(t)$$

oder

$$\Delta N_i(t) = \sum_{j=1}^{n} \eta_{ij}(t)\ \Delta z_j(t)$$

zu berechnen, wobei ΔN_i die Änderung der produktiven Akkumulation der Produktion des Zweiges i angibt, der Grundfonds herstellt.[5]

Es ist bekannt, wieviele Faktoren bei der Bestimmung der Struktur des Fonds der nichtproduktiven Konsumtion für die Planungsperiode zu betrachten sind. Sie alle werden nach Möglichkeit bei der Begründung der Struktur des genannten Fonds berücksichtigt (die Skalen der Wachstumstempi der Produktion der Zweige von der Abteilung II). Wie sorgfältig allerdings auch die Struktur des Fonds der nichtproduktiven Konsumtion begründet ist, es ist dabei praktisch kaum möglich, sofort alle Einflußfaktoren zu berücksichtigen. Im Zusammenhang damit ist es von großer Bedeutung zu bestimmen, wie Ab-

[5] Bei der Nutzung von Relationen der Form

$$\Delta x(t) = D(t)\ \Delta z(t),$$

$$\Delta\Pi(t) = P(t)\ \Delta z(t),$$

$$\Delta N(t) = H(t)\ \Delta z(t)$$

ist die bekannte Vorsicht notwendig.
Es geht darum, daß im betrachteten Modell die Variation des Vektors $z(t)$ in den Grenzen des Modellschrittes durch die Nichtnegativitätsbedingung des Vektors der Bruttoproduktion und durch die Hyperebene $c(t)\ D(t)\ \Delta z(t) = 0$ beschränkt ist, wobei c der Vektor der Aufwandskoeffizienten der beschränkten Ressource ist (bei fixierten Beschränkungen der Arbeit und Elektroenergie). Die Wahl der Varianten Δz ist nicht formal und erfordert entsprechende ökonomische Begründungen.

weichungen der Struktur des Fonds der nichtproduktiven Konsumtion von der ursprünglich nach dem Modell gewählten Struktur auf die anderen Plankennziffern — die Größe des Vektors der Bruttoproduktion $x(t)$, des Ersatzes der Materialaufwendungen und des Zuwachses an Reserven $\Pi(t)$, der Akkumulation von Produktionsgrundfonds $N(t)$ — wirken. Zusätzlich durchgeführte Rechnungen zur Präzisierung der Struktur des Konsumtionsfonds gestatten die Auswahl eines begründeteren Planes.

Im Ergebnis der Modellrechnungen für das Jahr t sei das Niveau der Skala der Wachstumstempi der Zweige der Abteilung II ausgewählt; ihm entspricht das Volumen des Fonds der nichtproduktiven Konsumtion u mit der Struktur $\alpha^0(t) = \left(\alpha_1^0(t), \alpha^0(t), \dots \alpha_n^0(t)\right)$. Dann ändert sich das Volumen der Bruttoproduktion des i-ten Zweiges bei einer Änderung der Fondsstruktur $\alpha^0(t)$ auf $\alpha^1(t) = \left(\alpha_1^1(t), \alpha_2^1(t), \dots, \alpha_n^1(t)\right)$ — bei gleichem Volumen u — um die Größe

$$\Delta x_i(t) = \sum_{j=1}^{n} d_{ij}(t) \left[\alpha_j^1(t) - \alpha_j^0(t)\right] u;$$

das Volumen des Ersatzes der Materialaufwendungen des i-ten Zweiges, inklusive den Zuwachs der Produktionsreserven, ändert sich dabei um die Größe

$$\Delta \Pi_i(t) = \sum_{j=1}^{n} p_{ij}(t) \left[\alpha_j^1(t) - \alpha_j^0(t)\right] u;$$

das Volumen der Akkumulation an Produktionsgrundfonds i-ter Art ändert sich dabei um die Größe

$$\Delta N_i(t) = \sum_{j=1}^{n} \eta_{ij}(t) \left[\alpha_j^1(t) - \alpha_j^0(t)\right] u.$$

In 4.1. wurden die grundlegenden ökonomisch-mathematischen Kennziffern des dynamischen Modells formuliert und analysiert. Mit ihrer Hilfe können andere Kennziffern erhalten werden, die neue Aspekte der Verflechtungsbeziehungen charakterisieren. So geben die Koeffizienten des Vektors $L(t) = c(t)\, D(t)$ eine Charakterisierung des Einflusses von Änderungen in der Produktion der Abteilung II auf den Umfang der in der materiellen Produktion verwendeten Arbeitsressourcen an: Die j-te Komponente $L_j(t)$ des Vektors $L(t)$ gibt an, um wieviel sich das Volumen der in der materiellen Produktion genutzten Arbeitsressourcen bei der Vergrößerung um eine Einheit der Produktion des j-ten Zweiges, $j = 1(1)\, n$, ändert, die in den Fonds der nichtproduktiven Konsumtion eingeht.

Untersuchen wir die ökonomische Struktur der Koeffizienten $L_j(t)$. Wegen (22) gilt

$$L_j(t) = \sum_{i=1}^{n} c_i(t)\, A_{ij}(t) + \sum_{i=1}^{n} c_i(t) \sum_{k=1}^{n} A_{ik}(t)\, \eta_{kj}(t);$$

es sei daran erinnert, daß c_i die Koeffizienten der Arbeitsintensität sind. Somit setzt sich die Größe der Koeffizienten $L_j(t)$ aus zwei Bestandteilen zusammen. Die eine von ihnen — $\sum_{i=1}^{n} c_i(t) A_{ij}(t)$ — bestimmt den vollen Bedarf an Arbeitsressourcen für die Herstellung einer Produktionseinheit des j-ten Zweiges; die andere

$$\sum_{i=1}^{n} c_i(t) \sum_{k=1}^{n} A_{ik}(t) \eta_{kj}(t)$$

gibt an, um wieviel sich der volle Bedarf an Arbeitsressourcen im Zusammenhang mit der Reduzierung der Akkumulation von Produktionsgrundfonds verringert, die durch Erhöhung der Produktion des j-ten Zweiges, die in den Konsumtionsfonds eingeht, um eine Einheit hervorgerufen wird.

In jeder Periode existiert wegen der Substituierbarkeit konkreter Gebrauchsgüter innerhalb bestimmter Grenzen und wegen einiger anderer Gründe (z. B. wegen des Fehlens eindeutiger Vorstellungen bezüglich der Struktur der Nachfrage nach Gebrauchsgütern) ein Gebiet der Auswahl der Struktur des Konsumtionsfonds, das wir mit Ω bezeichnen. Da die Kennziffern des spezifischen Aufwandes an Material- und Arbeitsressourcen bei der Produktion unterschiedlicher Erzeugnisse nicht gleich sind, entspricht im allgemeinen unterschiedlichen Strukturen von Konsumtionsfonds aus Ω bei vorhandenen Beschränkungen für das Volumen der Aufwendungen von Produktionsressourcen ein unterschiedliches Volumen des Bedarfsfonds. Dieser Umstand unterstreicht die Zweckmäßigkeit der Untersuchung des Einflusses, den eine Änderung der Struktur des Konsumtionsfonds in einem gewissen Gebiet auf das gesamte Volumen des Konsumtionsfonds ausübt — bei gegebenen Beschränkungen für das Volumen der in der materiellen Produktion verwendeten Arbeitsressourcen.

Mit $u(\alpha)$ wird das Volumen des Konsumtionsfonds bezeichnet, das der Struktur $\alpha = (\alpha_1, \alpha_2, \ldots, \alpha_n)$, $\alpha_i \geqq 0$, $\sum_{i=1}^{n} \alpha_i = 1$ entspricht. Dann ist folgende Behauptung richtig[6]: Bei gegebener Beschränkung der Arbeit $\sum_{c=1}^{n} c_i(t) x_i(t) = T_0$ ist die Relation $u(\alpha') \geqq u(\alpha'')$ dann und nur dann erfüllt, wenn

$$L(t) \alpha' \leqq L(t) \alpha''$$

gilt.

Aus dieser Behauptung folgt unmittelbar folgendes Herangehen an die qualitative Einschätzung des Einflusses von Verschiebungen in der Struktur des Konsumtionsfonds auf sein Gesamtvolumen (bei sonst gleichen Bedingungen). Die Zweige werden nach der Vergrößerung ihrer algebraischen Werte

[6] Das Resultat wird für den Fall formuliert, daß $L(t) \alpha > 0$ für alle betrachteten α gilt. Es ist nicht schwer, diesen Satz auch für den Fall $L(t) \alpha < 0$ zu formulieren.

der Komponenten des Vektors $L(t) = (L_1(t), L_2(t), \ldots, L_n(t))$ geordnet. Dann führt eine Erhöhung des spezifischen Anteils — bezogen auf das Gesamtvolumen des Konsumtionsfonds — der Produktion von Zweigen, die weiter oben in der Rangfolge stehen, auf Kosten der Senkung des spezifischen Anteils der Produktion einer beliebigen Gruppe der letzten Zweige zu einem Anwachsen des Gesamtvolumens des Konsumtionsfonds (bei gleicher Beschränkung der Arbeit). Und umgekehrt, die Senkung des spezifischen Anteils der Produktion von Zweigen, die weiter oben in der Rangfolge stehen, auf Kosten einer Erhöhung des spezifischen Anteils der Produktion einer beliebigen Gruppe der letzten Zweige führt (bei gleicher Beschränkung der Arbeit) zur Senkung des Gesamtvolumens des Konsumtionsfonds.

Wir bezeichnen mit $\alpha^{\max}$ die Struktur des Konsumtionsfonds aus Ω, deren zugehöriges Volumen maximal ist: $u(\alpha^{\max}) \geqq u(\alpha)$ für alle $\alpha \in \Omega$; mit $\alpha^{\min}$ wird dagegen die Struktur aus Ω bezeichnet, der das minimale Volumen des Konsumtionsfonds entspricht: $u(\alpha^{\min}) \leqq u(\alpha)$ für alle $\alpha \in \Omega$. Die Größe $u(\alpha^{\max}) - u(\alpha^{\min})$ charakterisiert den maximalen Zuwachs des Konsumtionsfonds, den man durch Variation seiner Struktur im Gebiet Ω erreichen kann (bei der gleichen Beschränkung der Arbeit); deshalb ist es natürlich, sie als Maß für den Einfluß aufzufassen, den eine Änderung der Struktur (innerhalb der gegebenen Grenzen) des Konsumtionsfonds auf sein Volumen ausübt. Außerdem ist die Bestimmung von $\alpha^{\max}$ wichtig unter Bedingungen, bei denen die zahlungsfähige Nachfrage den Warenfonds zu ihrer Deckung übersteigt. Die Wahl von $\alpha^{\max} \in \Omega$ gestattet bei gleichen Bedingungen die Produktion von Waren des breiten Gebrauchs in größten Ausmaßen.

Man kann zeigen,

1. $\alpha^{\max} = (\alpha_1^*, \alpha_2^*, \ldots, \alpha_n^*)$ ist Lösung der Aufgabe $\sum_j L_j(t)\,\alpha_j \to \min$ für alle $\alpha = (\alpha_1, \alpha_2, \ldots, \alpha_n) \in \Omega$;

2. $\alpha^{\min} = (\bar{\alpha}_1, \bar{\alpha}_2, \ldots, \bar{\alpha}_n)$ ist Lösung der Aufgabe $\sum_j L_j(t)\,\alpha_j \to \max$ für alle $\alpha = (\alpha_1, \alpha_2, \ldots, \alpha_n)$.

Die Untersuchung der Schranken, innerhalb derer für jeden konkreten Fall die Struktur des Konsumtionsfonds geändert werden kann, d. h. die Bestimmung des Bereichs Ω, ist ein wichtiges eigenständiges Problem; es wird hier nicht betrachtet. Jedoch ist es auch bei fehlender Information über den Bereich der möglichen Variationen der Struktur des Konsumtionsfonds zweckmäßig, die quantitativen Abhängigkeiten zwischen Struktur und Volumen des Konsumtionsfonds durch Vorgabe verschiedener Bereiche Ω für die Rechnungen zu erkennen; dabei müssen diese Bereiche sogar nicht immer durch vorhergehende Analyse detailliert begründet sein. In erster Näherung kann man den Bereich Ω auf der Grundlage von Strukturen wählen, die den im Modell berechneten nahe kommen.

Die durchgeführten Rechnungen gestatten die folgende Schlußfolgerung. Auch bei verhältnismäßig engem Bereich gestattet die Variation der Struktur des Konsumtionsfonds — bei gleichem Volumen der Nutzung von Arbeitsressourcen in der materiellen Produktion — eine wesentliche Vergrößerung des Gesamtfonds der Konsumtion ohne spürbare Änderung der Wachstumstempi des gesellschaftlichen Gesamtprodukts.

4.3. *Einschätzung des Bedeutung der Koeffizienten des direkten Materialaufwands und der Fondsintensität*

Betrachten wir den Einfluß der Variation der Normative auf die Größe der Bruttoproduktion (im Rahmen eines Jahres) bei fixiertem Volumen des nichtproduktiven Verbrauchs.

Wenn sich das Normativ des direkten Materialaufwandes a_{kl} um die Größe Δa_{kl} ändert, so ändert sich das Volumen der Bruttoproduktion des i-ten Zweiges um die Größe

$$\Delta x_i = \frac{d_{ik}\,\Delta a_{kl} x_l}{1 - d_{lk}\,\Delta a_{kl}}.$$

Wenn sich der Koeffizient der Fondsintensität b_{kl} um die Größe Δb_{kl} ändert, so ändert sich das Volumen der Bruttoproduktion des i-ten Zweiges um die Größe

$$\Delta x_i = \frac{d_{ik} \cdot \left(\dfrac{\Delta b_{kl}}{l_{kl}\beta_{kl}}\right) x_l}{1 - d_{ik} \cdot \left(\dfrac{\Delta b_{kl}}{l_{kl}\beta_{kl}}\right)}.$$

Da in der Praxis die Änderung eines Koeffizienten mit der Änderung einer ganzen Gruppe von Koeffizienten zusammenhängt, ist es zweckmäßig, den Einfluß einer gleichzeitigen Änderung mehrerer Koeffizienten zu bestimmen. Bei gleichzeitiger Änderung der Normative des direkten Materialaufwandes an Erzeugnissen verschiedener Zweige in der Produktion des m-ten Zweiges sowie der Normative seiner Fondsintensität ändert sich die Bruttoproduktion des i-ten Zweiges um die Größe

$$\Delta x_i = \frac{\sum\limits_{k=1}^{n} d_{ik}\mu_{km} x_m}{1 - \sum\limits_{k=1}^{n} d_{mk}\mu_{km}},$$

wobei

$$\mu_{km} = \Delta a_{km} + \frac{\Delta b_{km}}{l_{km}\beta_{km}};$$

dagegen ändert sich x_i um die Größe

$$\Delta x_i = \frac{\sum_{l=1}^{n} d_{is} \mu_{sl} x_l}{1 - \sum_{l=1}^{n} d_{ls} \mu_{sl}},$$

wenn sich gleichzeitig die Normative der direkten Materialaufwendungen des Zweiges s in der Produktion verschiedener Zweige sowie die Normative der Fondsintensitäten von Fonds der Produktion verschiedener Zweige, die mit dem Zweig s korrespondieren, ändern.

Es ist bekannt, daß ein differenziertes Herangehen an die Ausarbeitung normativer Koeffizienten in Abhängigkeit von ihrer Bedeutung im System der Verflechtungsbeziehungen der Zweige notwendig ist. Die bedeutendsten Normative sind für die Planungsperiode auf der Grundlage konkreter Berechnung der grundlegenden technisch-ökonomischen Faktoren auszuarbeiten, die jeden Koeffizienten bestimmen. Die übrigen Koeffizienten können auf dem Niveau der Berichtsdaten gewählt oder auf der Grundlage von Expertenschätzungen der Änderungstendenzen der entsprechenden Normative gewählt werden. Die Beschränkung auf die detaillierte Erarbeitung nur der wichtigsten Koeffizienten gestattet es, den Umfang der Arbeiten zur Aufstellung der Normativbasis des dynamischen Modells wesentlich zu verringern, ohne die Genauigkeit der Planrechnungen praktisch zu senken.

Die Bedeutung der Koeffizienten kann auch unter folgendem Aspekt untersucht werden.

Jedem normativen Koeffizienten $a_{kl}(b_{kl})$ kann man ein solches Intervall seiner Änderung zuordnen

$$[\Delta a_{kl}] = [\Delta a_{kl}^+] + [\Delta a_{kl}^-] \; ([\Delta b_{kl}] = [\Delta b_{kl}^+] + [\Delta b_{kl}^-]),$$

wobei $[\Delta a_{kl}^+]$ $([\Delta b_{kl}^+])$ das Intervall der Vergrößerung und $[\Delta a_{kl}^-]$ $([\Delta b_{kl}^-])$ das Intervall der Verkleinerung der Normative bezeichnen, so daß bei unveränderten übrigen Parametern und dem gleichen Umfang der Befriedigung der nichtproduktiven Bedürfnisse der Gesellschaft u

$$a_{kl} - [\Delta a_{kl}^-] \leqq a_{kl} \leqq a_{kl} + [\Delta a_{kl}^+]$$
$$(b_{kl} - [\Delta b_{kl}^-] \leqq b_{kl} \leqq b_{kl} + [\Delta b_{kl}^+])$$

die folgende Ungleichung erfüllt ist

$$\max_i \left| \frac{\Delta x_i}{x_i} \right| \leqq \varepsilon,$$

wobei ε eine gegebene Zahl ist, die den größten relativen Fehler bei der Bestimmung des Volumens der Bruttoproduktion charakterisiert. Folglich wird die Größe der im äußersten Falle möglichen Änderung jedes einzeln genommenen

Koeffizienten der direkten Materialaufwendungen oder der Fondsintensitäten bestimmt, bei der sich — unter Voraussetzung der Konstanz der übrigen Koeffizienten und des Umfangs der Befriedigung der nichtproduktiven Bedürfnisse der Gesellschaft — das Produktionsvolumen eines beliebigen Zweiges praktisch nicht ändert.

Die Größe $\frac{[\Delta a_{kl}]}{a_{kl}} \left(\frac{[\Delta b_{kl}]}{b_{kl}}\right)$ kann man als Kennziffer der Bedeutung der Normative a_{kl} (b_{kl}) auffassen.[7]

Die zulässigen Intervalle für die Änderung der Koeffizienten sind gleich

$$[\Delta a_{kl}^{+}] = \frac{\varepsilon}{\max\limits_{i} \frac{|d_{ik}|}{x_i} x_l + \varepsilon d_{lk}},$$

$$[\Delta a_{kl}^{-}] = \min\left(a_{kl}, \frac{\varepsilon}{\max\limits_{i} \frac{|d_{ik}|}{x_i} x_l - \varepsilon d_{lk}}\right),$$

$$[\Delta b_{kl}^{+}] = \frac{\varepsilon l_{kl} \beta_{kl}}{\max\limits_{i} \frac{|d_{ik}|}{x_i} + \varepsilon d_{lk}},$$

$$[\Delta b_{kl}^{-}] = \min\left(b_{lk}, \frac{\varepsilon l_{kl} \beta_{kl}}{\max\limits_{i} \frac{|d_{ik}|}{x_i} x_l - \varepsilon d_{lk}}\right).$$

Die praktischen Rechnungen haben gezeigt, daß sich $[\Delta a_{kl}^{+}]$ nicht wesentlich von $[\Delta a_{kl}^{-}]$ und $[\Delta b_{kl}^{+}]$ nicht wesentlich von $[\Delta b_{kl}^{-}]$ unterscheiden. Deshalb kann man für die Abschätzung der möglichen Abweichung nur

$$\frac{[\Delta a_{kl}^{+}]}{a_{kl}} \quad \text{und} \quad \frac{[\Delta b_{kl}^{+}]}{b_{kl}}$$

berechnen.

4.4. *Stabilität des Modells*

Gewöhnlich wird unter der Stabilität des Modells die Stabilität hinsichtlich Störungen der Ausgangsdaten aufgefaßt. Das untersuchte Modell nennen wir stabil, wenn die Trajektorie der grundlegenden endogenen Variablen (Fonds, Bruttoproduktion), die nach dem Modell mit unveränderlichen Normativen

[7] Wir gehen aus von der bekannten Methode zur Abschätzung der Bedeutung der Koeffizienten der direkten Materialaufwendungen in Modellen der statischen Verflechtungsbilanz, die ihren Niederschlag in [2] gefunden hat.

der Nutzung von Arbeits- und Materialressourcen und unveränderlichen Konsumtionsfonds berechnet ist, bei beliebiger Struktur der Produktionsgrundfonds am Anfang der Berechnungsperiode gegen einen bestimmten Zustand des bilanzierten Wachstums strebt. Die Analyse der Stabilität des Gleichgewichts gestattet es, einige dynamische Eigenschaften des Modells zu verstehen.

Zur Vereinfachung der Analyse setzen wir voraus, daß die Koeffizienten der Fondsintensität für die Fonds am Ende des Jahres berechnet und die Koeffizienten l_{ij}, die die unvollendete Produktion erfassen, nur nach Fondsarten differenziert werden, d. h. $l_{ij} = l_i$ für alle $j = 1(1)\, n$, $(i = 1(1)\, n,)$. Es seien mit K die Matrix der Fondsintensitäten und mit L die Diagonalmatrix bezeichnet, deren Element (i, i) gleich $\frac{1}{l_i}$ ist.

Dann ist das Modell im obigen Sinne stabil, wenn die Untermatrix der Matrix

$$-K(t)\left[E - A(t) - L(t)\, K(t) - s(t)\, [\alpha'(t)\, c(t)]\right]^{-1} L(t),$$

deren Spalten und Zeilen den fondserzeugenden Zweigen entsprechen, stabil sind.

Hier gibt $(\alpha'(t)\, c(t))$ eine Matrix vom Einheitsrang an, deren Element (i, j) gleich $\alpha_i(t)\, c_j(t)$ ist, $s(t)$ bezeichnet die Arbeitsproduktivität, bezogen auf den Konsumtionsfonds (sie wird als Verhältnis des Gesamtkonsumtionsfonds zur Masse der in der materiellen Produktion beschäftigten Arbeitsressourcen bestimmt) und t ist das erste Jahr der Berechnungsperiode.

Wegen

$$F(t+1) = -K(t)\left[E - A(t) - L(t)\, K(t) - s(t)\, [\alpha'(t)\, c(t)]\right]^{-1} L(t)\, F(t),$$

wobei F den Vektor der Produktionsgrundfonds am Jahresanfang bezeichnet, gilt

$$F(t+1) = \sum_i v_i u_i \xi_i; \tag{24}$$

hierbei sind $\xi_1, \xi_2, \ldots, \xi_{n_1}$ die charakteristischen Zahlen der Untermatrix von der Matrix

$$-K(t)\left[E - A(t) - L(t)\, K(t) - s(t)\, [\alpha'(t)\, c(t)]\right]^{-1} L(t)$$

und u_i, $i = 1, n_1$ die ihnen entsprechenden Eigenvektoren, n_1 gibt die Zahl der fondserzeugenden Zweige an, und die v_i, $i = 1(1)n_1$ bezeichnen Konstanten, die aus der Bedingung

$$F(t) = \sum_{i=1}^{n_1} v_i u_i$$

bestimmt werden. Wenn die Modellparameter, die Struktur des Konsumtionsfonds und $s(t)$ unveränderlich in der Zeit sind, dann gilt

$$F(t+\tau) = \sum_{i=1}^{n_1} v_i u_i \xi_i^\tau .$$

Wenn das Modell stabil ist, so verringern sich die Unterschiede in den Wachstumstempi der Produktion und der Fonds; das ökonomische System strebt gegen den Zustand des bilanzierten proportionalen Wachstums. Die bekannten Schemata von K. Marx im zweiten Band von „Das Kapital" illustrieren gerade einen solchen Typ der extensiv erweiterten Reproduktion.

Die Verhältnisse der Basisperiode (in unserem Falle — die Volumina der Produktionsgrundfonds am Ende des Basisjahres) verbreiten in bestimmten Maße die bereits vorhandenen Proportionen auf die folgenden Periode. Die Periode, in deren Verlauf Fonds und Produktion mit unterschiedlichen Tempi wachsen (im Modell mit fixierten $A(t)$, $K(T)$, $L(t)$, $s(t)$, $c(t)$, $\alpha(t)$), umfaßt den Zeitraum der Anpassung der Proportionen des Basisjahres an die Proportionen, die mittels der normativen Kennziffern für das erste Jahr der Berechnungsperiode (Jahr t) ausgedrückt werden. Wenn die Basisstruktur den Proportionen der Berechnungsperiode entspricht, die in den normativen Kennziffern enthalten sind, so wachsen Fonds und Produktion schon vom ersten Jahr an mit gleichen Tempi. In einem instabilen Modell ist es nicht möglich, die Basisstruktur an die Struktur anzupassen, die durch die normativen Kennziffern des Jahres t bestimmt ist, wenn die Basisstruktur der Fonds nicht der Fondsstruktur des bilanzierten proportionalen Wachstums entspricht.[8]

Betrachten wir das Modell mit veränderlichen Koeffizienten. Die Relation (24) wird umgeschrieben in

$$F(t+1) = v_{i_0} u_{i_0} \xi_{i_0} + \sum_{i \neq i_0} v_i u_i \xi_i ,$$

wobei ξ_{i_0} die maximale charakteristische Zahl der angegebenen Untermatrix von

$$-K(t)\left[E - A(t) - L(t)\, K(t) - s(t)\, [\alpha'(t)\, c(t)]\right]^{-1} L(t)$$

und u_{i_0} den ihr entsprechenden Eigenvektor bezeichnen. Im allgemeinen ist wenigstens einer der Koeffizienten v_i, $i \neq i_0$, verschieden von Null (in der Regel ist $F(t)$ nicht proportional zu u_{i_0}); deshalb sind Schwingungen im Wachstum der Fonds und der Produktion möglich. Folglich ist das Vorhandensein von Schwingungen im Modell noch kein Anzeichen für seine Instabilität. Wie aus dem Gesagten folgt, geht durch diese Schwingungen die Anpassung der Basisstruktur der Fonds an die normativen Kennziffern der Berechnungs-

[8] Die Unmöglichkeit der Anpassung an die neue Struktur drückt sich darin aus, daß sich das Modell „zerstört": Die Bruttoproduktion der Zweige, die Fondsbestände reduzieren sich und werden mit der Zeit negativ.

periode vor sich, die die Verflechtungsbeziehungen der Basisperiode verletzen. Die Struktur des Vektors u_{i_0} charakterisiert die Struktur der Fonds, die mit den gegebenen normativen Kennziffern bilanziert (wenn $F(t)$ proportional zu u_{i_0} ist, so ist $v_i = 0$ für alle $i \neq i_0$, und im System gibt es keine Schwingungen).

Wenn bei minimal möglicher Nichtauslastung der vorhandenen Fonds $F(t)$ die faktisch am Anfang des Jahres t eingesetzten Fonds — wir bezeichnen ihren Vektor mit $\tilde{F}(t)$ — proportional zum Vektor u_{i_0} sind, so ist das maximal mögliche Wachstumstempo der Fonds und Produktion ohne Schwingungen im System gesichert. Um $\tilde{F}(t)$ zu bestimmen, ist es notwendig, die Aufgabe

$$\lambda \to \max, \qquad \lambda u_{i_0} \leqq F(t)$$

zu lösen.

Es sei λ^* die Lösung dieser Aufgabe. Dann ist $\tilde{F}(t) = \lambda^* u_{i_0}$. Die Indizes j, für die der Quotient

$$\frac{F_j(t)}{u_{i_0 j}}$$

sein Minimum annimmt, wobei $F_j(t)$ die j-te Komponente des Vektors F und $u_{i_0 j}$ die j-te Komponente des Vektors u_{i_0} bezeichnen, bestimmen die Fondsarten („Engpässe"), die die Entwicklung der Ökonomie aufhalten, weil die Vergrößerung dieser Fonds zu einem kontinuierlichen Wachstum von Produktion und Fonds führen würden.

II. Volkswirtschaftliche Optimierungsmodelle

5. Probleme des Aufbaus eines volkswirtschaftlichen Modellsystems

Die Untersuchung von Modellierungsproblemen in der Ökonomie führte bereits vor längerer Zeit zu der Schlußfolgerung, daß in der Planungs- und Leitungspraxis nicht ein bestimmtes Modell, welches die gesamte Volkswirtschaft in allen Einzelheiten umfaßt und welches die Möglichkeit beinhaltet, sowohl auf allgemeine Probleme der volkswirtschaftlichen Entwicklung als auch auf Teilprobleme partieller und technischer Aufgaben Antwort zu geben, sondern ein Modellsystem zur Lösung verschiedenster Fragen Anwendung finden muß. Diese These hat nicht nur für die ökonomische Gesamtplanung Gültigkeit, sondern gleichermaßen auch für den Planungsprozeß auf jeder Ebene der Leitungshierarchie. So ist ein Modellsystem auch auf der höchsten Planungsebene erforderlich, d. h. zur Erarbeitung des aggregierten Volkswirtschaftsplanes.

Im ersten Abschnitt des vorliegenden Buches wurde eine detaillierte Charakteristik des dynamischen Modells der Verflechtungsbilanz gegeben. Bilanzmodelle im allgemeinen und dynamische Verflechtungsbilanzen im besonderen stellen einen ersten Schritt zur Modellierung der Volkswirtschaftsstruktur dar. Bei aller hohen Bewertung ihrer theoretischen und praktischen Bedeutung wie auch ihres Pionier-Charakters, ist jedoch zu beachten, daß eben deshalb, weil sie nur erste Schritte darstellen, sie im allgemeinen und die dynamisch im besonderen vereinfachte Modelle darstellen und nicht alle Aufgaben der Anwendung mathematischer Methoden im Rahmen der volkswirtschaftlichen Gesamtplanung lösen. In diesem Abschnitt des Buches werden volkswirtschaftliche Optimierungsmodelle vorgestellt, die im Institut für Ökonomik und Organisation der Industrieproduktion der Sibirischen Abteilung der AdW der UdSSR erarbeitet wurden. Die Autoren betrachten ihre Vorschläge zum System von volkswirtschaftlichen Modellen keineswegs als abgeschlossen. Nur langjährige Erfahrungen bei der Schaffung, theoretischen Untermauerung, praktischen Anwendung und Weiterentwicklung solcher Modelle gestatten es, sie zu einem System zusammenzuschließen, Duplizitäten zu beseitigen usw.

5.1. Entwicklungstendenzen volkswirtschafttícher Modelle

Die Richtungen, in welche sich die Modelle auf der Ebene der Volkswirtschaft im ganzen entwickeln, fallen mit den allgemeinen Entwicklungstendenzen der ökonomisch-mathematischen Forschungen zusammen. Die Forschungen gehen von statischen Optimierungsaufgaben zu dynamischen Aufgaben über.

Die dynamische Verflechtungsbilanz stellt einen wichtigen Schritt beim Übergang von der statischen Betrachtungsweise einzelner Entwicklungsetappen der Ökonomie zur dynamischen dar. Dennoch liefert sie keinen adäquaten Ausdruck der Volkswirtschaftsdynamik und, streng genommen, müßten die entsprechenden Modelle partiell als teilweise dynamisch bezeichnet werden. Hier treten die prinzipiellen Mängel der reinen Bilanzierungsmethode in der ökonomischen Modellierung im allgemeinen hervor, und zwar bei einer Betrachtungsweise, wobei jeweils nur eine mögliche Entwicklungsvariante der Ökonomie existiert (oder gar keine). Da in einigen Modellen nicht die beste aus der Menge der möglichen Entwicklungsvarianten der Volkswirtschaft bestimmt wird, sondern irgendeine Variante der bilanzierten Entwicklung, die als einzige zulässig ist, wird die Auswahl der Lösung einer bestimmten Etappe unabhängig von Folgen in der Zukunft vorgenommen: Welche Folgen auch auftreten mögen, sie werden eindeutig durch das gegebene System der Basisinformationen bestimmt, und deshalb tritt nicht das Problem der Auswahl zwischen verschiedenen Varianten und folglich auch nicht das Problem der Einwirkung dieser Auswahl auf die Lösung für die betrachtete Etappe auf. Mit anderen Worten, wenn ein Modell kein Optimierungsmodell darstellt und nicht mit der Auswahl aus einer Menge möglicher Varianten in Beziehung steht, so können in einem solchen Modell im Prinzip nicht alle notwendigen Seiten des dynamischen Herangehens ihren Niederschlag finden. Durch diesen Mangel zeichnen sich alle reinen Bilanzierungsmodelle aus. Bei der Durchführung von Mehr-Varianten-Berechnungen können die Auswirkungen verschiedener Entscheidungen, die in verschiedenen Etappen gefällt wurden, mittels reiner dynamischer Bilanzierungsmodelle bewertet werden. Dabei entsteht allerdings die Frage der Entwicklung eines Optimierungsmodells zur Auswahl zwischen den verschiedenen erhaltenen Varianten. Ein Beispiel hierfür liefert Kapitel 6 dieses Abschnittes.

Somit ist der Übergang zur allseitigen Widerspiegelung der ökonomischen Dynamik notwendigerweise mit dem Übergang zu Optimierungsmodellen verbunden. Statische, auch partiell dynamische Modelle können sich für Planungszwecke dennoch als sehr nützlicn erweisen. Zumal in der realen Planung selbst statische und dynamische Verflechtungsbilanzen nur unzureichend ausgenutzt werden, besteht die nächstliegende Aufgabe darin, alle Möglichkeiten dieser relativ einfachen Modelle maximal auszuschöpfen. Gleichzeitig muß man sich jedoch von ihnen lösen, diese Notwendigkeit resultiert aus den Planungsaufgaben der gegenwärtigen wissenschaftlich-technischen Revolution. Allein im Perspektivplan, der für einen langen Zeitabschnitt berechnet ist, können die grundsätzlichen Probleme der ökonomischen Entwicklung, wie umfangreiche Investitionen, Ausbildung von Kadern, Durchführung langfristiger Wirtschaftsmaßnahmen, gelöst werden. Daraus leitet sich prinzipiell die Notwendigkeit des Übergangs von statischen zu dynamischen Volkswirtschaftsmodellen ab. Gleichfalls resultiert daraus die Notwendigkeit des Übergangs zu dynamischen Volkswirtschaftsmodellen mit Optimierungsaspekt, da sich mit der Durchsetzung der wissenschaftlich-technischen Revolution eine Vielzahl von Wegen und Varianten der weiteren ökonomischen Entwicklung ergeben und es notwendig ist, für die nächsten Etappen der Entwicklung der Volkswirtschaft unter Berücksichtigung und auf Grundlage der Auswahl der Tendenzen des technischen Fortschritts Entscheidungen zu fällen, die die effektivste Entwicklung in einem hinreichend langen Perspektivzeitraum ermöglichen.

In der Modellierung der Volkswirtschaft als Ganzes wie auch einzelner Teile können ebenfalls statische Optimierungsmodelle eine bestimmte Rolle spielen [1]. Gleichzeitig stellen die Versuche der Schaffung volkswirtschaftlicher Optimierungsmodelle, wie sie gegenwärtig unternommen werden und in engem Zusammenhang mit der dynamischen Verflechtungsbilanz zu sehen sind, die Entwicklung und Verallgemeinerung der statischen dar. In einigen Fällen sind sie direkt auf die Überführung in eine Optimierungsbilanz ausgerichtet, indem in ihnen eine Menge zulässiger Entwicklungsvarianten der Volkswirtschaft sowie ein Optimalitätskriterium zur Auswahl der effektivsten Entwicklungsvariante Berücksichtigung finden. Einige Schritte in dieser Richtung werden in den Kapiteln 8 und 9 beschrieben. In anderen Fällen, wie bereits erwähnt, kann mit Hilfe spezieller Optimierungsmodelle eine Auswahl unter den Varianten durchgeführt werden, die als Ergebnisse aus Modellrechnungen der dynamischen Verflechtungsbilanz erhalten wurden.

Die ökonomisch-mathematischen Untersuchungen gehen von vollständig determinierten Aufgabenstellungen zu stochastischen Optimierungsaufgaben über. Dieser Übergang ist auf das engste mit dem Übergang zur dynamischen Modellierung verbunden, was sich besonders deutlich bei der Konstruktion von Volkswirtschaftsmodellen zeigt. Die prinzipiellen Besonderheiten des dynamischen Optimums, im Unterschied zum statischen, spiegeln sich im Verständnis über die zukünftigen Folgen des ökonomischen Entwicklungsprozesses wider, der sich in einem bestimmten Zeitabschnitt vollzieht. Diese Folgen können in der Regel nicht genau bekannt sein. Ihre Unbestimmtheit ist wesentlich. Weder die zukünftigen Ressourcen, die möglichen Verfahren ihrer Anwendung noch die Parameter der ökonomisch-mathematischen Aufgaben können eindeutig bestimmt werden. Diese These gilt besonders für die Ökonomie im ganzen, weil als Ergebnis ihrer inneren Entwicklung neue technische Produktionsverfahren und neue individuelle Bedürfnisse der Mitglieder

der Gesellschaft entstehen. Die ständige Vertiefung des theoretischen Wissens über die Gesetzmäßigkeiten des technischen Fortschritts und die Entwicklung der Bedürfnisse beseitigen nicht und können nicht die Tatsache beseitigen, daß die Folgen dieser Prozesse im starken Maße unbestimmt sind, wenn diese Prozesse gerade beginnen; am Anfang eines beliebigen objektiven Prozesses sind nur einige seiner prinzipiellen Besonderheiten bekannt, aber nicht die Gesamtheit seiner konkreten Konturen. Unter den Bedingungen der Unbestimmtheit kann die Ausgangsinformation nicht rein empirisch gefunden werden. Sie informiert sich auf der Grundlage der Erkenntnis der entsprechenden objektiven qualitativen und quantitativen Gesetzmäßigkeiten. Somit beseitigt die Untersuchung objektiver Gesetze nicht das stochastische Herangehen, im Gegenteil — die Untersuchung ökonomischer Gesetze erfordert es geradezu. Dies gilt um so mehr für längere Zeiträume. Die Planung der Volkswirtschaft im ganzen muß unweigerlich als langfristige Planung realisiert werden. Eigentlich erforderten bereits statische Aufgaben der Perspektivplanung das stochastische Herangehen, wenn die Ausgangsinformationen in bestimmten weiteren oder engeren Grenzen mit Angabe des Verteilungsgesetzes in diesen Schranken vorliegen, wenn verschiedene Varianten von Formeln für die Beschränkungen der Aufgabe und der Zielfunktion usw. gegeben sind. In noch höherem Maße ist dies für dynamische Aufgaben erforderlich.

Das stochastische Herangehen führt zu prinzipiellen Veränderungen in vielen Ansichten zu Problemen der Optimalplanung, ja zu einer Veränderung des Begriffes der Optimalplanung selbst. Die ersten, vereinfachten Versuche der Modellkonstruktion, die streng deterministisch waren, brachten eine Reihe vereinfachter Vorstellungen über das Wesen der Optimalität in der Ökonomie hervor, Vorstellungen, die, wie es scheint, leider zu Vorurteilen werden können. Eine dieser Vorstellungen ist, daß die Vielzahl von optimalen Plänen als Mangel der Lösung angesehen wird. Tatsächlich ist dies ein Mangel nur unter der Bedingung, daß jeder Plan der Menge optimale Pläne mit gleicher Wahrscheinlichkeit optimal ist. Im Falle des Fehlens einer optimalen Lösung ist die Auswahl unter den ermittelten Varianten auf Grundlage von Prinzipien vorzunehmen, die keine direkte Widerspiegelung im angewandten Modell fanden. Bei einer stochastischen Formulierung der Aufgabe ist es unumgänglich, daß der optimale Plan nicht eindeutig definiert wird, sondern als Menge von Varianten; jede davon ist mit einer bestimmten Wahrscheinlichkeit optimal. Dabei besitzen gewöhnlich verschiedene Varianten unterschiedliche Wahrscheinlichkeiten der Optimalität. Es kann die Wahrscheinlichkeit bestimmt werden, mit welcher die Lösung dem Optimum nicht nur für die gesamte Variante, sondern auch für einzelne Komponenten entspricht, — Intensitäten, mit welchen die Verfahren in den Plan eingehen. Sie sind meist unterschiedlich für verschiedene Komponenten.

Es entfällt die vereinfachte Vorstellung, daß unter allen möglichen Entwicklungsvarianten der Ökonomie eine einzige effektiv ist, im Vergleich zu welcher alle anderen nicht effektiv sind. Die vollständige Realisierung des stochastischen Ansatzes bedeutet, daß stets aus den erhaltenen Lösungen zur praktischen Realisierung bestimmte Lösungen herausgeschält werden, die mit größter Wahrscheinlichkeit optimal sind. Da Planvarianten nicht berücksichtigt werden, die mit einer bestimmten Wahrscheinlichkeit dem Optimum entsprechen, zeigt sich bei einer bestimmten (hinreichend großen) Zahl, daß nicht alle gefällten Entscheidungen tatsächlich optimal waren. Es ist sehr wichtig, diesen Fakt klar zu erkennen, weil sich aus dieser Erkenntnis der Schluß über die ständige Kontrolle der Korrespondenz gefällter Entscheidungen mit den Forderungen des volkswirtschaftlichen Optimums sowie die Notwendigkeit der ständigen Korrektur ergeben. Es darf nicht gefolgert werden, daß im Falle eines streng deterministischen Herangehens die Möglichkeit ausgeschlossen ist, solche Lösungen zu erhalten, die nicht dem Optimum entsprechen. Im Gegenteil, in der Realität — und dies erscheint paradox — erhöhen gerade rein deterministische Optimierungsaufgaben die Wahrscheinlichkeit, nicht optimale Lösungen zu erhalten. Eine bei einer solchen Aufgabenstellung erhaltene Lösung trägt den Stempel der Zufälligkeit, weil sie von einer Kombination der Basisdaten ausgeht, die aus der möglichen Menge zufällig ausgewählt wurde. Anstatt der gesamten Menge der Basisdaten, entsprechend ihrem tatsächlichen Charakter, zu betrachten, wählt der Forscher, der Mitarbeiter der Planungsorgane oder eine andere Wirtschaftseinheit außerhalb des Modells eine Datenvariante aus. Streng genommen, solange nicht die Stabilität der deterministischen optimalen Lösung bezüglich der Variation der Basisinformation in ihren wahrscheinlichen Grenzen überprüft ist, kann nicht gesagt werden, in welchem Maße diese Lösung zufällig ist und sie den tatsächlichen gesetzmäßigen Tendenzen des betreffenden Prozesses entspricht. Wenn das so ist, dann kann ihr nur formal die Bezeichnung „optimal“ zuerkannt werden, weil in der Tat die Wahrscheinlichkeit, daß diese Realisierung effektiver ist als die anderer Varianten, nicht bewertet wurde. Selbst wenn die Stabilität der deterministischen Lösung untersucht wird, so ist dies nichts anderes als eine vereinfachte Realisierung der stochastischen Betrachtungsweise. Ein Beispiel einer solchen Realisierung des stochastischen Ansatzes findet der Leser im Kapitel 6.

Die Anwendung stochastischer Methoden auf der Volkswirtschaftsebene ist weit komplizierter als auf der Ebene konkreter ökonomischer Objekte. Siehe dazu die Arbeiten [1]—[3].

Die ökonomisch-mathematischen Untersuchungen gehen von technisch-ökonomischen zu sozial-ökonomischen Optimierungsaufgaben über. Tatsächlich muß die wissenschaftliche Planung die Wirtschaft allseitig erfassen. d. h. als Einheit von Produktivkräften und Produktionsverhältnissen. Beide Seiten stellen in ihrer jeweils konkreten Form objektive Bedingungen dar, unter welchen sich die Optimierung vollzieht. Daraus resultiert auch die Notwendigkeit und Gesetzmäßigkeit der Betrachtung des Optimums als sozialökonomische

Erscheinung. Dies ist besonders deutlich bei der Modellierung der Volkswirtschaft als Ganzes zu sehen. Die praktische Umsetzung dieser Auffassung beginnt gegenwärtig gerade. Im vorliegenden Abschnitt fand sie ihre Widerspiegelung in den Modellen zur Optimierung der Akkumulationsrate (Kapitel 6) und der Konsumtionsstruktur (Kapitel 8), die wir als Ausdruck sozialökonomischer Gesetze, die die entsprechenden Prozesse regulieren, zu entwickeln versuchten. Schließlich vollzieht sich ein Übergang von linearen zu nichtlinearen Optimierungsaufgaben. Dies wiederum ist besonders notwendig beim Übergang zur dynamischen Modellierung auf der Volkswirtschaftsebene. Es kann als bewiesen angesehen werden, daß die Zielfunktion, die den Zielen der sozialistischen Produktion entspricht, unmöglich formuliert werden kann, wenn lineare mathematische Ausdrücke zugrunde gelegt werden. Eine solche Zielfunktion muß die Logik der Auswahl zwischen verschiedenen möglichen Strukturen der Befriedigung der individuellen Bedürfnisse der Bevölkerung in der Zukunft beschreiben. Mit anderen Worten, eine solche Zielfunktion muß die Möglichkeit bieten, das gesamte Wachstum des Konsumtionsniveaus bei unterschiedlichen Strukturen zu bestimmen. Spezielle Untersuchungen zeigen, daß sich das Lebensniveau der Bevölkerung insgesamt nicht proportional zum Wachstum der Masse der betreffenden Güter, sondern in einer komplizierteren Abhängigkeit ändert, und zwar: die gleiche Veränderung der Befriedigung eines Bedürfnisses ergibt unterschiedliche Effekte in Abhängigkeit davon, auf welchem Niveau dieses Bedürfnis und alle anderen Bedürfnisse befriedigt werden. Diese Besonderheiten des zu modellierenden Objektes — nämlich das Wachstum der Konsumtion — können nur mit Hilfe nichtlinearer Funktionen beschrieben werden. Deshalb müssen ihrem Objekt hinreichend adäquate Optimierungsmodelle unbedingt nichtlineare Zielfunktionen enthalten. Ein solches Modell wird in Kapitel 8 dargestellt.

Die Eigenschaft der Nichtlinearität erstreckt sich auf den Effekt, der aus der Einführung neuer technologischer Verfahren der Produktion resultiert. Je mehr sich die neue Technik ausdehnt, um so mehr erfaßt sie relativ wenig effektive Richtungen ihrer möglichen Anwendung. Darauf beruht gerade die Notwendigkeit der ständigen Erneuerung der Verfahren. Tatsächlich können solche nichtlinearen Abhängigkeiten durch lineare Funktionen erfaßt werden, und zwar durch Aufschlüsselung ausgeprägter Tendenzen des technischen Fortschritts in einzelne Verfahren, innerhalb weniger die Hypothese über die Linearität der Veränderung des Effektes hinreichend ist. Werden im Modell jedoch keine konkreten Produktionsverfahren betrachtet (viele konkrete Verfahren können einfach noch unbekannt sein), sondern Gesetzmäßigkeiten, die die Abhängigkeit der Effektivität von der Ausweitung der neuen Technik widerspiegeln, so müssen diese Gesetzmäßigkeiten durch Formeln mit nichtlinearem Charakter widergespiegelt werden. Dieser Übergang wird um so dringlicher, je länger der betrachtete Perspektivzeitraum ist, d. h. in Abhängigkeit vom Grad des dynamischen Verhaltens des Modells. So werden dynamische Verflechtungsmodelle entwickelt, die in diesem Buch beschrieben werden.

Lineare Abhängigkeiten zwischen Produktion und Aufwendungen bleiben nur innerhalb eines Jahres (Schrittes) erhalten.

5.2. *Allgemeine Charakteristik des volkswirtschaftlichen Modellsystems*

5.2.1. *Unterschiede zwischen den Modellen bezüglich des Aggregationsgrades*

Gegenwärtig wird der aggregierte Volkswirtschaftsplan im wesentlichen ohne Anwendung von Modellen ausgearbeitet, und deshalb liegen auch noch keine Erfahrungen vor, die die Möglichkeit böten, umfassend die Frage zu beantworten, welche Modelltypen bei seiner Ausarbeitung angewendet werden sollten. In dieser Arbeit können wir deshalb nur auf einige Anforderungen und Bedingungen der realen Planung eingehen, die Unterschiede zwischen den Modellen der Volkswirtschaftsebene und deren System verursachen. Dazu gehören im speziellen Forderungen und Bedingungen, die die Notwendigkeit der Schaffung und Anwendung von Modellen mit unterschiedlichem Aggregationsgrad beinhalten. Die Ausarbeitung von Plänen für unterschiedliche Zeiträume und unterschiedliche Planungsphasen bei gleichem Zeitraum verlangt Modelle mit unterschiedlichem Konkretheitsgrad. Am allgemeinsten, am meisten aggregiert müssen Modelle zur Bestimmung langfristiger Perspektiven sein, da in einem solchen Plan lediglich die allgemeinen Konturen der ökonomischen Entwicklung bestimmt werden, die im weiteren, im Maße der Annäherung an den entsprechenden Zeitabschnitt sowie der Beschaffung konkreter Informationen über soziale Prozesse, Verfahren des technischen Fortschritts, Bedürfnisse der Bevölkerung, partielle Disproportionen in der Wirtschaft, Außenhandelsverpflichtungen des Staates usw. korrigiert und konkretisiert werden, und zwar zunachst in den mittelfristigen und danach in den kurzfristigen Plänen. Das Niveau der Konkretheit, welches Unterschiede in den mittel- und langfristigen Plänen hervorruft, wird durch die Möglichkeiten der Prodnistizierung der Aufwendungen zur Realisierung von Verfahren des technischen Fortschritts und der Effektivität dieser Verfahren bestimmt. Wenn die Möglichkeit besteht, die hauptsächlichen Verfahren des technischen Fortschritts in Form eines hinreichend genauen „Aufwand-Effekt-Vektors" darzustellen, in welchem die Aufwands- und Effektarten konkret ausgewiesen werden (d. h. wenn sie als Aufwendungen konkreter Produktionsarten und als Effekt in Form der Vergrößerung der Produktionskapazitäten konkreter Produktionsarten und Ökonomie konkreter Aufwandsarten), so kann und muß die Bewertung der volkswirtschaftlichen Gesamteffektivität dieser Verfahren und das notwendige Arbeitsniveau unter Anwendung eines dynamischen Verflechtungsmodells vorgenommen werden. Wird jedoch ein Zeitabschnitt betrachtet, für den keine hinreichend konkreten Kennziffern der Verfahren des technischen Fortschritts, sondern nur die allgemeine Tendenz der Einwirkung auf die Ökonomie (z. B. auf das Niveau der materiellen Aufwendungen, Arbeitsaufwendungen und Fondsintensität der Produktion) angegeben werden können, so reicht für eine solche Informationsbasis die Anwendung von Verflechtungsmodellen nicht aus, und es müssen aggregierte, verallgemeinerte dynamische Modelle ausgenutzt werden. Bei der mittelfristigen Planung stellen die sich bereits formierten, bestimmten Richtungen des technischen Fortschritts die Basis des Planes dar, wobei die Gewißheit besteht, daß sie nicht auf diese Periode beschränkt bleiben und daß im Verlaufe dieser Periode noch keine prinzipiell anderen Richtungen des technischen Fortschritts zur Anwendung auf breiter Basis vorbereitet werden. Die Charakteristika der sich bereits formierten Richtungen können mit hinreichender Genauigkeit erhalten werden. Deshalb ist es für eine solche Perspektive möglich — und entsprechend den Anforderungen an den konkreten Plan notwendig —, dynamische Modelle mit Verflechtungscharakter anzuwenden. Das können Modelle verschiedener Dimension sein. Bei der Erarbeitung der allgemeinen Konzeption des mittelfristigen Planes sind Modelle mit relativ hohem Aggregationsgrad völlig hinreichend (z. B. ein Modell, das die Ökonomie als System großer Zweige der Volkswirtschaft und Industrie darstellt, eines Modelltyps also, wie er in Abschnitt I betrachtet wird). Zur Aufschlüsselung der direkten Aufgaben des Planes ist es notwendig, wesentlich detailliertere Modelle anzuwenden. Um so mehr ist das bei der Erarbeitung der Jahrespläne erforderlich.

5.2.2. *Modelle zur Berechnung der Auswirkungen einiger Hypothesen und Optimierungsmodelle*

Jedes ökonomisch-mathematische Modell ist eine Beschreibung realer Prozesse und kann deshalb als Simulationsmodell interpretiert werden. Ein Modell kann nicht als direkte Widerspiegelung eines realen Prozesses betrachtet werden, sondern als Ausdruck der Theorie dieses Prozesses. Das Objekt der Modellierung bleibt letztlich dennoch der reale Prozeß. Natürlich hängt die Simulationsgenauigkeit vom Grad der Erkenntnis des Prozesses ab, speziell von dem Wahrheitsgehalt, der Richtigkeit der Theorie, die dem Modell zugrunde liegt (ebenfalls vom Grad der nichttheoretischen, empirischen Kenntnis, die im Modell widergespiegelt wird). Die Konstruktion eines Modellsystems für die höchste Ebene der Planung stellt die Schaffung eines bestimmten Mechanismus dar, der die wichtigsten, wesentlichsten und allgemeinsten volkswirtschaftlichen Abhängigkeiten simuliert. Die vorhandenen Erfahrungen zwingen uns, einfache Simulation der Folgen bestimmter Lösungen, Hypothesen, die außerhalb des Modells aufgestellt werden, und solche Simulationsprozesse zu unterscheiden, die mit Hilfe von Modellen selbst die Lösung suchen. Im ersten Fall werden Modelle benutzt, die wir als Folgemodelle bezeichnen, im zweiten

Fall — Optimierungsmodelle.[1] Ein Modellsystem im allgemeinen, ein Modellsystem der Volkswirtschaftsebene im besonderen umfassen unweigerlich Modelle beider Typen. Auf einem bestimmten Aggregationsniveau, bei Anwendung sehr großer Aggregate, verkleinern sich die Möglichkeiten der Anwendung von Optimierungsmodellen erheblich. Allem Anschein nach stellt die Vielzahl von Möglichkeiten zur Realisierung des wissenschaftlich-technischen Fortschritts die größte Quelle von Unterschieden zwischen den Entwicklungsvarianten der Wirtschaft dar. Die reale Beschreibung dieser Möglichkeiten erfordert jedoch Modelle, die die Aufwendungen und Ergebnisse bezüglich dieser Verfahren hinreichend detailliert widerspiegeln können und die die Ressourcen und Produkte der Volkswirtschaft in relativ desaggregierter Form ausweisen. Von den im folgenden vorgeschlagenen Modellen benutzt nur eines — das Modell zur Bestimmung des optimalen Umfanges der produktiven Akkumulation — die Information in der Ein-Produkt-Form (Konsumtionsfonds für die Jahre der Planungsperiode); die Formierung der Varianten, aus welchen die optimale herausgeschält wird, basiert aber auch hier auf einem relativ desaggregierten Modell — der dynamischen Verflechtungsbilanz. Diese Beziehung zwischen dem Aggregationsniveau und dem Modelltyp ist für das Verständnis der Probleme wichtig, die bei der Konstruktion von Modellen der langfristigen Planung auftreten. Zur Zeit liegen noch keine ausreichenden Erfahrungen bei der Schaffung solcher Modelle vor, und es ist noch zu früh, Schlußfolgerungen zu ziehen, ob für perspektivische Berechnungen von 15—20 Jahren Optimierungsmodelle oder nur solche Modelle zugrunde gelegt werden sollten, die die volkswirtschaftliche Entwicklung auf der Basis von Prognosen der wichtigsten Parameter eindeutig bestimmen (und deshalb werden nur diese Ergebnisse mit Hilfe von Modellen bestimmt). Entsprechend dem Prinzip des Übergangs vom Einfachen zum Komplizierten werden zunächst bei der Anwendung von Modellen zur langfristigen Planung natürlich die einfachsten Varianten benutzt. Selbstverständlich werden im Verlaufe der Entwicklung der entsprechenden Modellforschungen für die langfristige Planung die Modelle kompli-

[1] Häufig trifft man eine Gegenüberstellung von Simulations- und Optimierungsmodellen an. Simulationsmodelle werden dann als Folgemodelle interpretiert. Natürlich kann man über Begriffe nicht streiten, wobei aber häufig von ihnen die Klarheit der Darstellung der Theorie abhängt. Bei der aufgeführten Gegenüberstellung bleibt Raum für solche Meinungen, daß Optimierungsmodelle die realen ökonomischen Bedingungen und Prozesse nicht widerspiegeln und nur ein Verfahren zur Ermittlung von Lösungen auf reiner Normativbasis darstellen. Darüber hinaus sind Normative nur dann frei von subjektiven Mängeln, wenn sie den objektiven Tendenzen der Realität selbst entsprechen; entsprechend müssen unserer Meinung nach Optimierungsmodelle richtigerweise als Simulation realer Tendenzen zur effektivsten Entwickung der Produktion angesehen werden, der die sozialistische Planung entspricht und die sie realisiert. Deshalb ziehen wir es vor, den Optimierungsmodellen nicht die Simulationsmodelle, sondern die Folgemodelle gegenüberzustellen.

zierter. Bereits heute können einige sehr allgemeine Modelle genutzt werden, um die Konturen der künftigen Entwicklung zu verdeutlichen. Derartige Modelle gehören der Klasse der „Folgemodelle" an: Sie zeigen schneller die Folgen dieser oder jener Hypothesen über die Tendenzen der volkswirtschaftlichen Entwicklung an, Hypothesen, die ohne Hilfe volkswirtschaftlicher Modelle getroffen wurden, und eröffnen weniger die Möglichkeit, unterschiedliche Varianten der volkswirtschaftlichen Entwicklung zu finden und daraus eine Auswahl vorzunehmen. Jedoch die Kenntnis der grundlegenden Tendenzen der effektiven Entwicklung der Volkswirtschaft wird bei der Suche und Analyse der optimalen Lösung im allgemeinen vorausgesetzt. Schließlich beinhaltet die erste Bewertung der mit Hilfe mathematischer Methoden erhaltenen Lösung die Beantwortung der Frage hinsichtlich ihrer Übereinstimmung mit den grundlegenden Gesetzmäßigkeiten der ökonomischen Entwicklung — d. h. mit dem Maß an Konkretheit, welches dem erreichten Niveau der Erkenntnis entspricht, und für kürzer- oder längerfristige Zeiträume möglich ist. Darüber hinaus stellen Folgemodelle eine notwendige Bedingung zur Durchführung von Berechnungen mit Hilfe von Optimierungsmodellen dar, deren Hauptanwendungsgebiet offensichtlich in der mittelfristigen und laufenden Planung besteht. In Übereinstimmung mit der dynamischen Betrachtungsweise bei der Bestimmung des optimalen Planes am Anfang einer bestimmten Periode müssen die Folgen verschiedener ökonomischer Entscheidungen Berücksichtigung finden, die in dieser Periode getroffen werden, da von ihnen die tatsächliche Effektivität von Entscheidungen abhängt, die zur Realisierung am Anfang der Periode getroffen werden. Es scheint, als entstünde ein circulus vitiosus. Um eine Entscheidung am Anfang der Planungsperiode fällen zu können, müssen die Entscheidungen für einen längerfristigen Zeitraum bekannt sein; jedoch gilt gleichzeitig, je entfernter ein Zeitpunkt liegt, um so weniger verbindlich sind für ihn die Entscheidungen, die gegenwärtig getroffen werden. Der Ausweg besteht darin, die Gesetzmäßigkeiten jener künftigen Entscheidungen vorauszusehen; dies gerade wird durch Modelle des Folgetyps realisiert, da sie die Wirkungsweise der grundlegenden Gesetzmäßigkeiten in der Ökonomie widerspiegeln. Somit stellen Folgemodelle ein notwendiges Element eines Systems dar, in welchem Entscheidungen auf einer anderen, nämlich auf Basis von Optimierungsmodellen gefällt werden. Diese Einheit widerspiegelt den bekannten Zusammenhang von langfristigen, mittelfristigen und laufenden Plänen: letztere müssen so gebildet werden, daß die Realisierung großer und langfristiger Veränderungen in der Wirtschaft, die entscheidende Erfolge in ihrer Entwicklung gestatten, gesichert ist. In diesem Fall ist es jedoch notwendig, die grundlegenden Konturen dieser langfristigen Veränderungen bei der Ausarbeitung von mittel- und kurzfristigen Perspektivplänen zu kennen, um die tatsächliche Effektivität der Pläne zu kontrollieren. Folgemodelle sind auch als direkter Bestandteil der mittel- und kurzfristigen Planung erforderlich, d. h. zur Bestimmung der mittel- und kurzfristigen Auswirkungen bestimmter Wirtschaftsentscheidungen, die außerhalb des Modells getroffen werden. Durchaus nicht für alle Planungsprobleme können schnell Optimierungsmodelle geschaffen werden, und häufig zeigt es sich, daß dafür Folgemodelle schneller zu erstellen sind. Die Beziehungen zwischen dem Aggregationsgrad der Modellgrößen und dem Modelltyp sind nicht der Art, daß ein hohes Aggregationsgrad die Möglichkeiten der Ausnutzung von Optimierungsmodellen beschränkt. Es gilt auch das Entgegengesetzte: ein hoher Desaggregationsgrad von Kennziffern engt die Möglichkeiten der Anwendung einfacher Folgemodelle ein, weil notwendigerweise verschiedene Verfahren und Produktionsvarianten betrachtet werden und folglich eine Auswahl zwischen ihnen nicht außerhalb des Modells zu treffen ist, sondern mit Hilfe des Modells. Es genügt, darauf hinzuweisen, daß eine wesentliche Desaggregation der Ressourcen deren technische Austauschbarkeit sichert. Wenn z. B. in der Verflechtungsbilanz[2] verschiedene Heizstoffe auftreten, so muß die Bilanz der Heizstoffe untes Berücksichtigung der volkswirtschaftlichen Effektivität verschiedener Varianten und den Veränderungen erstellt werden, und nicht als exogene Prognose der Veränderung der Aufwandskoeffizienten für verschiedene Heizstoffe. Analoge Überlegungen gelten auch bezüglich Verflechtungsbilanzen, in welchen als besondere Zweige die Produktion substituierbarer Ausrüstungen von Konstruktionsmaterialien usw. ausgewiesen wird. Natürlich kann eine völlige Beseitigung der Substituierbarkeit von Ressourcen selbst in solchen Modellen nicht erzielt werden, wo als Aggregate nur große Industriezweige und Volkswirtschaftszweige ohne weitere Aufschlüsselung benutzt werden. Richtig bleibt, je höher der Desaggregationsgrad, um so mehr fällt der aufgezeigte Mangel ins Gewicht und um so erforderlicher wird der Verzicht auf reine Bilanzierungsmodelle.

Deshalb besitzt folgende Behauptung Gültigkeit: Die mittel- und kurzfristige Planung eröffnet nicht nur breite Möglichkeiten zur Anwendung von Optimierungsmodellen — sondern erfordert im Maße des Möglichen den schnellen Übergang zu namentlich solchen Modellen als grundlegende Modelle.

In den folgenden Kapiteln werden einige Optimierungsmodelle zur mittelfristigen Planung betrachtet.

5.2.3. *Modelle, die in das System eingehen*

Eine der wichtigsten Fragen, die bei der Überführung einer Gruppe von Modellen in ein System auftreten, besteht darin, welche Anforderungen notwendig sind, um eine Abstimmung der Berechnungen zu erzielen. Hier hängt alles davon ab, ob man beabsichtigt, verschiedene Modellsysteme auf der gleichen oder aber auf verschiedenen Leitungsebenen anzuwenden.

[2] Reine Bilanzmodelle der Planung gehören zur Klasse der Folgemodelle, auch wenn sie diese nicht erschöpfen.

Die sozialistische Produktion stellt objektiv ein kompliziertes hierarchisches System mit einer bestimmten Selbständigkeit seiner Elemente dar. Dieses System ist durch nichtantagonistische Widersprüche charakterisiert. Letztere sind nicht ohne Einfluß auf die Entscheidungsfindung der verschiedenen Leitungsebenen der Wirtschaft: Jede Wirtschaftseinheit fällt ihre Entscheidung unter Berücksichtigung nicht nur der gesamtvolkswirtschaftlichen, sondern auch ihrer spezifischen Interessen. Überhaupt muß bei der Konstruktion eines Modellsystems berücksichtigt werden, auf welchem Niveau, bei welcher Information, bei welchen Interessiertheitsformen und Wechselbeziehungen zu anderen ökonomischen Einheiten (horizontal und vertikal) Entscheidungen zu fällen sind. Das ist eine notwendige Bedingung dafür, daß das Modellsystem für Planungszwecke dem System der realen sozialökonomischen Bedingungen, unter denen sich die Planung vollzieht, entspricht, und somit dem realen Wirtschaftsmechanismus genügt.

Aufgaben, die mit Hilfe eines Modellsystems gelöst werden und in diesem Buch betrachtet werden, sind wesentlich einfacher: es wird nur die Abstimmung von Modellrechnungen für verschiedene Ziele für ein und dasselbe zentrale Planungsorgan betrachtet. Darüber hinaus wird dabei die Annahme getroffen, daß die Informationsaufbereitung, die speziell auf die Durchführung von volkswirtschaftlichen Gesamtrechnungen ausgerichtet ist, zentral organisiert wird. Somit geht es hier um eine Etappe der zentralen Planung, auf welcher technische und ökonomische Berechnungen auf unteren Ebenen nicht als deren Wirtschaftsentscheidungen betrachtet werden, die der entsprechenden Kompetenzebene entsprechen, sondern lediglich als Basisinformation für die Entscheidungsfindung der zentralen Planungsorgane. Eine solche Aufgabenstellung ist nicht sinnlos, wenn es sich um eine Etappe zur Erarbeitung des gesamtstaatlichen Perspektiv- oder sogar Jahresplanes handelt.

Die Modelle, die in diesem Buch vorgeschlagen werden, stellen kein abgeschlossenes und allumfassendes System dar, welches allen Anforderungen der volkswirtschaftlichen Gesamtplanung genügt. Dennoch enthalten sie miteinander abgestimmte Elemente eines solchen Systems.[3]

Erstens gehören hierzu die dynamische Verflechtungsbilanz mit ergänzender Arbeitskräftebilanz und einem dynamischen Verflechtungs-Optimierungs-Modell. Die allgemeinsten Besonderheiten aller dieser Modelle — abgesehen davon, daß hierin die gewöhnliche statische Verflechtungsbilanz mit ergänzen-

[3] In diesem Buch finden nicht alle Elemente des Modellsystems der höchsten Ebene Berücksichtigung, das im Institut für Ökonomik und Organisation der Industrieproduktion der Sibirischen Abteilung der AdW der UdSSR entwickelt wurde. Hingewiesen sei noch auf eine Arbeit zur Schaffung eines Optimierungsmodells der Verflechtungsbilanz der Produktionskapazitäten [1], sowie auf eine Arbeit zur Erstellung und Einbeziehung von Nichtgleichgewichtsmodellen mit endogenem technischem Fortschritt in ein allgemeines System [4].

den Strömen eingeschlossen ist, die den Amortisationen bzw. den Aussonderungen von Grundfonds entsprechen — bestehen darin, daß in ihnen rekursive Beziehungen benutzt werden, die die Fondsbildung beschreiben, sowie Veränderungen der Produktionsstruktur der Netto-Endproduktion vorgegeben werden (als lineare oder stückweise lineare Funktion). Es gibt Meinungsverschiedenheiten hinsichtlich des Perspektivzeitraumes, für den die Anwendung dieser Modelle sinnvoll ist. Der entscheidende Faktor ist hier die Möglichkeit der Begründung von Veränderungen der Koeffizienten des Material- und Arbeitsaufwandes, sowie auch der Fondsintensität nach der Zweignomenklatur des Modells. Unserer Meinung nach ist gegenwärtig die Prognose der Veränderung dieser Koeffizienten, die auf der Analyse der sich herausbildenden und erweiternden Tendenzen des technischen Fortschritts basiert, nur für einen Zeitraum von 10 Jahren möglich (danach kommen den neuen Tendenzen des technischen Fortschritts größere Bedeutung zu). Ein anderes Problem, welches den Zeitraum der Ausnutzung dieser Modelle von oben beschränkt, besteht in der Prognostizierung von Verschiebungen in der Struktur der Nettoendproduktion. Andererseits sind nach unserer Meinung die Modelle für die Anwendung in der laufenden Planung nicht genügend konkret. Sie sind somit offensichtlich als Modelle der mittelfristigen Planung und Prognostizierung zu betrachten. Die Funktion der Modelle besteht in der Erarbeitung von Entwicklungskonzeptionen der Volkswirtschaft für den betrachteten Zeitraum. Aus dieser Gruppe von Modellen stellen, unserer Meinung nach, diejenigen die relativ entwickelte Variante dar, welche als Aufgabe der linearen Optimierung formuliert und realisiert werden können (siehe Kapitel 9). Die Beschränkungen der Arbeitskräfteressourcen und Fonds werden in diesem Falle als Ungleichungen ausgedrückt. Dies beseitigt die Gefahr des Entstehens von negativen Investitionen in einem Zweig (die Methode der Einführung einer speziellen unteren Beschränkungsmatrix der Investitionen ist in hohem Maße künstlich). Weiterhin eröffnet sich die Möglichkeit der Anwendung des analytisch gut entwickelten Apparates der linearen Optimierung, wenngleich die Eigenschaften solcher Modelle weiterer Untersuchung bedürfen. Ein Mangel dieser Modelle besteht z. Z. in der Anwendung streng linearer Zielfunktionen. Zweitens, erarbeitet und experimentell erprobt ist das Modell zur Optimierung der Akkumulationsrate. Aufgezeigt und zur konkreten Methodik entwickelt sind seine Wechselbeziehungen mit der dynamischen Verflechtungsbilanz: mit Hilfe des Modells zur Optimierung der Akkumulationsrate kann die Auswahl zwischen verschiedenen Varianten der volkswirtschaftlichen Entwicklung, die mit der dynamischen Verflechtungsbilanz erarbeitet wurden, vorgenommen werden. Zu untersuchen bleibt die Möglichkeit der analogen Verknüpfung mit dem dynamischen Verflechtungs-Optimierungsmodell — eine Verknüpfung, deren prinzipielle Möglichkeit klar ist, da im dynamischen Optimierungsmodell die Variation der Akkumulationsrate vorgesehen ist. In Zusammenhang damit entsteht eine Vielzahl von Entwicklungsvarianten, zwischen denen eine Auswahl auf Grundlage des Modells der optimalen produktiven Akkumulation getroffen werden kann.

Gegenwärtig sind Programme für EDVA entwickelt, die das dynamische Verflechtungsmodell mit einer Elektroenergierestriktion und das Modell zur Optimierung der produktiven Akkumulationsrate direkt miteinander verbinden: mit anderen Worten, dieses Modell erscheint als einheitliches Verflechtungs-Optimierungs-Modell der Volkswirtschaft.[4]

Drittens, eine weitere Variante des dynamischen Verflechtungs-Optimierungs-Modells bezieht die Zielfunktion ein; dies erfolgt unter Ausnutzung einer speziell entwickelten Modifikation der Indifferenzflächen, die unserer Meinung nach dem Gesetz des Wachstums der Konsumtion entspricht. Eine prinzipielle Besonderheit dieses Modells besteht darin, daß Veränderungen in der Produktionsstruktur des Nettoendprodukts im engen Zusammenhang stehen mit Veränderungen im Konsumtionsniveau, das im Verlaufe der Planungsperiode erzielt wurde, darunter mit Veränderungen der Akkumulationsvolumina von Gütern mit mittlerer und längerer Nutzungsdauer. Diese Faktoren finden keinen und können auch keinen Niederschlag finden in den Berechnungen, in denen das Wachstumstempo der Produktion verschiedener Güter lediglich als von den jährlichen Veränderungen des Gesamtproduktionsvolumens dieser Güter abhängig betrachtet wird. Gegenwärtig ist die vorläufige Erarbeitung und experimentelle Erprobung der Methodik zur Bestimmung der Ausgangsinformation für die Arbeit mit dem Modell abgeschlossen (Methodik zur Bestimmung des Niveaus der vollständigen Sättigung des Bedarfs und des notwendigen minimalen Sättigungsniveaus, der Menge der akkumulierten Güter mit längerer und mittlerer Nutzungsdauer, der Nutzungsfinten dieser Güter usw.). Die Basis für Schlußfolgerungen bezüglich der Möglichkeiten des Überganges zur praktischen Anwendung des Modells ist gegeben.

Anscheinend muß dieses Modell ebenso wie die bereits erwähnten Modelle mit gleichem Aggregationsgrad als Modell zur Erarbeitung der allgemeinen Entwicklungskonzeption der Volkswirtschaft für einer Perspektivzeitraum von 7—10 Jahren in der der Planung vorgelagerten Phase betrachtet werden. Die Zeitspanne ist wiederum hauptsächlich von den Möglichkeiten der Koeffizientenbestimmung abhängig. Die Koeffizientenveränderungen müssen auf hinreichend konkrete Prognosen des technischen Fortschritts nach wichtigen Zweigen basieren. Nicht erarbeitet ist das Problem der Prognostizierung der Veränderungen in den Bedürfnissen der Bevölkerung (gegenwärtig werden die ersten Schritte dazu unternommen). Jedoch wird eine hinreichend große Annäherung der Konsumtion an die Bedürfnisse, die sich zu Beginn einer bestimmten Planungsperiode herausgebildet haben, wie Berechnungen zeigen, in

[4] Die Arbeit wurde von den Mitarbeitern des Instituts für Ökonomie und Organisation der Industrieproduktion der Sibirischen Abteilung der AdW der UdSSR W. N. Pavlov und M. N. Nikitenko durchgeführt.

einem Zeitraum von nicht mehr als 10 Jahren erreicht. Für Zeiträume danach liefert das Modell keine hinreichend begründete Prognose von Strukturveränderungen in der Konsumtion.

Des weiteren erfordert die Anwendung des Modells, *die* Teile des Nettoendprodukts, die der Befriedigung von Bedürfnissen der Bevölkerung dienen, von denen die zur Befriedigung anderer nichtproduktiver Bedürfnisse der Gesellschaft (Staatsapparat, Wissenschaft usw.) bestimmt sind zu trennen. Die Theorie, die dieser Zielfunktion zugrunde liegt, bezieht sich nur auf die Bedürfnisse der Bevölkerung. Die Erarbeitung besonderer Methoden zur Prognose des übrigen Teils der Endproduktion stellt eine der dringendsten Aufgaben zur Weiterentwicklung der dynamischen Verflechtungsmodelle dar.

Die Untersuchungen, die auf die Komplettierung und Vervollständigung des Modellsystems der volkswirtschaftlichen Gesamtplanung ausgerichtet sind, werden fortgeführt.

6. Optimierungsmodell der Rate der produktiven Akkumulation

6.1. Das Modell und seine theoretische Begründung

6.1.1. Allgemeine Fragestellung

Der Umfang der Produktionsressourcen hängt wesentlich von der produktiven Akkumulation ab. Diese Abhängigkeit ist in bestimmtem Sinne widerspruchsvoll: über ein gewisses Minimum hinaus bedeutet Wachstum der Akkumulation zu Beginn der Planperiode Rückgang der Konsumtion, wodurch die Möglichkeit gegeben wird, die Wachstumstempi der Konsumtion in den folgenden Jahren zu erhöhen. Unter den Bedingungen des gegenwärtigen stürmischen technischen Fortschritts gibt es eine Menge unterschiedlicher Varianten der Entwicklung der Produktion, die bei gleichen Ausgangsbedingungen vollkommen verschiedene Tempi und Proportionen zwischen Konsumtion und Akkumulation ergeben. Es ist notwendig, die Verfahren der Auswahl einer gewissen optimalen Variante aus dieser Menge, die Verfahren der Ermittlung der optimalen Akkumulationsrate zu bestimmen.

Die Aufgabe wird noch dadurch komplizierter, daß man in der Realität bei der Bestimmung des Umfanges der Akkumulation nicht nur seinen Einfluß auf das Wachstum des Wohlstandes in verschiedenen Jahren, sondern auch Anforderungen beachten muß, die sich aus dem ökonomischen Wettbewerb zwischen dem kapitalistischen und sozialistischen System ergeben sowie die Notwendigkeit der Festigung der Verteidigungsfähigkeit des sozialistischen Lagers, der Hilfeleistung für Entwicklungsländer u. ä. Weiter nehmen wir an, daß das Ausmaß der Akkumulation, welches in Verbindung mit diesen Anforderungen notwendig ist, im voraus berechnet und in das unbedingt effektive Minimum der Akkumulation einbezogen werden kann.[1]

Bei der Bestimmung der Maßstäbe der Akkumulation für die Planperiode sind theoretisch zwei Extremfälle denkbar. Erstens kann die Akkumulation gleich Null gesetzt werden. Zweitens kann die Gesellschaft das herausgebildete Niveau des Wohlstandes nur aufrechterhalten, ohne es erhöhen zu wollen, und den gesamten Rest der Ressourcen für die Zwecke der Akkumulation verwenden; dann erzielt die Akkumulation ihr absolutes Maximum. Beide

[1] Im weiteren kommen wir darauf nicht mehr zurück und betrachten die Frage der Akkumulation nur in Verbindung mit dem Wachstum des Wohlstandes.

Fälle sind vom Gesichtspunkt des Wachstums des gesellschaftlichen Wohlstandes aus uneffektiv.

Die Erhöhung des Wohlstandes ist nur durch Erweiterung der Produktion möglich, und letztere ist unmöglich ohne Akkumulation. Wenn zu einem gewissen Ausgangszeitpunkt produktiv akkumuliert wird (was dem Wesen des Sozialismus entspricht), *so bringt der Verzicht auf jede Akkumulation in der Planperiode vom Aspekt des Wohlstandes her keinen Effekt, außer Verkürzung des Arbeitstages und entsprechender Vergrößerung der Freizeit.* Jedoch ist das Bedürfnis nach Freizeit nur eines der Bedürfnisse; das Gesetz des Wachstums des Wohlstandes ist hingegen ständige Erhöhung des Niveaus der Befriedigung aller Bedürfnisse. Hierfür muß jährlich die Akkumulation mindestens in einem solchen Umfange realisiert werden, bei dem die maximale sofortige (d. h. in demselben Jahr erreichbare) Erhöhung der Produktion von Konsumgütern gewährleistet werden kann. Ein solcher Umfang der Akkumulation bildet ihr unbedingt effektives und notwendiges Minimum.

Die Frage läuft nun darauf hinaus, ob die Akkumulation ein solches Minimum überschreiten soll, was stets mit dem Verzicht auf eine gewisse unverzügliche Erhöhung des Wohlstandes verbunden ist (das folgt aus der Definition des minimalen Umfangs der Akkumulation selbst).[2] Ein Extremfall der Vergrößerung der Akkumulation über das Minimum hinaus ist der zweite der oben erwähnten Fälle, wenn die Akkumulation ihr Maximum erreicht, aber kein Wachstum des Wohlstandes erfolgt. Dieser Fall ist unter den Bedingungen der normalen Entwicklung der sozialistischen Wirtschaft absolut uneffektiv, denn wenn sich die Akkumulation lange Zeit auf dem Niveau des Maximums hält, so wird ihr Ziel entstellt, sie verwandelt sich in Akkumulation um der Akkumulation willen. Aus dem Gesagten folgt jedoch durchaus nicht, daß die Akkumulation ihr minimales Niveau überhaupt nicht übersteigen darf.

Wenn verschiedene Varianten der Entwicklung der Produktion bei einer Akkumulation, die das unbedingt effektive Minimum übersteigt, bekannt sind, so hängt die Auswahl einer dieser Varianten vom Optimalitätskriterium der Akkumulation ab. Dieses Kriterium kann nicht technisch-ökonomisch bestimmt werden; die Akkumulation ist in Wirklichkeit kein technisches, sondern ein soziales Problem.

6.1.2. Über die Optimalitätskriterien der Akkumulation

Der Umfang der Akkumulation darf nicht bei Anwendung des Nationaleinkommenswachstums als Kriterium optimiert werden. Die Anwendung dieses Kriteriums ist hinlänglich gerechtfertigt, wenn die Akkumulationsrate

[2] Obwohl ein Anwachsen der Akkumulation über das Minimum hinaus erfolgt, findet dabei unvermeidlich ein Verzicht auf gewisse Tendenzen der Akkumulation statt, die im Minimum enthalten sind.

im Nationaleinkommen gegeben ist. Wenn die Akkumulationsrate keine gegebene Größe ist, sondern im Gegenteil die Aufgabe ihrer Bestimmung für die Perspektive steht, führt die Ausnutzung dieses Kriteriums zu fehlerhaften Ergebnissen. Die Geschwindigkeit des gegenwärtigen technischen Fortschritts ist derart, daß die Summe des gesamten Bedarfs an Akkumulationsrichtungen, von denen jede einzelne eine Vergrößerung der Produktion bringt, um vieles größer ist als beliebig vorstellbare Maßstäbe der Akkumulation. Die Ausnutzung des Wachstums des Nationaleinkommens als Kriterium würde zur Schlußfolgerung führen, daß ständige maximale Akkumulation ohne Wachstum der Konsumtion notwendig ist, denn es ist eine Tatsache, daß das Nationaleinkommen um so schneller wächst, je höher der Umfang der Akkumulation ist. Aber eine solche Entwicklung ist, wie schon gesagt, vollkommen uneffektiv.

Zu einer deutlichen Nichtübereinstimmung mit der realen effektiven Entwicklung führt auch das Kriterium des Wachstums der Produktion der Abteilung II. Bei seiner Ausnutzung entsteht die Frage nach der Länge der Periode, in der die erwähnte Kennziffer maximiert wird.

Bei einer kurzen Planperiode fallen aus dem Plan alle Akkumulationen heraus, die außerhalb ihrer Grenzen einen Rückfluß bringen, und das sind gewöhnlich Akkumulationen, die auf tiefgreifende Veränderungen des technischen Niveaus der Produktion gerichtet sind; im Plan bleibt nur ein gewisses Minimum an Akkumulationen übrig, die zur Vollendung früher in Angriff genommener Objekte und zur Verwirklichung anderer Maßnahmen, die einen schnellen Rückfluß zulassen, notwendig sind. Somit strebt in diesem Falle der Umfang der Akkumulation einfach seinem Minimum zu. Bei einer langen Planperiode ist der Verzicht auf jedes Wachstum der Konsumtion zu Beginn der Planperiode unvermeidlich. Da bei Ausnutzung eines solchen Kriteriums bei der Aufstellung des Planes für die darauffolgenden Jahre unvermeidlich dasselbe Ergebnis erzielt wird, bedeutet das in Wirklichkeit Verzicht auf jegliches Wachstum der Konsumtion überhaupt. So bringt auch bei genügend langer Planperiode das Kriterium des Wachstums der Produktion der Abteilung II vollkommen uneffektive Pläne der wirtschaftlichen Entwicklung hervor. Wie zu sehen ist, entsprechen diese Kriterien nicht in genügendem Maße jenen objektiven Gesetzen, die die Akkumulationsrate in Wirklichkeit bestimmen.

Die allgemeine Bedeutung des Problems der Bestimmung der Akkumulationsrate wird in folgenden Worten von Karl Marx aufgedeckt: „Auf Basis gesellschaftlicher Produktion ist zu bestimmen der Maßstab, worin diese Operationen, die während längrer Zeit Arbeitskraft und Produktionsmittel entziehn, ohne während dieser Zeit ein Produkt als Nutzeffekt zu liefern, ausgeführt werden können, ohne die Produktionszweige zu schädigen, die kontinuierlich oder mehrmals während des Jahrs nicht nur Arbeitskraft und Produktionsmittel entziehn, sondern auch Lebensmittel und Produktionsmittel liefern“ [1, S. 358]. Heben wir zwei entscheidende Momente dieser Fragestellung hervor. Erstens spricht Marx von Mitteln, die „für längre Zeit, ein Jahr oder mehr“ [1, S. 317], entzogen werden. In Verbindung damit entsteht die Frage nach der *Gegenüberstellung zeitlich ungleicher Effekte* von Produktionsaufwendungen: Produktionsressourcen können entweder in solchen Richtungen angelegt werden, in denen sie im selben Jahr einen Nutzeffekt bringen, oder aber in solchen, die erst in den darauffolgenden Jahren einen Effekt zeitigen; die Verteilung der Ressourcen zwischen solchen Richtungen hängt offensichtlich von den Ausmaßen des Effekts und den Fristen seiner Erzielung ab.[3] Zweitens spricht Marx von den Maßstäben, d. h. von den Grenzen des Entzugs von Mitteln, und verbindet das mit dem Problem des Schadens, der dem laufenden Wachstum der Produktion von Lebensmitteln durch die Akkumulation zugefügt wird. In Verbindung damit entsteht die Frage nach der Bestimmung der *Angespanntheit* der Akkumulation, die diesen Schaden widerspiegelt.

6.1.3. *Gesellschaftliche Bedeutung des Wohlstandszuwachses und die Zeitdauer seiner Erlangung*

Die Kriterien, die in 6.1.2. dargelegt wurden, sind vor allem deshalb untauglich, da sie den Zeitfaktor beim Wachstum des Wohlstandes nicht beachten, d. h. die Abhängigkeit der objektiven gesellschaftlichen Bedeutung des planmäßigen Wachstums des Wohlstandes von den Fristen zu seiner Erlangung.

Die zusätzlichen Akkumulationen (so nennen wir den Umfang an Akkumulationen, der über das unbedingt effektive Minimum hinausgeht) erweitern die Produktionsressourcen der Gesellschaft, entwickeln die Produktion von Produktionsmitteln, was eine bedeutendere Erhöhung des Wohlstandes in der Zukunft ermöglicht. So läuft die Frage darauf hinaus, ob es vom Standpunkt der Gesetze des Wachstums des Wohlstandes her gerechtfertigt ist, auf einen gewissen Zuwachs an Wohlstand in der Gegenwart um eines höheren Zuwachses in der Zukunft willen zu verzichten.

Zur Beantwortung dieser Frage ist eine Annahme wesentlich, die offensichtlich scheint und sich auf Grund der Erfahrung bestätigt: Unter sonst gleichen Bedingungen *wird ein gewisser Zuwachs an Wohlstand um so schneller erzielt, je effektiver das erfolgt.* Diese Annahme resultiert im Grunde genommen aus dem Ziel der sozialistischen Produktion. Wenn es der Gesellschaft gleichgültig wäre, wann ein Wachstum des Wohlstandes erzielt wird, würde das bedeuten, daß ein solches Wachstum ins Unendliche hinausgeschoben werden kann, d. h. nicht als Ziel der realen Entwicklung der Produktion in der Gegenwart angesehen zu werden braucht.

[3] Richten wir auch Aufmerksamkeit darauf, daß Marx die Frage nach der Akkumulation, die eine Rückerstattung im laufenden Jahr zuläßt, aus der Betrachtung ausschließt. Dem entspricht der Begriff des unbedingt effektiven Minimums der Akkumulation, der oben gegeben wurde.

In diesem Fall tritt die gesellschaftliche Bewertung des planmäßigen Zuwachses des Wohlstandes nicht nur als Funktion des Niveaus der Befriedigung der verschiedenartigen perspektivischen Bedürfnisse auf, sondern auch als Funktion der Fristen zur Erreichung dieses Niveaus. Je kürzer die Zeitspanne, desto höher ist die gesellschaftliche Effektivität der Entwicklung der Produktion, wenn ein und dasselbe Niveau der Befriedigung der perspektivischen Bedürfnisse erreicht wird.

Das Niveau des Wohlstandes hängt von der Masse der Konsumgüter und sein Wachstum von der Veränderung dieser Masse ab. Wenn man mit D die Funktion bezeichnet, die diese Abhängigkeit des Wachstums des Wohlstandes von den Veränderungen der Masse der Konsumgüter widerspiegelt, bedeutet das oben Gesagte, daß die Größe D einen Faktor p besitzen muß, der davon abhängt, in welcher Zeit das gegebene Niveau der Befriedigung der perspektivischen Bedürfnisse erreicht wird [$p = p(t)$]. Wir erhalten eine gesellschaftliche Nutzensfunktion des Zuwachses an Konsumtionsgütern im Perspektivplan (in die Zahl dieser Güter ist auch die Freizeit eingeschlossen): $u = pD$. In ihr ist der Wert des Faktors p desto geringer, je größer die Frist zur Erzielung des Wachstums des Wohlstandes ist, der durch die Größe D widersgespiegelt wird.[4] Für den Anfangszeitpunkt der Planperiode ist $p = 1$. Für die darauffolgenden Momente nimmt man ein monoton fallendes p, bis es gleich Null wird, folglich gilt $0 \leqq p \leqq 1$.

Man muß unterstreichen, daß der Koeffizient p das Sinken der gesellschaftlichen Bewertung *zukünftigen Wohlstandszuwachses* in Abhängigkeit von den Fristen für seine Erzielung *vom Standpunkt eines gewissen Ausgangszeitpunktes* zum Ausdruck bringt. Das ist keineswegs eine Kennziffer des realen Sinkens des gesellschaftlichen Nutzens der Güter in der Zeit (ein solches Fallen geht nicht vonstatten), sondern nur eine Kennziffer des Sinkens der Bewertungen dieser Güter vom Standpunkt eines gewissen gegebenen Zeitpunktes. Folglich kann dieser Koeffizient nur zur Ermittlung der gesellschaftlichen Bewertung verschiedener Planvarianten, aber nicht zur Bewertung der realen Güter ausgenutzt werden.

Aus $u = pD$ folgt, daß vom Standpunkt der gesellschaftlichen Effektivität her *äquivalente, zeitlich verschiedene* Zuwächse an Wohlstand existieren: Verzögerungen des Zuwachses können durch Vergrößerung des Umfangs dieses Zuwachses ausgeglichen werden. Wir berechnen u zum Beispiel für den Fall, wenn die Funktion D den Zuwachs des Umfangs an Konsumgütern in Prozent im Vergleich zu einem gewissen Basisniveau zum Ausdruck bringt und die Größe $D = 1\%$ im Anfangsmoment der Planperiode (d. h. $t = 1$) betrachtet wird. Dann gilt $u = 0{,}01 \cdot p(1) = 0{,}01 \cdot 1 = 0{,}01$. Nehmen wir an, für $t = 2$ sei $p(2) = 0{,}9$. In solchem Fall erweist sich u für $D = 1\%$ als niedriger:

[4] Die Notwendigkeit der Ausnutzung des Faktors p hängt nicht von der konkreten Form der Funktion D ab.

$u = 0{,}01 \cdot p(2) = 0{,}01 \cdot 0{,}9 = 0{,}009$. Wenn jedoch für den Moment $t = 2$ ein Zuwachs der Masse der Konsumgüter um 1,11% betrachtet wird, gilt $u = 0{,}0111 \cdot p(2) = 0{,}0111 \cdot 0{,}9 = 0{,}01$. Somit ist der Zuwachs um 1,11% im zweiten Jahr äquivalent (vom Standpunkt des Anfangszeitpunktes) einem Zuwachs der Größe u um ein Prozent im ersten Jahr. Analog kann das Äquivalent des Zuwachses der Bedürfnisbefriedigung auch für die anderen Momente der Planperiode berechnet werden.

Die Kenntnis solcher Äquivalente kann für die Bewertung der mit der Akkumulation verbundenen Alternativen ausgenutzt werden. Angenommen, wenn die Akkumulation im Anfangsjahr ($t = 1$) der Planperiode gleich dem Minimum ist, so wird in diesem Jahr eine Vergrößerung der Masse der Konsumtionsgüter um 0,1 erzielt.[5] Es werde eine gewisse zusätzliche Akkumulation im ersten Jahr betrachtet, als deren Ergebnis das Niveau der Befriedigung der perspektivischen Bedürfnisse auf 0,09 sinkt. Der Unterschied beträgt 0,01. Nehmen wir an, daß die Erzielung dieser Größe um ein Jahr verschoben wird. In diesem Fall wird ihre gesellschaftliche Bewertung, wie wir gesehen haben, gleich 0,009 sein. Somit beträgt der Verlust an gesellschaftlichem Nutzen (λ_i) 0,001. Wenn die zusätzlichen Akkumulationen, die im ersten Jahr durchgeführt wurden, im zweiten Jahr einen Zuwachs von D um 0,111% erbringen, so gleicht vom Standpunkt des ersten Jahres ein solcher Zuwachs die erwähnte Verzögerung aus: $0{,}00111 \cdot 0{,}9 = 0{,}001$. In diesem Fall ist es vom gesellschaftlichen Standpunkt aus gleich, ob zusätzliche Akkumulationen realisiert werden oder nicht. Wenn aber diese Akkumulationen im zweiten Jahr einen größeren Zuwachs der Funktion D als um 0,00111 erbringen, so gleichen sie die Verzögerung des Konsumtionszuwachses mit einem Überschuß aus und bringen folglich einen zusätzlichen Effekt. Zum Beispiel erhöhe sich die Größe D dank des betrachteten Akkumulationszuwachses im zweiten Jahr zusätzlich um 0,005. Der gesellschaftliche Nutzen dieser Vergrößerung (μ_i) ist vom Standpunkt des ersten Jahres gleich $0{,}005 \cdot 0{,}9 = 0{,}0045$. Somit führt die Realisierung der gegebenen Akkumulationstendenz einerseits zu einem Verlust an gesellschaftlichem Nutzen um 0,001 und andererseits zur Erzielung eines zusätzlichen gesellschaftlichen Nutzens in Höhe von 0,0045.

Der Effektivitätskoeffizient (ε_i) einer gewissen Maßnahme i kann als Verhältnis des erzielten zusätzlichen Effekts zum Verlust an Effekt errechnet werden: $\varepsilon_i = \frac{\mu_i}{\lambda_i}$. Im gegebenen Fall ist dieser Koeffizient gleich $\frac{0{,}0045}{0{,}001} = 4{,}5$. *Effektiv* sind alle Akkumulationsmaßnahmen, bei denen $\mu_i > \lambda_i$, d. h. $\varepsilon_i > 1$; bei $\varepsilon_i = 1$ ist eine gewisse Maßnahme i nicht effektiv, aber auch nicht uneffektiv, und von diesem Standpunkt ist es gleich, ob man sie realisiert oder

[5] Das bedeutet nicht, daß das gesamte Minimum der Akkumulation zur Sicherung des erwähnten Wachstums des Wohlstandes ausgenutzt wird. Teilweise kann es auf andere Ziele gerichtet sein.

nicht. So kann die Effektivität einer beliebigen Reihe von Maßnahmen zur zusätzlichen Akkumulation berechnet werden. Es entsteht die Frage: Sollen alle effektiven Akkumulationsmaßnahmen realisiert werden?

6.1.4. Die Höhe des Wohlstandszuwachses im Planjahr und die Angespanntheit der Akkumulation

Es sei erwähnt, daß der Bedarf an Mitteln aus dem Akkumulationsfonds für alle effektiven Maßnahmen sogar den maximalen Umfang dieses Fonds bedeutend übersteigen kann. Alles hängt davon ab, wie intensiv der technische Fortschritt realisiert wird. Unter den gegenwärtigen Bedingungen ist die Zahl der Tendenzen des technischen Fortschritts, von denen jede an und für sich sehr effektiv ist, schon so groß geworden, daß zur Verwirklichung aller dieser Tendenzen die Akkumulationsressourcen offensichtlich nicht ausreichen. Folglich ist eine weitere Auswahl der Akkumulationsvarianten notwendig: Unter allen effektiven Tendenzen muß ein gewisser Teil zur Realisierung ausgewählt werden. Wie soll diese Auswahl vorgenommen werden?

Es wäre falsch, sich einen gewissen Umfang an zusätzlichen Akkumulationen vorzunehmen und im Rahmen der so gegebenen Ressourcen die effektivste Tendenz auszuwählen. Denn die Aufgabe besteht gerade darin, den Umfang der zusätzlichen Akkumulationen zu bestimmen.

Man muß die Aufmerksamkeit darauf richten, daß der Koeffizient p nicht alle Erscheinungen widerspiegelt, die mit der Verzögerung des Konsumtionszuwachses, die durch zusätzliche Akkumulationen hervorgerufen werden, verbunden sind. Je größer der Umfang dieses Akkumulationen, desto größer ist der Verzicht der Gesellschaft auf unverzügliche Erhöhung ihres Wohlstandes. Im Grenzfall, wenn der Umfang der Akkumulation das Maximum erreicht, bedeutet das den vollständigen Verzicht auf Wachstum des Wohlstandes um der Akkumulation willen. Eine solche Entwicklung der Produktion ist unter den Bedingungen des Sozialismus absolut uneffektiv. Aber in dem Maße, wie der Umfang der Akkumulation anwächst, nähert sie sich allmählich dieser Schranke. Das bedeutet, daß eine Erhöhung der *Angespanntheit* der Akkumulation vor sich geht.[6] *Je größer der Verzicht der Gesellschaft auf Wohlstandszuwachs ist, weil sie akkumuliert, desto angespannter wird die Realisierung dieser Akkumulationen.*

Diese Erscheinung muß bei der Bestimmung des optimalen Verhältnisses zwischen Konsumtion und Akkumulation berücksichtigt werden. Je größer die Intensität der Akkumulation, desto höheren Effektivitätsanforderungen

[6] Diese Erscheinung zeigt sich insbesondere darin, daß bei übermäßigem Wachstum der Akkumulation die materiellen Stimuli zur Vervollkommnung der Produktion sinken, und in Verbindung damit auch die Akkumulationsmaßnahmen nicht den Effekt bringen, den man erwartet hat.

muß jede Akkumulationsmaßnahme entsprechen. Es wurde gesagt, daß alle Akkumulationstendenzen, für die $\varepsilon_i > 1$ ist, effektiv sind. Aber als *hinreichend effektiv* dürfen nur solche Tendenzen bezeichnet werden, deren Effektivität größer ist als ein gewisses Minimum, das sich mit dem Wachstum des Umfangs der Akkumulation erhöht. Dieses Effektivitätsminimum sei mit dem Koeffizienten der Akkumulationsangespanntheit s ausgedrückt, der eine wachsende Funktion des Umfangs der Ressourcen I_p ist, die für die Akkumulation bereitgestellt werden: $s = s(I_p)$, $\frac{ds}{dI_p} > 0$. In diesem Fall wird die Forderung nach hinreichender Effektivität durch die Ungleichung $\varepsilon_i > s(I_p)$ ausgedrückt.

Der Koeffizient s kann nicht kleiner Eins sein. Nur unter der Bedingung, daß $\varepsilon_i > 1$, wird die entsprechende Tendenz überhaupt als effektiv anerkannt, gar nicht zu sprechen von der hinreichenden Effektivität. Und das bedeutet, daß $s^{\min} = 1$ ist. Diese minimale Größe, laut Definition des Koeffizienten s, entspricht dem minimalen Umfang der Akkumulation. Dem Maximum der Akkumulation entspricht ein gewisser Koeffizient $s^{\max}$. Die Bestimmung der Größe $s^{\max}$ basiert auf der oben gegebenen Charakterisierung des Maximums der Akkumulation. Wie effektiv diese oder jene Maßnahmen auch sein mögen, wenn die Akkumulation ihr Maximum erreicht, ist sie vom gesellschaftlichen Standpunkt aus absolut uneffektiv. Folglich müssen bei $s^{\max}$ alle Tendenzen der Akkumulation, die über dem Minimum liegen, ungenügend effektiv werden.[7] Deshalb muß $s^{\max}$ gleich dem Effektivitätskoeffizienten der effektivsten Tendenz der zusätzlichen Akkumulationen $s^{\max} = \max_i \varepsilon_i$ sein. Für $s = s^{\max}$ entspricht keine der Akkumulationstendenzen, die über dem Minimum liegen, der Forderung $\varepsilon_i > s(I)$, und deshalb wird keine von ihnen realisiert. Dadurch wird garantiert, daß die Akkumulation niemals ihr Maximum erreicht, keine Akkumulation um ihrer selbst willen stattfindet.

Somit gilt $1 \leqq s \leqq s^{\max}$. Dabei bringt das Wachstum des Koeffizienten s die Vergrößerung des Umfangs der Ressourcen (I_p), die von der Gesellschaft für Zwecke der Akkumulation bereitgestellt werden, zum Ausdruck. Gleichzeitig, je höher s ist, für eine um so kleinere Zahl von Tendenzen ist die Forderung $\varepsilon_i > s(I_p)$ erfüllt; somit verringert sich der Bedarf (I_π) an Akkumulationsressourcen beim Wachsen von s.

Das Optimum der Akkumulation wird bei einem solchen Wert von s erreicht, dem die Bilanz der Akkumulationsressourcen und des hinreichend effektiven Bedarfs an Akkumulationen entspricht. Tatsächlich, wenn die Akkumulationsressourcen niedriger sind als der hinreichend effektive Bedarf an Akkumulation, so wird der Bedarf nicht aller Tendenzen befriedigt, für die $\varepsilon_i > s(I_p)$ ist, folglich wird der maximale gesellschaftliche Effekt der Akkumulation nicht erzielt.

[7] Aber eben nur bei $s^{\max}$. Es wäre falsch, daß alle Tendenzen, die über dem Minimum liegen, ungenügend effektiv werden bei $s < s^{\max}$, d. h. bei $s(I_p)$, wenn $I_p < I_p^{\max}$.

Deshalb darf der Umfang der Akkumulation nicht kleiner sein als der hinreichend effektive Bedarf an Akkumulation. Gleichzeitig darf er auch nicht größer sein: Eine weitere Erhöhung des Umfangs der Ressourcen ist verbunden mit der Erhöhung des Koeffizienten s, und im Ergebnis dessen fällt ein Teil des Bedarfs an Akkumulation weg. Infolgedessen findet ein Teil der bereitgestellten Ressourcen keine hinreichend effektive Verwendung.

Bei einem Koeffizienten s, der der Gleichheit der Ressourcen und des Bedarfs an Akkumulation entspricht, wird das effektive Maximum der Akkumulation erzielt, d. h. ein solcher realer Umfang der Akkumulation, der einen maximalen gesellschaftlichen Effekt gewährleistet. Das bedeutet auch, daß bei gegebenem s das Optimum der Akkumulation erreicht wird.

6.1.5. Das Modell

Schreiben wir das ermittelte Ergebnis in Form eines Optimierungsmodells der Akkumulation. Der reale Umfang an Akkumulation soll mit I bezeichnet werden, der Umfang des Bedarfs an Akkumulation, der unter Berücksichtigung der Koeffizienten p und s hinreichend effektiv ist, mit I_π, der Umfang der gesellschaftlichen Akkumulationsressourcen mit I_p. Dann besteht die Zielfunktion des Modells in der Maximierung des Umfangs der hinreichend effektiven Akkumulationen.

$$I \to \max; \tag{25}$$

$$I \leqq I_\pi(s). \tag{26}$$

Der Umfang der Akkumulation kann den Umfang der Ressourcen nicht übersteigen:

$$I \leqq I_p(s). \tag{27}$$

Da $\frac{dI_\pi}{ds} < 0$ und $\frac{dI_p}{ds} > 0$, ist offensichtlich, daß I das Maximum erreicht, wenn $I_\pi = I_p$. Daraus folgt für das Optimum:

$$I^0 = I^0_\pi = I^0_p. \tag{28}$$

Dieses Modell kann zur Optimierung des Umfangs der Akkumulation bei beliebiger Art und Weise der Berechnung der Größen p, ε, s, I_π, I_p usw. sowie der Informationsgewinnung über die Akkumulationstendenzen dienen. Im weiteren wird eine mögliche Art der Informationsgewinnung beschrieben, und danach wird das Modell gemäß dieser Information konkretisiert. In dem Maße, wie zur praktischen Realisierung komplizierterer volkswirtschaftlicher Modelle, die in expliziter Form den Investitionslag, die Abhängigkeit der materiellen und Arbeitsaufwendungen von dem Ausmaß der Akkumulation u. ä. widerspiegeln, und auch zu stochastischen volkswirtschaftlichen Verflechtungsmodellen übergegangen wird, zeigt sich die Möglichkeit der immer genaueren Bestimmung der Ausgangsinformation zur Berechnung der optimalen Akkumulationsrate.

6.2. *Gewinnung der Ausgangsinformation über die Entwicklungsvarianten der Volkswirtschaft*

Das minimale und maximale Niveau der Akkumulation und auch die Entwicklungsvarianten der Volkswirtschaft innerhalb dieser Schranken können mit Hilfe des dynamischen Verflechtungsmodells, das in Kapitel 1 betrachtet wurde, berechnet werden.

Der Gesamtumfang der Akkumulation in der Volkswirtschaft setzt sich aus der Akkumulation der Grundfonds und der Akkumulation der materiellen Umlauffonds und Reserven zusammen. Bis jetzt sind von der inhaltlichen Seite her die Fragen nach der Art und Weise der Veränderung der Umschlagsgeschwindigkeit der Umlaufmittel auf volkswirtschaftlicher Ebene, nach den damit verbundenen Aufwendungen und Auswirkungen auf die sich ergebenden ökonomischen Kennziffern kaum ausgearbeitet: Die Vorräte an diesen Mitteln werden noch nicht einmal als Beschränkungen in der dynamischen Verflechtungsbilanz betrachtet. Aus diesen Gründen können wir keine Methoden zur Optimierung der Akkumulation der Umlaufmittel vorschlagen und beschränken uns hier im wesentlichen nur auf eine Methodik der Optimierung der Akkumulation der Produktionsgrundfonds.[8]

Es gibt einige Verfahren der Variation des Umfangs der Akkumulation in einem einzelnen Jahr auf der Grundlage der Berechnungen nach dem gegebenen Modell. Betrachten wir eines der möglichen Verfahren, das auf der Ausnutzung der Variante des dynamischen Verflechtungsmodells mit Beschränkung der Elektroenergie beruht. Die Information über die Größen p, ε, s erhält man im Laufe der Verarbeitung der Daten über die Varianten.

6.2.1. *Verfahren der Veränderung der Rate der produktiven Akkumulation der Grundfonds*[9]

In der dynamischen Verflechtungsbilanz wird die Veränderung der produktiven Akkumulation der Grundfonds durch die Veränderung des Umfangs der vorgegebenen Produktion zu produktiven Zwecken (Elektroenergie) erreicht.

[8] Dabei wird die Akkumulation der Umlaufmittel in Abhängigkeit von der Akkumulation der Grundfonds variiert (wegen der Strukturveränderungen in der Wirtschaft), aber nur in engen Grenzen.

[9] In 6.2.1. wird das Verfahren der Veränderung der Größen y_i dargelegt, die, wie aus dem Modell ersichtlich, nicht nur die Akkumulation der fungierenden Produktionsgrundfonds, sondern auch den Zuwachs an unvollendeten Investitionen zur Schaffung solcher Fonds enthalten. Die Akkumulation der fungierenden Fonds bildet die Größe $l_i y_i$; jedoch wird bei gegebenen l_i die Größe $l_i y_i$ durch die Größe y_i bestimmt.

Das gegebene Verfahren beruht auf folgender Wirkung des Modells. Es sei eine gewisse Ausgangsvariante mit bestimmtem Umfang der vorgegebenen Produktion P_3 nach Jahren berechnet und der ihr eigene Umfang an Akkumulation ermittelt worden. Wenn man jetzt in einem gewissen Jahr einen vergrößerten Umfang der erwähnten Produktion vorgibt, so entsteht bei Beibehaltung der früheren Koeffizienten der Fondsintensität und der Materialintensität der Produktion dieses Zweiges die Notwendigkeit der Vergrößerung der Fonds des gegebenen Zweiges und der Vergrößerung des Verbrauchs verschiedener Produktionsmittel durch diesen Zweig. Das alles ruft ein Wachstum der Produktion von Produktionsmitteln für die Produktion von Produktionsmitteln hervor, da der betrachtete Zweig selbst zur Abteilung I gehört. Und je mehr sich der vorgegebene Produktionsumfang vergrößert, desto höher erweisen sich unter sonst gleichen Bedingungen die Wachstumstempi der Produktion von Produktionsmitteln für die Produktion von Produktionsmitteln und deshalb auch die Wachstumstempi der produktiven Akkumulation. Wenn man dagegen in einem gewissen Jahr den Umfang der vorgegebenen Produktion senkt, verringert sich auch der Umfang der Akkumulation in der Volkswirtschaft entsprechend.

Der betrachtete Effekt spiegelt die realen Wechselbeziehungen in der Volkswirtschaft wider. Die Erhöhung des Maßstabs der Akkumulation erfordert ein verstärktes Wachstum der Produktion von Produktionsmitteln generell und der Elektroenergieerzeugung zur produktiven Nutzung speziell.

Bis jetzt wurden noch keine Methoden zur Bestimmung der Veränderung des Umfangs der Akkumulation bei gegebener Veränderung des Produktionsumfangs einer einzelnen Art von Produktionsmitteln ohne Berechnung der entsprechenden Variante auf einer EDVA entwickelt. Deshalb ist die Reihenfolge der Arbeiten am Modell zur Ermittlung des gegebenen Akkumulationsumfangs an Grundfonds wie folgt bestimmt. Zuerst wird auf einer EDVA eine gewisse Ausgangsvariante mit ersten Näherungswerten P_3 berechnet. Bis dahin brauchen die Größen y_i nicht bekannt zu sein. Nach Ermittlung der Ausgangsvariante sind sie bekannt. Wenn es notwendig ist, für irgendein Jahr den Maßstab der Akkumulation der Grundfonds zu vergrößern, erhöht sich für dieses Jahr P_3, wenn die Akkumulation verringert werden muß, verringert sich P_3. Solche Veränderungen der gegebenen P_3 werden so lange durchgeführt, bis die erforderliche Variante des Umfangs der Akkumulation ermittelt ist.

6.2.2. *Allgemeine Anforderungen an die Entwicklungsvarianten der Volkswirtschaft, auf deren Grundlage die Akkumulationsrate bestimmt wird*

Zur Bestimmung der Akkumulationsrate müssen die Varianten, die sich voneinander nach dieser Größe unterscheiden, die Möglichkeiten bieten, die volkswirtschaftlichen Auswirkungen dieser Unterschiede zu bestimmen. Da hier die mit den äußeren Bedingungen der wirtschaftlichen Entwicklung verbundenen Veränderungen der Akkumulationsrate nicht betrachtet werden, laufen diese Auswirkungen auf Veränderungen des Umfangs der Produktion zu Konsumtionszwecken hinaus. Wenn das Minimum der Akkumulation ermittelt wurde, hat die Vergrößerung der Akkumulation über das Minimum hinaus zweierlei Wirkungen: erstens Verringerung des Umfangs der Produktion zu Konsumtionszwecken in dem Jahr, in dem das Wachstum der Akkumulation vor sich geht; zweitens Vergrößerung des Umfangs dieser Produktion in den folgenden Jahren.

Eine notwendige Forderung an das Modell, auf dessen Grundlage die Entwicklungsvarianten der Volkswirtschaft berechnet werden, besteht darin, daß man mit seiner Hilfe alle diese Folgen quantitativ bestimmen kann.

Dabei wird die Realisierung des Prinzips der kontinuierlichen Planung vorausgesetzt. Das bedeutet, daß die Berechnung der Akkumulationsrate nacheinander für die Jahre der Planperiode vorgenommen wird und für jedes Jahr die Akkumulationsrate unter Berücksichtigung der gleichzeitigen wie auch der nachfolgenden Einwirkungen ihrer Veränderung auf das Wachstum der Produktion zu Konsumtionszwecken bestimmt werden muß. Das Modell muß die Möglichkeit bieten, alle diese Einwirkungen der Veränderungen der Akkumulationsrate auf den Produktionsumfang zu Konsumtionszwecken zu verfolgen.

Die Realisierung dieser Forderung stößt auf folgende wesentliche Schwierigkeiten. Wir bezeichnen das Jahr, für das die Akkumulationsrate bestimmt wird, als Planjahr. In diesem Fall ist es notwendig, den Einfluß dieser Rate auf den Umfang an Konsumtionsgütern im *Planjahr* und in den *Folgejahren* zu verfolgen. Aber der Produktionsumfang in den Folgejahren hängt von der Akkumulationsrate für diese Jahre ab. Hieraus folgt die Forderung nach Hypothesen, auf deren Grundlage Variationen der Akkumulationsrate des Planjahres durchgeführt werden: Für jede Variante dieser Rate müssen Größen der Akkumulationsraten der Folgejahre festgesetzt werden. Das Modell muß die Möglichkeit der Realisierung solcher Hypothesen über die Dynamik der Akkumulationsrate bieten.

Dabei kann die Bestimmung der Akkumulationsraten für die Folgejahre im Prinzip nicht exakt sein. Wenn die Akkumulationsrate für ein gewisses Jahr der Planperiode bestimmt werden soll, kann die Akkumulationsrate für die Folgejahre erst recht nicht bekannt sein und muß bestimmt werden; bis zur Bestimmung kann man die Akkumulationsrate für die Folgejahre nur als ungefähre Hypothese angeben. Es entsteht die Frage nach dem Einfluß solcher Hypothesen auf die Bestimmung der Akkumulationsrate für das Planjahr. Der Sinn dieser Frage besteht darin, inwieweit die Akkumulationsrate des Planjahres von der Variation der Akkumulationsraten der Folgejahre abhängt. Die Beantwortung dieser Frage verlangt die Überprüfung der Stabilität der Akkumulationsrate des Planjahres bei erwähnter Variation. Das Modell muß die Verwirklichung dieser Überprüfung zulassen.

6.2.3. *Die Berechnung von Entwicklungsvarianten mit Hilfe des dynamischen Verflechtungsmodells der Volkswirtschaft*

Untersuchen wir, wie die oben formulierten Forderungen mit Hilfe des dynamischen Verflechtungsmodells erfüllt werden können.

Der Einfluß der Veränderungen der Akkumulationsrate auf den Umfang der Produktion der Abteilung II im Planjahr zeigt sich bei Berechnungen nach dem dynamischen Modell: Jede Vergrößerung des Umfangs der Akkumulation um eine gewisse Größe bedeutet Verringerung des Umfangs der Produktion der Abteilung II, und Verringerung des Umfangs der Akkumulation bedeutet Vergrößerung der Produktion der Abteilung II.[10]

Die Veränderung des Konsumtionsfonds, ausgedrückt in Millionen Rubel, kann sich nach ihrer absoluten Höhe als größer oder geringer als die durch sie hervorgerufene Veränderung der produktiven Akkumulation erweisen. Das hängt von den konkreten Besonderheiten der Ausgangsinformation des Modells (den Koeffizienten $\bar{a}_{ij}$, b_{ij}, den gegebenen Strukturveränderungen der Produktion der Abteilung II bei Veränderung ihres Gesamtumfangs) ab. Es kann sich sogar erweisen, daß sich die betrachteten Veränderungen ihrer absoluten Höhe nach unbedeutend unterscheiden. Später werden konkrete Berechnungen angeführt, in denen sich zeigt, daß in einem gewissen Planjahr die Vergrößerung der Akkumulation um 1 Milliarde Rubel ein systematisch geringeres Absinken der Produktion der Abteilung II als um 1 Milliarde Rubel erbringt, und deshalb erweist es sich, daß das Wachstum der Akkumulationsrate in diesem Jahr mit der Gesamtvergrößerung des Nationaleinkommens in demselben Jahr verbunden ist: Zwischen den extremen Varianten wächst das Nationaleinkommen nicht mehr als um 2%.

Der Einfluß der Veränderungen der Akkumulationsrate auf den Umfang der Produktion der Abteilung II in den Folgejahren erscheint dadurch, daß die Veränderungen des Umfangs der Akkumulation im Planjahr verbunden sind, erstens, mit der Veränderung der Beschränkungen der produktiven Nutzung der Elektroenergie für die Folgejahre und, zweitens, mit der Veränderung der Masse der produktiven Fonds, die auf die Folgejahre übergehen.

Entsprechend den Bedingungen der dynamischen Bilanz muß bei gegebenen Koeffizienten der Elektroenergieintensität der Produktion $\bar{a}_{3j}$ die Vergrößerung von P_3 von selbst zur Vergrößerung des Umfangs der Produktion $x_{j(i)}$ führen,

[10] Wie man aus der Beschreibung der Skala der Wachstumstempi der Produktion der Abteilung II (vgl. 1.) ersehen kann, ist die Variation des Gesamttempos des Zuwachses der Produktion der Abteilung II in der dynamischen Bilanz mit den Veränderungen der Struktur dieses Zuwachses verbunden, über welche Daten außerhalb des Modells erarbeitet und in das Modell eingegeben werden müssen. Wenn die Skala hinreichend fundiert ist, werden so die Veränderungen des Umfangs der Produktion der Abteilung II, die durch Veränderungen der Akkumulationsrate hervorgerufen werden, mit den notwendigen Strukturveränderungen verwirklicht.

wobei die Vergrößerung von x_i nicht nur mit dem Wachstum des Ersatzfonds, sondern auch mit dem Wachstum des Nationaleinkommens (d. h. $\sum_i (y_i + z_i)$ verbunden sein muß. Bereits im Planjahr werden zusätzliche Fonds für die zusätzliche Produktion von P_3 geschaffen. Im weiteren tritt diese vergrößerte Beschränkung nur noch mit einer ihrer Seiten auf: Sie bietet die Möglichkeit, generell mehr Erzeugnisse zu produzieren, speziell ein größeres Nationaleinkommen.

Oben (vgl. 6.2.2.) wurde über die Notwendigkeit gesprochen, für jede Akkumulationsrate des Planjahres eine Hypothese über die Akkumulationsrate der Folgejahre anzugeben. Gewöhnlich darf diese Hypothese nicht dazu führen, daß der ganze zusätzliche Zuwachs des Nationaleinkommens der Folgejahre, der durch den Zuwachs der Akkumulationsrate im Planjahr hervorgerufen wird, zur zusätzlichen Vergrößerung der Akkumulation genutzt wird; ein Teil von ihm bleibt für die Vergrößerung der Konsumtion. Das wird durch die Schaffung von zusätzlichen Fonds F_i im Planjahr erleichtert, was unter sonst gleichen Bedingungen den Bedarf an Akkumulationen in den Folgejahren senkt. Deshalb bietet das Modell die Möglichkeit zu bestimmen, welches zusätzliche Wachstum der Produktion der Abteilung II (und nicht nur des Nationaleinkommens insgesamt) in der Zukunft von der Vergrößerung der Akkumulation im Planjahr erbracht wird.

Jedoch kann man sehen, daß das nicht nur vom Umfang der zusätzlichen Akkumulation des Planjahres abhängt, sondern auch von der Hypothese der Akkumulationsraten der Folgejahre. Aber diese Raten kann man nach demselben Verfahren variieren wie im Planjahr und den Einfluß solcher Variationen auf die Akkumulationsrate des Planjahres überprüfen.

Zur Bestimmung des minimalen, maximalen und der dazwischen liegenden Höhen des Akkumulation des Planjahres wird die Berechnung von Varianten der Akkumulationsrate des Planjahres in folgender Reihenfolge durchgeführt.

Zu Beginn wird eine Ausgangsvariante berechnet, die einer gewissen Hypothese über die Größe der Akkumulationsrate des Planjahres, die man vor Beginn der Berechnungen annimmt, entspricht. So werden alle weiteren Berechnungen auf die Überprüfung der Richtigkeit dieser Hypothese und die Präzisierung der Akkumulationsrate gerichtet.

Zur Bestimmung des unbedingt effektiven Minimums der Akkumulation wird folgendes Vorgehen gewählt. Die Wachstumstempi der Produktion der Erzeugnisse P_3 im Planjahr werden verringert (z. B. von Variante zu Variante um 0,5%), was zu einer Verringerung der Akkumulationsrate führt; wobei die Wachstumstempi von P_3 für die Folgejahre so festgelegt werden, daß in jeder Variante die für sie angegebene Hypothese über die Akkumulationsrate der Folgejahre realisiert wird.[11] Diese Prozedur wird so lange fortgesetzt, bis er-

[11] Wenn im weiteren die Überprüfung der Stabilität der Akkumulationsrate des Planjahres in Abhängigkeit von den Veränderungen der Akkumulationsrate der Folge-

reicht wird, daß es in den Folgejahren nicht gelingt, den Produktionsumfang beizubehalten, der im Planjahr erreicht wird (entweder nach der absoluten Höhe oder — was offensichtlich genauer ist — nach der Berechnung pro Kopf der Bevölkerung). Es wird eine Variante[12] gesucht, bei der die Produktionsmaßstäbe der Abteilung II in den Folgejahren zumindest im Vergleich zum Planjahr nicht zurückgehen; eine weitere Verringerung des Akkumulationsumfangs im Planjahr ist unzulässig, da die ökonomischen Gesetze zumindest die Aufrechterhaltung eines einmal erreichten Konsumtionsniveaus der Mitglieder der Gesellschaft erfordern. In dieser Variante wird ein Akkumulationsumfang ermittelt, der dem oben formulierten Begriff des unbedingt effektiven Minimums entspricht.[13]

Wenn bei den Berechnungen die Größe der Produktion der Abteilung II, die mit den äußeren Entwicklungsbedingungen der sozialistischen Wirtschaft verbunden ist, vorgegeben ist, so muß bei der Durchführung des betrachteten Verfahrens nicht der Gesamtumfang der Produktion der Abteilung II, sondern nur der Umfang jenes Teils gesteuert werden, der für die inneren Konsumtionszwecke bestimmt ist.

Das Verfahren der Ermittlung des maximalen Umfangs der Akkumulation ist im wesentlichen analog. Von der Ausgangsvariante wird eine schrittweise Erhöhung der Wachstumstempi von P_3 des Planjahres durchgeführt, was das Wachstum der Akkumulation zur Folge hat, und zwar so lange, bis sich die Produktion von Konsumgütern verringert, in diesem Falle — im Planjahr im

jahre gemeint ist, so sinken die Forderungen nach Genauigkeit der Realisierung der gegebenen Hypothese über die Akkumulationsraten der Folgejahre; trotzdem wird diese Hypothese als eine mögliche an einer gewissen „Gabelung" angesehen.

[12] Es sei bemerkt, daß diese Variante eine Veränderung des Wachstumstempos der Elektroenergie im Vergleich mit der vorangegangenen Variante nicht genau um die angenommene Größe erfordern kann (z. B. um 0,5%, sondern um mehr oder weniger).

[13] Genau genommen ist die Aufrechterhaltung des im vorangegangenen Jahr erreichten Umfangs an Konsumtion pro Kopf der Bevölkerung bei geringerem Umfang der Akkumulation im Planjahr möglich. Es handelt sich darum, daß im vorangegangenen Jahr die Akkumulation von langlebigen Konsumgütern vonstatten ging, während zur Aufrechterhaltung des erreichten Lebensstandards im Planjahr die Sicherung des Ersatzes der ausgesonderten langlebigen Konsumgüter ausreicht. Deshalb ist es notwendig, ein Wachstum zu erreichen, das dem Wachstum der Bevölkerung entspricht, aber nicht im Vergleich zum Konsumtionsfonds des vorangegangenen Jahres, sondern im Vergleich zur Höhe dieses Fonds, die nach Abzug der Akkumulation langlebiger Güter übrigbleibt. Jedoch ist die Bestimmung des Umfangs der Akkumulation dieser Güter bei der bestehenden statistischen Rechnungsführung überaus schwer, und deshalb kann als minimaler Konsumtionsfonds des Planjahres der im Text erwähnte Fonds angenommen werden. Wir bemerken weiter, daß wir den Begriff des Konsumtionsfonds nicht in seiner verbreiteten Bedeutung (als Fonds der laufenden Konsumtion) gebrauchen, sondern im Sinne eines Fonds, der alle neu erzeugten Konsumtionsmittel einschließt (d. h. als Synonym für die Produktion der Abteilung II).

Tabelle 21: Konsumtionsfonds und Akkumulationsfonds nach Varianten, Millionen Rubel

Nr. der Jahre											
Variante	Vorjahr	Planjahr	Folgejahre								
	0	1	2	3	4	5	6	7	8	9	10
Konsumtionsfonds											
1	274945	307006	310333	329154	351199	374682	399318	424366	449572	475083	500177
2	274945	306521	310670	329565	351632	375201	399841	424871	450149	475670	500889
3	274945	304821	311902	331142	353720	377490	402285	427580	452934	478616	503907
4	274945	303862	313413	333417	355890	379875	404733	430125	455583	481390	506763
5	274945	302260	314920	335494	358172	382366	407371	432967	458572	484515	509981
6	274945	300668	316285	337345	360226	384630	409728	435335	461061	487140	512759
7	274945	299090	317014	338879	362088	388474	408192	436537	463649	489954	515990
8	274945	297493	317725	340549	364002	388945	414394	440553	466633	493052	519046
9	274945	296059	317959	341503	365233	390383	415956	442374	468598	495187	521500
10	274945	294752	318147	342512	366409	391772	417427	443923	470217	496927	523262
11	274945	293349	318568	343354	367423	392935	418629	445211	471601	498356	524760
12	274945	291610	318661	343797	367871	393483	419274	445950	472335	499230	525611
13	274945	289951	318866	344340	368487	394231	420044	446818	473208	500190	526728
14	274945	287852	318943	344900	369180	395026	421002	447920	474569	501697	528426
15	274945	285537	318699	345104	369448	395485	421493	448534	475282	502506	529547
16	274945	283231	318472	345364	369738	395917	422000	449145	476056	503375	530667
17	274945	280589	317937	345255	369682	395921	422081	449454	476421	503929	531346
18	274945	277785	317612	345502	370047	396400	422716	450171	477307	504963	532729

Tabelle 21: (Fortsetzuug)

Nr. der Variante	Jahre										
	Vorjahr	Planjahr	Folgejahre								
	0	1	2	3	4	5	6	7	8	9	10
Akkumulationsfonds											
1	77613	64870	81001	88989	95658	102358	109041	116104	123518	131324	140249
2	77613	65313	81182	89090	95739	102460	109099	116196	123628	131467	140329
3	77613	68334	81205	89523	96268	102852	109606	116659	124138	131948	140942
4	77613	69588	82553	89871	96638	103151	109949	117005	124540	132371	141350
5	77613	71982	83334	90305	97125	103490	110560	117456	125082	132904	141981
6	77613	74348	83388	90608	97565	103933	110863	117884	125545	133421	142477
7	77613	76730	85222	91319	98233	101736	113881	119710	126451	134506	143348
8	77613	79125	86645	91995	98999	105138	112286	119213	127018	134884	144106
9	77613	81319	87888	92693	99679	105750	113025	119918	127785	135763	144844
10	77613	83394	89091	93223	100260	106213	113565	120460	128409	136329	145570
11	77613	85449	89908	93627	100740	106583	114016	120917	128952	136869	146176
12	77613	87463	90619	93988	101252	107026	114540	121441	129529	137460	146926
13	77613	89487	91364	94380	101753	107479	115090	121922	130172	138134	147527
14	77613	92012	92383	94996	102476	108151	119894	122724	131045	139013	148510
15	77613	94423	93298	95534	103166	108742	116591	123425	131820	139918	149307
16	77613	96849	94232	96035	103812	109366	117305	124191	132603	140772	150150
17	77613	99184	99150	96570	104466	110007	118073	124898	133487	141636	151105
18	77613	102086	96289	97218	105286	110741	418361	547097	954725	1014702	1082880

Vergleich zum Basisjahr. In der Grenzvariante erhält man einen Akkumulationsumfang, der dem oben formulierten Begriff des maximalen Umfangs entspricht.

Insgesamt ergibt das System der dargelegten Berechnungen eine Serie von Varianten, in denen sich die Akkumulationsrate des Planjahres ständig vom Minimum zum Maximum verändert, wobei der Einfluß dieser Veränderungen auf die Produktion zu Konsumtionszwecken sowohl im Planjahr, als auch in den Folgejahren aufgedeckt wird. Als Beispiel einer solchen Serie wird die Tabelle 21 angeführt. Der minimale Akkumulationsfonds des Planjahres entspricht der Variante 1 und der maximale der Variante 21.

Wir bemerken, daß die Daten über die Höhe des Akkumulationsfonds in der Tabelle nur Illustrationszwecken dienen. Zur Auswahl des geplanten Umfangs muß man unter den ermittelten Varianten der Veränderung der Produktion der Abteilung II die effektivste aussuchen: Als Umfang der Akkumulation des Planjahres wird dabei der dieser Variante entsprechende Umfang bestimmt. Deshalb werden alle weiteren Berechnungen nur mit den Daten der Tabelle 21, die die Veränderungen der Produktion der Abteilung II (des Konsumtionsfonds) nach Jahren charakterisieren, durchgeführt.

Mit der Ermittlung einer solchen Tabelle ist die Vorbereitung der Ausgangsdaten über die Entwicklungsvarianten der Volkswirtschaft beendet.

6.2.4. Ergänzende Bemerkungen

Wie bereits gesagt, hängt die Ausnutzung des Modells zur Bestimmung der Rate der produktiven Akkumulation als solche nicht von der Art und Weise der Bestimmung der Ausgangsinformation ab. Man muß stets eine Tabelle ermitteln, die die Abhängigkeit der Veränderungen des Konsumtionsfonds in der Entwicklung von der Veränderung des Akkumulationsfonds im Planjahr charakterisiert. Die Tabelle 21 ist die einfachste Variante einer solchen Tabelle, und sie selbst wurde auf der Grundlage von Vereinfachungen aufgestellt, die aus den Besonderheiten der dynamischen Verflechtungsbilanz resultieren.

Das oben beschriebene Verfahren der Ermittlung der Tabelle 21 basiert auf Abstraktion von einer Reihe wesentlicher realer Verhältnisse. So kann das Wachstum der Akkumulation als Quelle von Mitteln zur Veränderung der Koeffizienten des direkten Material- und Arbeitsaufwandes, der Fondsintensität der Produktion u. ä. angesehen werden. Auf die Koeffizienten müssen sich auch die Strukturveränderungen in der Produktion auswirken. Verschiedene Akkumulationstendenzen sind mit unterschiedlichen Realisierungsfristen verbunden. Aber alle diese Abhängigkeiten werden bisher noch nicht in der dynamischen Verflechtungsbilanz und deshalb auch nicht in den Berechnungen zur Ermittlung der Entwicklungsvarianten der Volkswirtschaft widergespiegelt, die in diesem Kapitel beschrieben werden.

In Kapitel 1 wurde erwähnt, daß es unter den Koeffizienten $\bar{a}_{ij}$ in der dynamischen Verflechtungsbilanz solche gibt, die die Aussonderung von produktiven Grundfonds (bezogen auf eine Einheit der Produktion) widerspiegeln. Der Umfang der Aussonderung ist gewöhnlich geringer als die Höhe der Amortisationen zur Erneuerung, und die Differenz bildet den Teil der Amortisationen, der als Quelle des Zuwachses an Grundfonds dient; eine solche Quelle kann auch ein Teil der Amortisationen für Generalreparaturen sein. Deshalb darf bei Ausnutzung des Modells der Zuwachs an produktiven Grundfonds und ihre Akkumulation nicht identifiziert werden; zur Bestimmung der letztgenannten Größe sind Berechnungen außerhalb des Modells notwendig, die mit der Berücksichtigung des Fondszuwachses auf Kosten der Amortisationen verbunden sind. Bei der Bestimmung des Akkumulationsumfangs in Tabelle 21 wurden solche Berechnungen angestellt. Sie werden hier nicht erklärt, da im weiteren am Modell zur Bestimmung der Akkumulationsrate nur mit den Daten über den Konsumtionsfonds gearbeitet wird, und auf letztere wirken sich die erwähnten Besonderheiten in keiner Weise aus.

6.3. *Bestimmung der Akkumulationsrate*

Das Verfahren zur Auswahl der optimalen Variante weist folgende Züge auf.

6.3.1. *Berechnung der Veränderungen des Zuwachses des Konsumtionsfonds nach Jahren*

Die Varianten sind nun nach wachsendem Umfang der Akkumulation des Planjahres angeordnet, wobei in der ersten Variante das Minimum dieser Größe angegeben ist. Die zweite Variante unterscheidet sich von der ersten durch ein gewisses Wachstum der Akkumulation bei entsprechender Verringerung des Konsumtionsfonds des Planjahres; dafür erweist sich der Konsumtionsfonds in den Folgejahren höher als in der ersten Variante, was ein Effekt der Vergrößerung der Akkumulation im Planjahr ist. Die dritte Variante unterscheidet sich in gleicher Weise von der zweiten usw. Man muß beachten, daß der Zuwachs der Konsumtion in den Folgejahren nicht nur von der Akkumulation des Planjahres, sondern auch von der Akkumulation der Folgejahre hervorgerufen wird. Der Effekt der zusätzlichen Akkumulation, die im Planjahr realisiert wird, besteht nicht im Zuwachs des Konsumtionsfonds der Folgejahre an und für sich, sondern in der Vergrößerung dieses Zuwachses (d. h. in den Differenzen dieses Zuwachses zwischen den aufeinanderfolgenden Varianten, die sich durch die Höhe der Akkumulation im Planjahr unterscheiden).

Wir führen folgende Bezeichnungen ein:

t — Index des Jahres der Planperiode ($t = 0$ — Vorjahr, $t = 1$ — Planjahr, $t > 1$ — Folgejahre);

Tabelle 22: Zuwachs des Konsumtionsfonds, Millionen Rubel

Nr. der Variante	Jahre									
	Plan-jahr	Folgejahre								
	1	2	3	4	5	6	7	8	9	10
1	32061	3327	18821	22045	23483	24636	25048	25206	15511	25094
2	31576	3969	18895	22067	23569	24640	25030	25278	25521	25219
3	29876	7081	19240	22578	23770	24795	25295	25354	25682	25291
4	28917	9551	20004	22473	23985	24858	25392	25458	25807	25373
5	27315	12660	20574	22678	24194	25005	25596	25605	25943	25466
6	25727	15617	21060	22881	24404	25098	25657	25676	26079	25619
7	24145	17924	21865	23209	26386	19718	28395	27062	26305	26036
8	22548	20232	22824	23453	24943	25449	26159	26080	26419	25994
9	21114	21900	23544	23730	25150	25573	26418	26224	26589	26313
10	19807	23395	24336	23896	25363	25655	26496	26294	26710	26335
11	18404	25219	24787	24068	25512	25695	26581	26390	26755	26404
12	16665	27051	25136	24074	25612	25791	26676	26385	26895	26381
13	15006	28915	25474	24147	25744	25813	26774	26390	26982	26538
14	12907	31091	25957	24280	25846	25976	26918	26649	27128	26729
15	10589	33162	26405	24344	26037	26008	27041	26748	27224	27041
16	8268	35259	26892	24374	26179	26083	27145	26911	27319	27292
17	5644	37348	27318	24427	26239	26160	27373	26967	27508	27417
18	2840	39827	27890	24545	26353	26316	27455	27136	27656	27766

i — Index der Entwicklungsvariante der Volkswirtschaft ($i = 1(1)\,N$);
c_{it} — Umfang des Konsumtionsfonds nach der Variante i im Jahre t;
Δc_{it} — Zuwachs des Konsumtionsfonds nach der Variante i im Jahre t im Vergleich zum Jahre $t - 1$;
g_{it} — Veränderung von Δc_{it} der Variante i im Vergleich zur Variante $(i - 1)$ im Jahre t.

Zuerst werden für $t > 0$ die Größen Δc_{it} bestimmt:

$$\Delta c_{it} = c_{it} - c_{i,t-1}. \tag{29}$$

In unserem Beispiel sind die Δc_{it} in Tabelle 22 dargestellt. Danach werden für $i > 1$ die g_{it} berechnet:

$$g_{it} = \Delta c_{it} - \Delta c_{i-1,t}. \tag{30}$$

Im Beispiel vgl. Tabelle 23.

Tabelle 23: Veränderung des Zuwachses des Konsumtionsfonds, Millionen Rubel

Nr. der Variante	Jahre									
	Planjahr	Folgejahre								
	1	2	3	4	5	6	7	8	9	10
2	−485	642	74	−22	86	4	−18	72	10	125
3	−1700	3112	345	511	201	155	265	76	161	72
4	−959	2470	764	−99	215	63	97	104	125	82
5	−1602	3109	570	205	209	147	204	147	136	93
6	−1588	2957	486	203	210	93	61	71	136	153
7	−1582	2307	805	328	1982	−5380	2738	1386	226	417
8	−1597	2308	959	244	−1443	5731	−2236	−982	114	−42
9	−1434	1668	720	277	207	124	259	144	170	319
10	−1307	1495	822	166	213	82	78	70	121	22
11	−1403	1824	421	172	149	40	85	96	45	69
12	−1739	1832	349	6	100	96	95	−5	140	−23
13	−1659	1864	338	73	132	22	98	5	87	157
14	−2099	2176	483	133	102	163	144	259	146	191
15	−2318	2071	448	64	191	223	123	99	96	312
16	−2321	2097	487	30	142	75	144	163	95	251
17	−2624	2089	426	53	60	77	228	56	189	125
18	−2804	2479	572	118	232	156	82	169	148	349

6.3.2. Besonderheiten der Akkumulationsrichtungen, die mit Hilfe der dynamischen Verflechtungsbilanz ermittelt wurden

Den Begriff „Variante“ verwenden wir bezüglich einer Reihe von Größen des Konsumtionsfonds nach Jahren, wie sie in Tabelle 21 enthalten sind. Die Varianten unterscheiden sich voneinander durch schrittweise Einbeziehung immer weiterer neuer Akkumulationstendenzen, die im Planjahr möglich sind. Kennziffern der unterschiedlichen Tendenzen sind die Größen g_{it}, d. h. die Charakteristika der Auswirkungen der Realisierung von zusätzlichen Akkumulationen im Planjahr. Deshalb ist der Index der Tendenz jener, der dem Index i in einer gewissen Zeitreihe der Größen g_{it} (d. h. derselben Zeile in der Tabelle 23) entspricht. So haben die Tendenzen denselben Index i wie die Varianten, aber $i = 2(2)\,N$.

Wir konstatieren die Charakterzüge der so gebildeten Akkumulationstendenzen.

Erstens ist jede Tendenz hoch aggregiert und stellt einen Komplex von Maßnahmen zur Akkumulation dar, die in unterschiedlichen Zweigen durchgeführt werden. Man könnte gemäß jeder dieser Tendenz ihre Struktur aufzeigen, d. h. das Ausmaß der zusätzlichen Akkumulation nach Zweigen. Doch zum Zweck der Auswahl der optimalen Kombination von Akkumulation und Konsumtion reicht es, jeden Komplex nach seinen Endergebnis, den Veränderungen des Zuwachses des Konsumtionsfonds in verschiedenen Jahren, zu charakterisieren.

Zweitens schließt jede Tendenz Maßnahmen ein, deren Rückerstattung in Form der Vergrößerung des Zuwachses des Konsumtionsfonds in verschiedenen Jahren erreicht wird. Das entspricht der Tatsache, daß verschiedene Akkumulationsmaßnahmen unterschiedliche Fristen zu ihrer Realisierung erfordern. Natürlich können Maßnahmen mit verschiedener Zeitdauer in Wirklichkeit voneinander getrennt werden, während sie in den ermittelten Tendenzen als unteilbar dargestellt sind. Jedoch kann man sie bei Ausnutzung des gegebenen Modells, in dem der Lag der Realisierung der Akkumulationsmaßnahmen nicht in expliziter Form vorliegt, nicht voneinander trennen. Das engt die Möglichkeiten der Optimierung etwas ein, die es nicht zuläßt, innerhalb einer gewissen Tendenz der Akkumulation auf Maßnahmen zu verzichten, die aus irgendeinem Grunde als zu langwierig erkannt werden. Ungeachtet dessen bleibt das Optimierungsproblem, speziell die Optimierung unter Berücksichtigung nicht nur der unmittelbaren, sondern auch der relativ fern liegenden Ergebnisse der Akkumulation, bestehen.

Drittens kann jede folgende Tendenz nicht ohne Verwirklichung der vorhergehenden verwirklicht werden. Das grenzt die Alternativmöglichkeiten der Tendenzen ein: Obwohl das Problem darin besteht, welche dieser Tendenzen als die dem Optimum entsprechenden anerkannt und in den Plan aufgenommen und welche aus dem Plan ausgeschlossen werden sollen (und eine solche Alternative gibt es in bezug auf jede Tendenz), bedeutet jedoch eine positive Entscheidung dieses Problems in bezug auf eine gewisse nachfolgende Tendenz unbedingt, daß es positiv in Beziehung auf alle vorhergehenden entschieden wurde. Dieser Mangel kann nur bei Ausnutzung eines Modells, dessen Ausgangsdaten in expliziter Form verschiedene alternative Maßnahmen der Akkumulation darstellen, beseitigt werden. Übrigens muß man bemerken, daß auch unter realen Maßnahmen teilweise eine solche Verbindung existiert, so daß die Realisierung einer gewissen Maßnahme *C* nicht möglich ist ohne Verwirklichung der Maßnahmen *A* und *B*, obwohl die letzteren realisiert werden können ohne Verwirklichung der Maßnahme *C*.

Viertens werden nur solche Tendenzen vorgeschlagen, für deren Realisierung sich im Planjahr Ressourcen vorfinden (der Bedarf der vorliegenden Tendenzen an Mitteln aus dem Akkumulationsfonds liegt im Rahmen seines maximalen Umfangs). Diese Besonderheit folgt aus dem Verfahren, mit dessen Hilfe die verschiedenen Varianten ermittelt wurden. In Wirklichkeit liegt der Bedarf aller technisch möglichen Tendenzen an Akkumulationsmitteln um vieles über dem Maximum an Ressourcen.

Nebenbei muß erwähnt werden, daß man auch mit dem oben dargelegten Verfahren Tendenzen ermitteln kann, die über den Rahmen der Akkumulationsressourcen hinausgehen, wenn man die Rechnung der Varianten mit wachsender Akkumulationsrate nach Bestimmung ihres maximal zulässigen Umfangs fortführt.

6.3.3. Bestimmung der Dauer der Planperiode

Die Analyse der Varianten ermöglicht die Bestimmung der Dauer der Periode, in deren Verlauf die Folgen der Veränderungen der Akkumulationsrate des Planjahres berücksichtigt werden müssen. In Tabelle 21 wurde die Periode auf zehn Jahre beschränkt, ohne daß erklärt wurde, warum.

Das Prinzip der Bestimmung der Planperiode folgt aus dem allgemeinen Prinzip der Kontinuität der Planung, auf dem die gegebene Methodik beruht. Alle wesentlichen Folgen der Veränderung der Akkumulationsrate des Planjahres müssen berücksichtigt werden; gleichzeitig können auf die Akkumulationsrate des Planjahres die Kennziffern der Entwicklung der Volkswirtschaft für die Jahre nicht einwirken, in denen sich die Folgen der Veränderung der Akkumulationsrate des Planjahres bereits nicht mehr zeigen. So wird die Planperiode durch die Anzahl der Jahre bestimmt, in denen sich die Veränderung der Akkumulationsrate des Planjahres wesentlich zeigt.

Dabei muß ein Kriterium bestimmt werden, nach dem der wesentliche Einfluß der Veränderung der Akkumulationsrate vom unwesentlichen getrennt wird. Folgendes Merkmal kann vorgeschlagen werden: Wenn sich in einem gewissen Jahre t zeigt, daß $\max\limits_{i} \frac{g_{it}}{c_{it}} \leqq 0{,}01$ ist, so braucht dieses Jahr nicht in die Planperiode einbezogen zu werden; das ist natürlich begründet, weil solche Veränderungen des Zuwachses des Konsumtionsfonds außerhalb der Genauigkeitsgrenze der Modellberechnungen liegen. Eben dieses Merkmal wurde in unseren illustrativen Berechnungen ausgenutzt.

In Verbindung damit sei bemerkt, daß in den illustrativen Berechnungen (und das wird durch eine Reihe anderer Berechnungsserien bestätigt) jede Akkumulationstendenz dadurch gekennzeichnet ist, daß das Ausmaß der Vergrößerung des Zuwachses des Konsumtionsfonds im Maße der Vergrößerung der Zeitdauer zu seiner Erzielung rapid nachläßt. Das entspricht der Realität, in der beliebige Akkumulationsmaßnahmen, die in einem gewissen Jahr realisiert werden, einen Endtermin (der gegenwärtig nicht über 10—15 Jahre hinausgeht) ihrer Verwirklichung haben, wobei der Bedarf an Investitionen mit besonders langer Realisierungsdauer relativ gering ist; deshalb sind auch die absoluten Ausmaße des Effekts dieser Investitionen klein.

6.3.4. *Bestimmung der Effektivitätskennziffern der Akkumulation nach Richtungen*

Das Ziel, um dessenwillen die zusätzliche Akkumulation erfolgt, ist die Vergrößerung des Konsumtionsfonds. Vom Standpunkt der Erreichung dieses Ziels ist das Minimum an Akkumulationen (Variante 1) unbedingt effektiv. Die Aufgabe besteht in der Bestimmung und der Auswahl des Zuwachses an Akkumulationen für den Plan über das Minimum hinaus. Jeder Zuwachs bringt in verschiedenen Jahren Effekt, und zum Vergleich verschiedener Effekte ist es notwendig, sie auf ein und dieselbe Periode zurückzuführen. Diese Zurückführung erfolgt mit Hilfe der Wichtungsfunktion $p(t)$. Es wird angenommen, daß die gesellschaftliche Bewertung des Akkumulationseffekts gleich Null ist, wenn eine gewisse Grenzdauer überschritten ist.

Die Berechnung von $p(t)$ kann nach der Formel

$$p(t) = 1 - \alpha(t - 1) \qquad (31)^{14}$$

erfolgen, wobei α der konstante Koeffizient der jährlichen Verringerung der gesellschaftlichen Bewertung der Einheit des Zuwachses des Konsumtionsfonds im Vergleich mit ihrer Bewertung im Anfangsjahr der Planperiode ($\alpha = \frac{1}{l}$, l — Länge der äußersten Frist der Rückerstattung der Akkumulation) ist.

Es wird vorgeschlagen, den äußersten Termin, entsprechend dem die gesellschaftliche Bewertung des Akkumulationseffekts gleich Null wird, ausgehend von der maximalen Frist zur Erzielung dieses Effekts, zu bestimmen, die sich unter den gegebenen Reproduktionsbedingungen als notwendig erweist. Die Berechnungen haben gezeigt, daß zur Erzielung des Effekts, der als wesentlich akzeptiert wird, nicht mehr als 9—10 Jahre erforderlich sind. In diesem Fall muß die gesellschaftliche Bewertung des Akkumulationseffekts angefangen vom 11ten Jahre gleich Null sein. Folglich ist für diesen Fall $\alpha = 0{,}1$. Die entsprechenden Größen $p(t)$ werden in Tabelle 24 angegeben.

Tabelle 24: Die Koeffizienten der gesellschaftlichen Bewertung der physischen Einheit des Zuwachses an Gütern

t	1	2	3	4	5	6	7	8	9	10	11
$p(t)$	1,0	0,9	0,8	0,7	0,6	0,5	0,4	0,3	0,2	0,1	0,0

Der Koeffizient α muß vor allem zur Bewertung der ökonomischen Bedeutung des Aufschubs des Konsumtionswachstums, der durch Vergrößerung der Akkumulation über das Minimum hinaus im Planjahr hervorgerufen wird,

[14] Die Formel beruht auf der Annahme einer linearen Veränderung von $p(t)$.

ausgenutzt werden. Dazu muß für jede Tendenz i festgestellt werden, auf welche Zeit das Konsumtionswachstum hinausgeschoben wird. Das wird durch Bestimmung der Minimalzahl von Jahren τ erreicht, in deren Verlauf die Ungleichung

$$\sum_{t \geqq 1}^{\tau} |g_{it}| \geqq 0 \qquad (32)$$

gilt.

Zeigen wir das an einem Beispiel. Wir vergleichen die Spalten 1 und 2 in Tabelle 23. In der Regel ist der positive Zuwachs im zweiten Jahr dem absoluten Betrag nach höher als der negative Zuwachs im ersten Jahr; in diesen Fällen wird der Zuwachs des Konsumtionsfonds um ein Jahr hinausgeschoben (zur Vereinfachung der Berechnungen benutzen wir keine Bruchteile von Jahren). In einigen Fällen jedoch ist der positive Zuwachs im zweiten Jahr etwas kleiner als der negative Zuwachs im ersten, folglich wird der Zuwachs des Konsumtionsfonds teilweise um zwei Jahre und nach einer der Varianten um mehr als zwei Jahre hinausgeschoben.

Wir bezeichnen die Frist, um die der Zuwachs des Konsumtionsfonds hinausgeschoben wird, mit j, die Größe des aufgeschobenen Zuwachses mit a_{ij} $\left(|g_{i1}| = \sum_{j=2}^{\tau} a_{ij}\right)$ und das Sinken des Nutzens dieses Zuwachses, das mit der Entfernung des Termins seiner Erzielung verbunden ist, mit λ_i. In diesem Falle wird das Sinken des gesellschaftlichen Nutzens (das jetzt als direkte Kürzung des physischen Umfangs des entsprechenden Zuwachses des Konsumtionsfonds erscheint) nach der Formel

$$\lambda_i = \sum_i a_{ij} \, \alpha \cdot j \qquad (33)$$

bestimmt.

Das Verfahren zur Berechnung von λ_i ist aus Tabelle 25 ersichtlich.

Nach Bestimmung jenes folgenden Zuwachses des Konsumtionsfonds, der nur die Kürzung des Konsumtionsfonds im Planjahr ausgleicht (obendrein mit Verzögerung), muß man den reinen Effekt der zusätzlichen Akkumulation des Planjahres berechnen. Wenden wir uns wieder dem Beispiel zu.

In der Mehrzahl der Varianten übersteigt der physische Umfang des zusätzlichen Zuwachses des Konsumtionsfonds im zweiten, in einigen Fällen im dritten und in einer Variante im fünften Jahr den Umfang seiner Verringerung im Planjahr. Dieser Unterschied bildet zusammen mit dem zusätzlichen Zuwachs des Konsumtionsfonds in den Folgejahren im Grunde genommen den Effekt, um dessentwillen die Akkumulation erfolgt; als solchen Effekt kann man jedoch nicht den zusätzlichen Zuwachs des Konsumtionsfonds ansehen, der dem Umfang nach nur der Verringerung des Konsumtionsfonds im Planjahr gleich ist. Wenn sich die Angelegenheit nur darauf beschränken würde, in der Zukunft das zu erhalten, worauf die Gesellschaft in der Gegenwart ver-

Tabelle 25: Effektivität der Akkumulation

Nr. der Variante, i	Verkürzung des Konsumtionsfonds im Planjahr (Millionen Rubel), a_{ij}	Erzielung eines gleichgroßen Zuwachses des Konsumtionsfonds (Millionen Rubel): zweites Jahr	drittes Jahr	viertes Jahr	fünftes Jahr	Sinken des Nutzens des Zuwachses des Konsumtionsfonds (Millionen Rubel), λ_j	Reiner Akkumulationseffekt nach Jahren (Millionen Rubel), b_{it}: 2	3	4	5	6	7	8	9	10	Reiner Effekt, zurückgeführt auf das Planjahr (Millionen Rubel), μ_i	Effektivität der Akkumulation, ε_i
1	—	—	—	—	—	—	—	—	—	—	—	—	—	—	—	—	—
2	485	485	—			48,5	157	74	22	86	4	—18	72	10	125	287,6	5,93
3	1700	1700	—			170,0	1412	345	511	201	155	265	76	161	72	2270,8	13,36
4	959	959	—			95,9	1511	764	—99	215	63	97	104	125	82	2165,5	22,58
5	1602	1602	—			160,2	1507	570	205	209	147	204	147	136	93	2316,9	14,46
6	1588	1588	—			158,8	1369	486	203	210	93	61	71	136	153	2023,7	12,74
7	1582	1582	—			158,2	725	805	328	1982	—5380	2738	1386	226	417	1623,2	10,26
8	1597	1597	—			159,7	711	959	244	—1443	5731	—2236	—982	114	—42	2407,2	15,07
9	1434	1434	—			143,4	234	720	277	207	124	259	144	170	319	1379,4	9,62
10	1307	1307	—			130,7	188	822	166	213	82	78	70	121	22	1190,4	9,11
11	1403	1403	—			140,3	421	421	172	149	40	85	96	45	69	1024,2	7,30
12	1739	1739	—			173,9	93	349	6	100	96	95	—5	140	-23	537,3	3,09
13	1659	1659	—			165,9	205	338	73	132	22	98	5	87	157	670,0	4,04
14	2099	2099	—			209,9	77	483	133	102	163	144	259	146	191	875,1	4,17
15	2313	2071	247			256,5	—	201	64	191	223	123	99	96	312	561,0	2,19
16	2321	2097	224			234,5	—	263	30	142	75	144	163	95	251	504,7	1,98
17	2624	2089	426	53	56	332,4	—	—	—	4	77	228	56	189	125	199,2	0,60
18	2804	2479	325			312,9	—	247	118	232	156	82	169	148	349	645,4	2,06

zichtet. wäre das offensichtlich eine uneffektive Akkumulation. In Tabelle 25 sind die Größen dieses, jetzt genau errechneten, d. h. reinen Effekts angegeben.

Wir bezeichnen die Größen des reinen Akkumulationseffekts mit b_{it} und dieselben Größen, zurückgeführt auf das Planjahr, mit μ_i. Die Berechnung von μ_i erfolgt nach der Formel

$$\mu_i = \sum_t b_{it} \cdot p_t. \tag{34}$$

Die Effektivität der Akkumulation ε_i wird durch das Verhältnis zwischen dem in ihrem Resultat erlangten zurückgeführten reinen Effekt und der mit ihr verbundenen Verringerung des Nutzens des Konsumtionsfondszuwachses, der im Planjahr hinausgeschoben wurde, ausgedrückt:

$$\varepsilon_i = \frac{\mu_i}{\lambda_i}. \tag{35}$$

Die berechneten Größen ε_i werden in Tabelle 25 angeführt.

6.3.5. *Ergebnisse der Analyse der Effektivitätskennziffern der Akkumulation in einem Illustrationsbeispiel*

Obwohl die von uns durchgeführten Berechnungen illustrativen Charakter tragen, decken sie, wie die Erfahrung anderer Serien zeigt, einige typische Züge der Veränderungen der Effektivitätskennziffern auf. Als solche verdienen sie es, daß sie in der allgemeinen Methodik erwähnt werden, da ihre Kenntnis zum besseren Verstehen der ökonomischen Bedeutung des hier dargelegten Verfahrens der Bestimmung der Akkumulationsrate beiträgt. Folgende charakteristische Besonderheiten der ermittelten Effektivitätskennziffern lassen sich hervorheben.

Erstens erweisen sich die Tendenzen als hocheffektiv: Der zurückgeführte reine Effekt übertrifft mehrmals die Verringerung des gesellschaftlichen Nutzens, die mit der Verzögerung der Vergrößerung des Konsumtionsfonds verbunden ist.

Zweitens unterscheiden sich verschiedene Tendenzen bedeutend hinsichtlich ihrer Effektivität, was dem realen Sachverhalt in der Volkswirtschaft entspricht.

Drittens ist die Veränderung von ε_i beim Übergang von der ersten Akkumulationstendenz zu den folgenden nicht monoton; am Anfang wächst ε_i, danach fällt es, nachher wächst es wieder usw. Diese Besonderheit der ermittelten Tendenz entspricht im allgemeinen ebenfalls der Realität: Es wurde schon gesagt, daß die Realisierung einer gewissen Maßnahme als Vorbedingung die Realisierung anderer einschließt, und es kann sich erweisen, daß die folgenden Maßnahmen effektiver als die vorangegangenen sind (aber es kann sich auch erweisen, daß sie weniger effektiv sind). Im ganzen ist es natürlich für ein und dasselbe Jahr richtig, daß die Tendenz zum Sinken der Effektivität der Einheit der Akkumulation in dem Maße, wie ihr Umfang wächst, existiert, und diese Tendenz kann deutlich an den ermittelten Varianten verfolgt werden.

Wenn man jede Akkumulationstendenz, bei der der reine Effekt die Verringerung des Nutzens übersteigt, die durch die Verzögerung der Vergrößerung des Konsumtionsfonds hervorgerufen wird ($\varepsilon_i > 1$), als eine den Anforderungen des Optimums entsprechende ansieht, so müssen, mit einer Ausnahme, alle ermittelten Akkumulationstendenzen in den optimalen Plan eingehen. In diesem Fall fände im Planjahr keine Vergrößerung der Pro-Kopf-Höhe des Konsumtionsfonds statt, da die Akkumulation ihren maximal zulässigen Umfang, die absolute Grenze erreichen würde. Wir bemerken, daß es keine Gründe dafür gibt, in den Folgejahren ein Sinken der Effektivität der Akkumulation zu erwarten. In diesem Falle müßte die Akkumulation auch in der Zukunft ihr Maximum und die Pro-Kopf-Höhe des Konsumtionsfonds Stabilität erreichen. Das würde aber bedeuten, daß der Effekt, um dessentwillen die Akkumulation realisiert wird, niemals erreicht werden würde; im Gegenteil, es würde im Grunde genommen Akkumulation um der Akkumulation willen bedeuten. So bestätigen die experimentellen Berechnungen die oben gezogene Schlußfolgerung, daß die Akkumulationseinheit mit einem Faktor zu betrachten ist, der den Angespanntheitskoeffizienten darstellt.

6.3.6. *Bestimmung komplexer Akkumulationsrichtungen*

Für weitere Berechnungen muß man die ermittelten Akkumulationstendenzen zu Komplexen zusammenfassen, die sich dadurch auszeichnen, daß die Größe ε beim Übergang von jedem vorangegangenen Komplex zum folgenden nicht wächst. Im Prinzip kann sich erweisen, daß dieses Ziel nicht erreichbar ist, da alle Tendenzen einen einheitlichen Komplex bilden. Jedoch entstehen in realen Berechnungen, wie die Erfahrung zeigt, unbedingt einige komplexe Tendenzen. Zu Komplexen müsssen die aufeinanderfolgenden Tendenzen zusammengefaßt werden, wenn — und solange, wie — das Hinzufügen der folgenden Tendenz zur vorangegangenen zur Vergrößerung des Effektivitätskoeffizienten ε führt.

Die Bildung der Komplexe veranschaulicht Tabelle 26.

6.3.7. *Bestimmung der Angespanntheitskennziffern der Akkumulation*

Wir erinnern daran, daß $s^{\min} = 1$ und $s^{\max} = \max_i \varepsilon_i$ gilt. Wir präzisieren, daß dabei die komplexen Akkumulationstendenzen berücksichtigt werden müssen.

Wenn wir ihre Indizes mit i_k bezeichnen, so gilt

$$s^{\max} = \max_{i_k} \varepsilon_{i_k}. \tag{36}$$

In den illustrativen Berechnungen ist $s^{\max} = 15{,}03$ (vgl. Tabelle 26).

Tabelle 26: Bestimmung der optimalen Variante

Nr. der Variante	Verringerung des Konsumtionsfonds im Planjahr, Millionen Rubel	Akkumulations-effektivität	Nr. der komplexen Varianten	Verringerung des Konsumtionsfonds im Planjahr, Millionen Rubel	Akkumulations-effektivität	Angespanntheit der Akkumulation
1	—	—	1_K	—	—	1,00
2	485	5,93				1,23
3	1700	13,36	2_K	3144	15,03	2,05
4	959	22,58				2,51
5	1602	14,46	3_K	1602	14,46	3,28
6	1588	12,74	4_K	1588	12,74	4,04
7	1582	10,26	5_K	3179	12,68	4,80
8	1597	15,07				5,57
9	1434	9,62	6_K	1434	9,62	6,25
10	1307	9,11	7_K	1307	9,11	6,88
Insgesamt im optimalen Plan	12254	12,78	—	12254	12,78	6,88
11	1403	7,30	8_K	1403	7,30	7,56
12	1739	3,09				8,39
13	1659	4,04	9_K	5497	3,73	9,17
14	2099	4,17				10,19
15	2313	2,19	10_K	2313	2,19	11,30
16	2321	1,98	11_K	2321	1,98	12,42
17	2624	0,60	12_K	5428	1,31	13,68
18	2804	2,06			1,31	15,03

Man kann annehmen, daß sich der Koeffizient s zwischen seinen Randwerten linear verändert:

$$s(I_p) = 1 + (I_p - I_p^{\min})\,\gamma, \tag{37}$$

wobei $I_p^{\min} \leqq I_p \leqq I_p^{\max}$.

In diesem Falle muß zur Bestimmung der Angespanntheit eines beliebigen Umfangs an Akkumulation, der über das Minimum hinausgeht, der lineare Koeffizient γ bekannt sein. Er wird nach der Formel

$$\gamma = \frac{s^{\max} - s^{\min}}{I_p^{\max} - I_p^{\min}} \tag{38}$$

berechnet. Für das Illustrationsbeispiel ist $\gamma = \frac{15{,}03 - 1}{29216} = 0{,}00048$. Die Veränderung der Angespanntheit nach dieser Regel wird in Spalte 7 von Tabelle 26 gezeigt.

6.3.8. *Bestimmung des optimalen Akkumulationsplanes*

Die Akkumulation darf im optimalen Plan nur nach hinreichend effektiven Tendenzen verwirklicht werden. Diese Forderung wird durch die Ungleichung

$$\varepsilon_{i_k} \geqq s(I_p^0) \tag{39}$$

ausgedrückt, wo durch den oberen Index die Effektivität der komplexen Tendenz gekennzeichnet wird, wenn sie in den optimalen Plan aufgenommen wird; I_p^0 ist der Umfang der Akkumulationsressourcen im optimalen Plan, wobei vorausgesetzt wird, daß $\varepsilon_{i_k} > s(I_p^0)$ wenigstens für ein k gelte. Bei den oben erwähnten Besonderheiten der Ausgangsinformation können verschiedene Tendenzen nur in der streng gegebenen Reihenfolge, beginnend mit der ersten, in den optimalen Plan aufgenommen werden. Das Berechnungsverfahren kann man leicht an Hand von Tabelle 26 verfolgen.

Alle Tendenzen sind zu Komplexen zusammengefaßt, von denen jeder folgende weniger effektiv ist als der vorangegangene. Ihre schrittweise Einbeziehung in den Plan erhöht seine Angespanntheit. Letztere verändere sich linear (Spalte 7 der Tabelle 26). In diesem Fall wird die Forderung (39) nur bis Tendenz 7_K einschließlich eingehalten: ihre Effektivitätskennziffer ist gleich 9,11 und die Angespanntheit der Akkumulation bei ihrer Einbeziehung in den Plan gleich 6,88. Man kann sich leicht davon überzeugen, daß man aus den außerhalb des Planes bleibenden Tendenzen keine Komplexe bilden kann, bei deren Einbeziehung in den Plan die erwähnte Forderung erfüllt wäre.[15]

Jetzt kann man erklären, warum empfohlen wurde, die Akkumulationsvarianten mit einer Schrittweite der Wachstumstempi der Größen P_3 von 0 5% zu konstruieren. Je höher die Detailliertheit der Akkumulationstendenzen, um so höher ist unter sonst gleichen Bedingungen die Genauigkeit

[15] Nach einfachen Umformungen kann die Zielfunktion des Modells wie folgt geschrieben werden: $\max_{\Psi} \sum_{i=1}^{\Psi} (\mu_i - s_i\lambda_i)$; wobei Ψ der Index der benachbarten von den nacheinander in den Plan aufgenommenen Tendenzen ist. Dann wird das Optimum folgenderweise gesucht. Es wird der Wert $\sum_{i=1}^{\Psi} (\mu_i - s_i\lambda_i)$ für alle Ψ von 2 bis N berechnet. Danach wird der größte von ihnen ausgewählt, was Ψ^0 fixiert, d. h. den Index der benachbarten Tendenz im optimalen Plan. Die Eleganz dieses Verfahrens besteht darin, daß die Notwendigkeit der Konstruktion von komplexen Tendenzen der zusätzlichen Akkumulation entfällt.

der Bestimmung des optimalen Verhältnisses zwischen Akkumulation und Konsumtion. Jedoch bleiben bei Erhöhung der Detailliertheit der Tendenzen die sonstigen Bedingungen nicht unverändert. Die Ausgangsinfirmationen zur Bestimmung der Effektivität und Abgespanntheit der Tendenzen, und deshalb auch diese Größen selbst, werden mit einem gewissen Fehler berechnet. Es ist sicher, daß die Genauigkeit der Berechnung der Kennziffern der Effektivität und der Angespanntheit der Akkumalation mit der Erhöhung der Detailliertheit der Tendenzen sinkt, was letztlich zur Unbestimmtheit der Auswahl der optimalen Variante unter einigen benachbarten führt. Die Forderungen, die auf Erhöhung der Genauigkeit der optimalen Lösung gerichtet sind, tragen somit widersprüchlichen Charakter. Einerseits muß der Grad der Aggregation der Akkumulationstendenzen verringert und die Zahl der detaillierten Varianten erhöht werden. Andererseits führt die übermäßige Detailliertheit der Varianten zu Unbestimmtheit der Auswahl der optimalen Variante unter einigen benachbarten. In dieser Situation ist es rationell, den unter der Bedingung, daß die wachsende Unbestimmtheit der Werte der Effektivität und Angespanntheit der Akkumulation noch nicht zur Unbestimmtheit der Auswahl der optimalen Variante führt, minimalen Grad der Aggregation der Tendenzen auszuwählen. Die Berechnungen zeigen, daß der rationelle Grad der Aggregation, der in der Differenz der im Planjahr vorgegebenen Tempi des Zuwachses der produktiven Konsumtion von Elektroenergie nach benachbarten Varianten ausgedrückt wird, gleich 0,5% ist.

Mit der Bestimmung der optimalen Variante wird die Lösung der Aufgabe im wesentlichen abgeschlossen. Es ist nur noch festzustellen, welche Akkumulationsrate dieser Variante im Planjahr entspricht. Im Beispiel beträgt der Umfang der Akkumulation (vgl. Variante 10 in Tabelle 21) 83,4 Milliarden Rubel, wobei auf die Akkumulation der Produktionsgrundfonds ein Anteil von 42,8 Milliarden Rubel entfällt. (Die Daten über den Umfang der Akkumulation der Produktionsgrundfonds erhält man auch bei Berechnungen nach dem dynamischen Verflechtungsmodell; sie werden jedoch in den Ausgangstabellen nicht aufgeführt, da sie nicht unmittelbar bei der Auswahl der optimalen Variante beteiligt sind.) Die Produktion der Abteilung II beträgt 294,8 Milliarden Rubel. Die Akkumulationsrate der Produktionsgrundfonds ist gleich 11,3%.

6.3.9. Bestimmung der Akkumulationsrate für eine Folge von Jahren

Das dargelegte Verfahren kann zur Bestimmung der Akkumulationsrate für eine Reihe von Jahren der Planperiode (zum Beispiel für fünf Jahre) ausgenutzt werden, dabei werden nacheinander die Jahresakkumulationsraten, beginnend mit dem ersten Jahr, bestimmt. Bei Bestimmung der Akkumulationsrate für das zweite Jahr bildet das erste das Basisjahr, und für dieses wird die Entwicklungsvariante der Volkswirtschaft in die Berechnung einbezogen, die vorher als optimale ermittelt wurde. Genauso ist bei Berechnung der Akkumulationsrate für das dritte Jahr die optimale Variante des zweiten Jahres die Basis usw. Je weiter entfernt das Jahr ist, für das die Akkumulationsrate berechnet wird, um so weiter wird das Ende der Planperiode hinausgeschoben, in deren Verlauf die Auswirkungen der Veränderungen der Akkumulationsrate berücksichtigt werden (vgl. 6.3.4.).

In der Regel stimmen die Ergebnisse der Berechnungen der Akkumulationsrate für die Folgejahre mit den Hypothesen über diese Raten, die bei der Berechnung der Akkumulationsraten für die vorangegangenen Jahre ausgenutzt wurden, überein. Ob das zur nochmaligen Berechnung der Raten für die vorangegangenen Jahre unter Ausnutzung der fundierten Hypothese führen muß, hängt von der Stabilität der Akkumulationsrate der vorangegangenen Jahre ab. Die Frage der Stabilität der Akkumulationsrate ist Gegenstand spezieller Untersuchungen (vgl. [2]). Alle durchgeführten Berechnungen der Akkumulationsrate wurden auf Abhängigkeit der Ergebnisse der Lösung von der Genauigkeit der Berechnung der Koeffizienten p und s geprüft. Hier werden das Verfahren und detaillierte Ergebnisse dieser Analyse nicht angeführt. Es wird lediglich festgestellt, daß die Analyse eine unbedeutende Abhängigkeit der optimalen Akkumulationsrate von den oben aufgezählten Faktoren zeigt.

7. Die Bestimmung der Effektivitätsnorm für Investitionen auf der Basis volkswirtschaftlicher Modelle

Im weiteren soll untersucht werden, welche Möglichkeiten zur Bestimmung von Effektivitätsnormativen zusätzlicher Investitionen auf der Basis der in dieser Arbeit betrachteten Modelle zur Optimierung des Verhältnisses von Konsumtion und produktiver Akkumulation und auf der Basis der dynamischen Verflechtungsbilanz gegeben sind.

Es werden eine relativ einfache Methode zur Berechnung der Effektivitätsnorm im optimalen Akkumulationsplan und einige Ergebnisse ihrer praktischen Anwendung dargestellt.

7.1. Die Effektivitätsnorm als eine Kenngröße des optimalen Akkumulationsplanes

Zu einem bestimmten Teil verkörpern die produktiven Akkumulationen mit Notwendigkeit neue Produktionskapazitäten. Es wurde vorgeschlagen [1], diesen Teil der produktiven Akkumulation, der unmittelbar das Produktionswachstum sichert, als Akkumulation 2. Art zu kennzeichnen.

Die neu geschaffenen Produktionsmittel müssen durch die Arbeit in Bewegung gesetzt werden. Folglich ist es notwendig, eine Reihe von Maßnahmen zu realisieren, die auf die Erhöhung der Produktivität der gesellschaftlichen Arbeit gerichtet sind. Dadurch wird es möglich, Arbeitskräfte in bereits genutzten Produktionskapazitäten freizusetzen und sie in den neu einzuführenden zu beschäftigen. Es wurde vorgeschlagen [1], solche Akkumulationen, die eine Einsparung des Aufwands an gesellschaftlicher Arbeit (lebendiger und vergegenständlichter) im Rahmen der vorhandenen Produktion gewährleisten, als Akkumulation 1. Art zu bezeichnen.

Da die Bevölkerungszahl und entsprechend die Zahl der Arbeitsfähigen von Jahr zu Jahr wachsen, kann man die prinzipielle Möglichkeit erkennen, die erweiterte Reproduktion mit einem Tempo zu realisieren, das das Wachstumstempo der Bevölkerung übertrifft, ohne dabei Akkumulationen der 1. Art in Anspruch zu nehmen. Das ergibt sich daraus, daß man den gesamten natürlichen Zuwachs an Arbeitskräften in den neuen Produktionskapazitäten einsetzen kann, die auf Grund der hohen technischen Ausstattung die entsprechend den Bedingungen des technischen Fortschritts maximal mögliche Arbeitsproduktivität gewährleisten. Ein solcher Reproduktionstyp ist vorwiegend extensiv und unterscheidet sich vom vorwiegend intensiven Typ, der durch eine Senkung des gesellschaftlichen Arbeitsaufwands für die Produktion im ursprünglichen Maßstab gekennzeichnet ist. Die Tempi rein extensiven Wachstums hängen wesentlich von der natürlichen Erhöhung der Zahl der Arbeitsfähigen und Beschäftigten ab. Sie können keine schnelle Erhöhung des Niveaus des Pro-Kopf-Verbrauches gewährleisten.

Der reale Reproduktionsprozeß trägt Züge sowohl des einen als auch des anderen Weges. Im allgemeinen sind die Akkumulationen 1. Art notwendiger Bestandteil der produktiven Akkumulation. Die Frage nach dem konkreten Verhältnis zwischen Akkumulationen 1. und 2. Art ist in jedem gesonderten Fall ein Moment der allgemeineren Problematik der Akkumulationsoptimierung im Ganzen.

Für den Bau eines neuen Produktionsbetriebes, der auf Grund von Akkumulationen 2. Art realisiert wird, gibt es in der Regel verschiedene Varianten, die sich hinsichtlich der Fondsintensität und der Arbeitsproduktivität unterscheiden. Eine fondsintensivere Variante erfordert höhere Investitionsaufwendungen und sichert eine höhere Arbeitsproduktivität und folglich einen geringeren Bedarf an Arbeitskräften bei gegebener Kapazität. Akkumulationen, die die für die Realisierung der Variante mit geringster Fondsintensität notwendigen Akkumulationen übersteigen, werden als zusätzliche Akkumulationen 2. Art bezeichnet.

Genau wie die Akkumulationen 1. Art sind die zusätzlichen Akkumulationen 2. Art darauf gerichtet, die Produktionsaufwendungen an lebendiger und vergegenständlichter Arbeit in der Volkswirtschaft zu verringern. Diese Gemeinsamkeit gestattet es, die Akkumulationen 1. Art und die zusätzlichen Akkumulationen 2. Art zu vereinen und die gesamten produktiven Akkumulationen in grundlegende und zusätzliche einzuteilen.[1] Die Grundakkumulationen sind für die Schaffung neuer Produktionskapazitäten bei minimaler Fondsintensität vorgesehen. Die Zusatzakkumulationen, die zum Zwecke der Einsparung gesellschaftlicher Arbeitsaufwendungen unter den Bedingungen der erweiterten Reproduktion bereitgestellt werden, versorgen die neu eingeführten Produktionsmittel mit Arbeitskräften.

Die Optimierung der Akkumulation erfordert die Betrachtung ihrer Effektivität. Die absolute Effektivität der produktiven Akkumulation wird durch

[1] In der ökonomischen Literatur zu Problemen der Investitionseffektivität werden die Akkumulationen der 1. Art gewöhnlich nicht speziell betrachtet, weil die zusätzlichen Investitionen in der weit verbreiteten Auffassung nur Zusatzinvestitionen der 2. Art umfassen.

das Verhältnis $\frac{\Delta U(I)}{I}$ des Zuwachses $\Delta U(I)$ der Zielfunktion des volkswirtschaftlichen Perspektivplanes zu den diesen Zuwachs hervorgerufenen Akkumulationsaufwendungen I charakterisiert.[2] Die absolute Grenzeffektivität wird durch die Ableitung $\frac{dU(I)}{dI}$ der Zielfunktion nach dem Umfang der Akkumulation bestimmt. Im Optimalpunkt I^0 ist die absolute Grenzeffektivität der produktiven Akkumulation mit Notwendigkeit gleich Null. Im entgegengesetzten Fall wäre der Plan nicht optimal, da seine weitere Verbesserung durch eine Erhöhung $\left(\frac{dU(I^0)}{dI} > 0\right)$ oder Verringerung $\left(\frac{dU(I^0)}{dI} < 0\right)$ des Akkumulationsumfanges möglich wäre.[3] Für die Optimalität des Planes ist es somit notwendig, daß die absolute Grenzeffektivität gleich Null ist.

Der unmittelbare Effekt zusätzlicher Akkumulationen drückt sich in einer Einsparung des laufenden Aufwandes an gesellschaftlicher Arbeit aus. Ein Effekt der Akkumulationen wird in der Regel nicht sofort erzielt, sondern erst eine gewisse Zeit nach ihrer Realisierung. Dieses Zeitintervall bestimmt die Akkumulationsverzögerung. Als Kenngröße, die bei gegebener Verzögerung die relative Übereinstimmung möglicher Richtungen zusätzlicher Investitionen mit dem Optimum bestimmt, dient ihre relative Effektivität, d. h. das Verhältnis $\frac{\Delta C}{\Delta I}$ der jährlichen Einsparung an gesellschaftlichem Arbeitsaufwand ΔC zu den Arbeitsaufwendungen, die mit jenen zusätzlichen Investitionen ΔI verbunden sind, die diesen Effekt gewährleisten.

Die relative Effektivität zusätzlicher Investitionen weist auf die relative Bevorzugung der einen Richtung gegenüber einer anderen hin, gibt jedoch keine Antwort auf die Frage, ob diese Richtung aus der Sicht des Endziels der produktiven Akkumulation effektiv ist, ob sie absolut effektiv ist. Eine relativ hocheffektive Richtung zusätzlicher Investitionen kann nur dann ein volkswirtschaftliches Resultat erbringen, wenn ihre Realisierung mit Grundinvestitionen verbunden ist, die auf eine Erhöhung der Produktion und der Konsumtion gerichtet sind. Für sich betrachtet sind zusätzliche Investitionen, auch wenn sie eine hohe relative Effektivität aufweisen, ziellos und uneffektiv.

Unter gegebenen Reproduktionsbedingungen werden bei einer Erweiterung des Planes Richtungen mit sinkender relativer Effektivität aufgenommen, so

[2] So betrachtet z. B. Akademiemitglied T. S. Chačaturov als Effektivitätskriterium der Akkumulation das Wachstum des Nationaleinkommens und definiert die absolute Effektivität als Verhältnis des Zuwachses des Nationaleinkommens zu den Investitionsaufwendungen, die diesen Zuwachs garantieren [2].

[3] Es wird vorausgesetzt, daß die Funktion $U(I)$ differenzierbar ist und ihren Extremwert innerhalb des Intervalls erreicht, das durch das unbedingt effektive Minimum der Akkumulation $I^{\min}$ und ihr zulässiges Maximum $I^{\max}$ begrenzt wird.

daß sich ihr Normativwert verringert. Eine Kürzung des Akkumulationsprogrammes führt bei sonst gleichen Bedingungen zum Anwachsen des Normativs. Mit anderen Worten, jedem zulässigen Plan entspricht eine bestimmte Größe der Effektivitätsnorm zusätzlicher Investitionen.[4]

Die Bestimmung des optimalen Planes der produktiven Akkumulation ist die wichtigste Aufgabe der Leitung der Volkswirtschaft. Deshalb wird der Begriff der optimalen Effektivitätsnorm, der der optimalen Akkumulation entspricht, besonders inhaltsvoll.

7.2. *Das Prinzip der Bestimmung der Effektivitätsnorm*

In den Arbeiten V. V. Novožilovs, A. L. Lurjes, T. S. Chačaturovs [7], [3], [4], [2] wurde der marginale Inhalt der Effektivitätsnorm als vom volkswirtschaftlichen Standpunkt minimal zulässige jährliche Einsparung laufender Produktionsaufwendungen je Einheit zusätzlicher Investitionen dargestellt. Bei der Darlegung einer Methode zur Bestimmung der Norm im optimalen Plan gehen wir ebenfalls von einer solchen Auffassung ihres ökonomischen Inhalts aus.

Die Berechnungen des optimalen Effektivitätsnormativs werden in zwei Etappen durchgeführt. In der ersten Etappe wird mit Hilfe eines Perspektivplanmodells der optimale Plan der produktiven Akkumulation ermittelt. Wenn bei der Aufstellung des optimalen Planes die ihm entsprechende Effektivitätsnorm in expliziter Form bestimmt wird, ist die Aufgabe gelöst.

Im entgegengesetzten Falle ist es notwendig, in einer zweiten Etappe den im Plan verborgenen optimalen Wert des Effektivitätsnormativs aufzudecken.

Zu diesem Zweck fixieren wir den dem Optimum entsprechenden Zielfunktionswert des volkswirtschaftlichen Perspektivplanes. Danach modellieren wir die Realisierung kleiner zusätzlicher Investitionen mit gegebener Verzögerung und unterschiedlicher relativer Effektivität im optimalen Punkt. Die Effektivität der zusätzlichen Investitionen, deren Realisierung zu keiner Verringerung oder Erhöhung des Zielfunktionswertes im Vergleich zum optimalen führt, ist in diesem Plan die normative Effektivität. Tatsächlich, die Modellierung von Investitionen mit normativer Effektivität ruft noch keine Abnahme des Zielfunktionswertes des optimalen Volkswirtschaftsplanes hervor. In diesem Sinne ist die Effektivität solcher Investitionen die untere zulässige Grenze der relativen Effektivität im optimalen Plan.

Die Idee der Bestimmung der Effektivitätsnorm, ausgehend von der Konstanz des Volkswirtschaftsplanes, ist im wesentlichen (wenn auch nicht in

[4] Der Begriff „Investitionen" ist mit dem Begriff „produktive Akkumulationen" nicht identisch. Wenn es sich jedoch um zusätzliche Investitionen und Akkumulationen handelt, sind die marginalen Werte ihrer relativen Effektivität gleich.

allgemeinster Form) in den Arbeiten V. V. Novožilovs enthalten [7], wo sie als Prinzip der Identität des allgemeinen Effekts der Investitionen formuliert wurde.

Wenn die Zielfunktion $U(I)$ als explizite Funktion der Akkumulation dargestellt wird, kann die Bedingung zur Ermittlung der Effektivitätsnorm in stetiger Form angegeben werden: die relative Effektivität η der modellierten zusätzlichen Investitionen ΔI_η^τ mit der Verzögerung τ ist gleich der Norm, wenn[5]

$$f_\tau(\eta) = \frac{\partial U(I^0)}{\partial I_\eta^\tau} = 0.$$

Die Ableitung $\frac{\partial U(I^0)}{\partial I_\eta^\tau}$ bestimmt die absolute Grenzeffektivität der zusätzlichen Investitionen mit der relativen Effektivität η und der Verzögerung τ im Punkt des Akkumulationsoptimums. Mit anderen Worten, die relative Effektivität zusätzlicher Investitionen ist gleich der normativen des optimalen Planes, wenn ihre absolute Grenzeffektivität in diesem Plan gleich Null ist. Durch diese Bedingung wird die Beziehung zwischen absoluter und relativer Effektivität der Akkumulationen ausgedrückt. Entsprechend dieser Bedingung werden in den Plan nur jene Richtungen zusätzlicher Investitionen aufgenommen, die einen positiven Effekt ergeben, der sich in einer Zunahme des gesellschaftlichen Wohlstandsniveaus ausdrückt, d. h., deren absolute Grenzeffektivität nichtnegativ ist. Das Verschwinden der absoluten Grenzeffektivität zeigt die untere zulässige Grenze der relativen Effektivität an.

Es ist klar, daß die vorgeschlagene Methode im Prinzip nicht nur im optimalen Plan, sondern in jedem beliebigen zulässigen Plan der produktiven Akkumulation zur Bestimmung der Effektivitätsnormative verwendet werden kann. Dazu ist es hinreichend, als Basis den Zielfunktionswert zu nehmen, der dem ausgewählten Plan entspricht.

Die vorgeschlagene Methode gestattet es, die normative relative Effektivität zusätzlicher Investitionen mit unterschiedlicher Zeitverzögerung zu bestimmen, indem Investitionen modelliert werden, deren Effekt in Form einer jährlichen Einsparung an Arbeitsaufwand nach einer vorgegebenen Zahl von Jahren der Planperiode erreicht wird.

Es muß darauf verwiesen werden, daß zur Bestimmung der dem ausgewählten Plan entsprechenden Effektivitätsnorm hinreichend kleine zusätzliche Investitionen modelliert werden müssen, die den Ausgangsplan wenig verändern.

[5] $f_\tau(\eta)$ ist eine wachsende Funktion in η, da bei sonst gleichen Bedingungen eine Erhöhung des Effektes der zusätzlichen Investitionen in Form der jährlichen Einsparung laufender Produktionsaufwendungen offensichtlich zur Vergrößerung des Zielfunktionswertes führt.

7.3. *Die Methode der Berechnung von Effektivitätsnormativen auf der Grundlage des Modells zur Optimierung des Verhältnisses von Konsumtion und produktiver Akkumulation*

Für die experimentellen Berechnungen wurde als Modell der volkswirtschaftlichen Perspektivplanung das dynamische Modell der Optimierung des Verhältnisses von Konsumtion und produktiver Akkumulation ausgewählt, das im vorstehenden Kapitel dargestellt wurde.

Im Ergebnis der Modellrechnungen wurde für die Akkumulationsrate im Planjahr ein optimaler Wert von 21% ermittelt. Zur Bestimmung des Normativs der relativen Effektivität im optimalen Plan wird die vorgeschlagene Methode angewendet.

Zusätzliche Investitionen in einem Zweig lassen sich bequem modellieren, indem die Koeffizienten der Fondsintensität in der Matrix der Produktionsaufwendungen der Verflechtungsbilanz erhöht werden. In das Modell wurden zwei fondsbildende Zweige aufgenommen: das Bauwesen und die Produktion von Arbeitsmitteln. Dadurch ist es möglich, die Maßnahmen getrennt zu modellieren, die auf eine Einsparung laufender Aufwendungen durch Vervollkommnung der Gebäude und Anlagen und durch Einführung neuer Ausrüstungen gerichtet sind.

Auf der Zweigebene wird der Umfang der direkten zusätzlichen Investitionen ΔK_{ij} der Art i in den Zweig j, die mit einer Erhöhung des Koeffizienten der Fondsintensität b_{ij} um Δb_{ij} verbunden sind, im Modell der Verflechtungsbilanz durch den Ausdruck

$$\Delta K_{ij} = \frac{\Delta b_{ij} x_j}{l_{ij} \beta_{ij}}$$

bestimmt, wobei x_j das Produktionsvolumen des Zweiges j, l_{ij} das Verhältnis der im Ergebnis der Akkumulation im Zweig j in Betrieb genommenen Fonds der Art i zum gesamten Umfang der Akkumulation von Fonds dieser Art, β_{ij} den Koeffizienten der mittleren jährlichen Inbetriebnahme von Produktionsfonds der Art i im Zweig j bezeichnen.[6]

Wenn die Effektivitätsnorm für das (erste) Planjahr bestimmt wird, erhält der Wert des entsprechenden Koeffizienten der Fondsintensität im ersten Jahr der Planperiode einen positiven Zuwachs. Beträgt die Zeitverzögerung der zusätzlichen Investitionen τ, erreichen sie ihren Effekt, der sich in einer Verringerung der laufenden Produktionsaufwendungen ausdrückt, erst vom Jahre $\tau + 1$ beginnend. Die Aufwandseinsparungen an Ressourcen der Art r im Zweig j werden in der Verflechtungsbilanz durch eine Verringerung des entsprechenden Materialaufwandskoeffizienten a_{rj} vom Jahre $\tau + 1$ an modelliert. Der Umfang der jährlichen Einsparung Δc_{rj} an laufenden Aufwendungen der Ressource r im Zweig j bei Verringerung des Materialaufwandskoeffizienten a_{rj}

[6] Alle Kennziffern sind für ein bestimmtes Jahr t der Planperiode gegeben.

um Δa_{rj} wird nach der Formel

$$\Delta C_{rj}^{\tau+1} = \Delta a_{rj}^{\tau+1} x_j^{\tau+1}$$

berechnet, wobei $x_j^{\tau+1}$ den Produktionsausstoß des Zweiges j im Jahre $\tau + 1$ der Planperiode bezeichnet.

Die relative Effektivität der auf diese Weise modellierten zusätzlichen Investitionen ΔK_{ij} der Art i im Zweig j, die auf eine Einsparung an laufenden Produktionsaufwendungen der Ressource r (mit einer Verzögerung τ) gerichtet sind, ergibt sich aus der Beziehung

$$\eta_{ir}^{\tau} = \frac{\Delta a_{rj}^{\tau+1} x_j^{\tau+1}}{\Delta b_{ij}^{1} x_j^{1}} l_{ij}^{1} \beta_{ij}^{1}.$$

Bei einer Verzögerung von Null Jahren erhält man für die relative Effektivität den Ausdruck:

$$\eta_{ir}^{0} = \frac{\Delta a_{rj}^{1}}{\Delta b_{ij}^{1}} l_{ij}^{1} \beta_{ij}^{1}.$$

Auf diese Weise ist es möglich, im Modell zusätzliche Investitionen zu erfassen, die sich nach ihrer materiell-stofflichen Zusammensetzung, dem Anwendungszweig, ihrer relativen Effektivität und ihrer Verzögerung unterscheiden und auf die Einsparung verschiedener Arten von Produktionsressourcen gerichtet sind.

Es wurde schon festgestellt, daß die Konstanz des Zielfunktionswertes des volkswirtschaftlichen Perspektivplanes Bedingung für die Bestimmung des Effektivitätsnormativs ist. In Übereinstimmung mit den Zielen der sozialistischen Produktion ist eine solche Zielfunktion als Funktion des Fonds der nichtproduktiven Konsumtion[7] nach Jahren der Planperiode darzustellen. Bei den experimentellen Berechnungen des Effektivitätsnormativs im optimalen Plan wurde der Versuch unternommen, als Zielfunktion das Wachstum des Fonds der nichtproduktiven Konsumtion zu verwenden, wobei zeitlich unterschiedliche Zuwächse des Konsumtionsniveaus in der Summe über die Planperiode vergleichbar gemacht wurden:

$$\sum_{t=1}^{N} \Delta z_t p_t, \qquad \Delta z_t = z_t - z_{t-1},$$

wobei z_t das Volumen des Fonds der nichtproduktiven Konsumtion im Jahre t der Planperiode und N die Zahl der Jahre der Planperiode sind. Die Struktur des Fonds der nichtproduktiven Konsumtion[8] ist im Modell durch eine Skala der Wachstumstempi der Zweige der Abteilung II vorgegeben.

[7] Bei Beachtung der notwendigen Forderungen an die Konsumtionsstruktur.

[8] Der Begriff „Fonds der nichtproduktiven Konsumtion" wird hier in etwas erweiterter Form verwendet, da er auch den Fonds der nichtproduktiven Akkumulation einschließt.

Die Vergleichbarmachung der Nützlichkeit zeitlich verschiedener Zuwächse des Konsumtionsniveaus wird mit Hilfe einer linearen Gewichtsfunktion realisiert:

$$p_t = \begin{cases} 1 - \alpha(t-1), & t \leqq T, \quad \alpha = \frac{1}{T}, \\ 0, & t > T, \end{cases}$$

wobei p_t der Wert der Gewichtsfunktion für das Jahr t der Planperiode, α der Koeffizient der jährlichen Nutzensabnahme im Planzeitraum und T der äußerste zulässige Zeitpunkt ist, von dem ab die Investitionen einen Effekt ergeben.

Es wird vorausgesetzt, daß ein maximaler gesellschaftlich notwendiger Zeitpunkt existiert, von dem ab die Investitionen einen Effekt ergeben müssen: Richtungen, die eine Erhöhung des Konsumtionsniveaus erst nach diesem Zeitpunkt garantieren, werden als uneffektiv abgelehnt, auch wenn die Erhöhung der Konsumtion sehr bedeutend ist. Die Berechnungen nach dem Modell der Optimierung des Verhältnisses zwischen Konsumtion und produktiver Akkumulation zeigen, daß der nützliche Effekt der Akkumulation, der sich im gegebenen Fall in einer Veränderung der Zuwächse des Fonds der nichtproduktiven Konsumtion ausdrückt, nach 8 bis 10 Jahren der Planperiode vernachlässigbar klein wird. Deshalb wird die Größe der äußersten Verzögerung auf 8 bis 10 Jahre festgesetzt. Die Größe des Koeffizienten α ist dann entsprechend gleich 0,125—0,100.

7.4. *Experimentelle Berechnungen von Effektivitätsnormativen*

Es wurden Berechnungen der Normative der relativen Effektivität zusätzlicher Investitionen (ohne Verzögerung) in Ausrüstungen und in Gebäude und Anlagen im Transportwesen sowie in der Elektroenergieerzeugung, die auf eine Einsparung laufender Produktionsaufwendungen an Brennstoffen gerichtet sind, und von Investitionen in Ausrüstungen der Lebensmittelindustrie durchgeführt, die eine Einsparung an landwirtschaftlichen Rohstoffen bewirken sollen.

Die Methodik der Berechnung des Effektivitätsnormativs der zusätzlichen Investitionen in Gebäude und Anlagen des Transportwesens wird durch die Tabellen 27, 28 und 29 illustriert. Zunächst wird der Wert der oben beschriebenen Zielfunktion $\sum_{t=1}^{N} \Delta z_t p_t$ fixiert, der der optimalen Variante des Plans der produktiven Akkumulation entspricht. Danach werden in der optimalen Planvariante zusätzliche Investitionen in Gebäude und Anlagen des Transportwesens modelliert, indem der entsprechende Koeffizient der Fondsintensität im Planjahr um 0,1 erhöht wird. Da sich die Berechnungen auf Investitionen ohne Verzögerungen beziehen, wird die Einsparung an laufenden Brennstoff-

Tabelle 27

$\eta_{2,6}$	Volumen des Fonds der nichtproduktiven Konsumtion nach Jahren der Planperiode bei Variation der relativen Effektivität der zusätzlichen Investitionen in Gebäude und Anlagen des Transportwesens zur Einsparung laufender Brennstoffaufwendungen (in Milliarden Rubel)										Akkumulationsvolumen im Planjahr	Akkumulationsrate im Planjahr	$\Delta a_{6,17}$
	Jahre										Mrd. Rubel	%	
	1	2	3	4	5	6	7	8	9	10			
Basisvariante	226097	241209	258196	274601	294240	317405	341522	365374	390600	416200	60240	21,04	—
0,14	225659	240261	257774	273921	294023	317551	341486	365405	390457	416018	60312	21,09	0,03006
0,15	225718	240355	257851	274024	294135	317667	341594	365510	390607	416144	60308	21,08	0,03221
0,16	225771	242420	257958	274097	294220	317729	341668	365616	390708	416252	60298	21,08	0,03435
0,17	225824	240496	258037	274230	294341	317863	341836	365779	390871	416421	60298	21,07	0,03650
0,18	225891	240587	258121	274305	294440	317976	341957	365884	391002	416547	60285	21,07	0,03865
0,19	225951	240651	258219	274387	294539	318071	342033	365982	391085	416675	60288	21,06	0,04079
0,20	226012	240731	258321	274498	294646	318185	342130	366138	391240	416819	60289	21,06	0,04294
0,21	226072	240809	258395	274584	294748	318294	342254	366228	391377	416945	60274	21,05	0,04361

$\Delta b_{2,17} = 0{,}10$; $\beta_{2,17} = 0{,}5$; $l_{2,17} = 0{,}93141$

Indizes der Zweige: 6 — Brennstoffindustrie, 2 — Bauwesen (fondsbildender Zweig), 17 — Transportwesen.

Tabelle 28: Zuwächse des Fonds der nichtproduktiven Konsumtion (in Milliarden Rubel) nach Jahren der Planperiode und Varianten der relativen Effektivität der modellierten zusätzlichen Investitionen in Anlagen des Transportwesens zur Einsparung laufender Brennstoffaufwendungen

$\eta_{2,6}$	Jahre									
	1	2	3	4	5	6	7	8	9	10
Basisvariante	14147	15112	16987	16405	19639	23165	24117	23852	25226	25600
0,14	13709	14602	17513	16147	20102	23528	23935	23919	25052	25561
0,16	13821	14649	17538	16139	20123	23509	23939	23948	25092	25544
0,17	13874	14672	17541	16193	20111	28522	23973	23943	25092	25550
0,18	13941	14696	17534	16184	20135	23536	23981	23927	25118	25545
0,19	14001	14700	17568	16168	20152	23532	23962	23949	25103	25590
0,20	14062	14719	17590	16177	20148	23539	23945	24008	25102	25579
0,21	14122	14737	17586	16189	20164	23546	23960	23974	25149	25568

aufwendungen, beginnend mit dem ersten Jahr der Planperiode, durch eine Verringerung des Materialaufwandskoeffizienten $a^1_{6,17}$ um $\Delta a^1_{6,17}$ modelliert. Durch eine Veränderung von $\Delta a^1_{6,17}$ wird eine Variation der relativen Effektivität der modellierten Investitionen erreicht.

Zunächst werden Zusatzinvestitionen mit offensichtlich niedriger relativer Effektivität modelliert, was zu einer Verringerung des Zielfunktionswertes im Vergleich zum optimalen führt. Danach wird die relative Effektivität der modellierten Investitionen sukzessive mit einer „Schrittweite" von 0,01 erhöht, indem der absolute Wert des negativen Zuwachses $\Delta a^1_{6,17}$ des Brennstoffverbrauchskoeffizienten der Produktion des Transportwesens vergrößert wird. Die Erhöhung der relativen Effektivität der modellierten Zusatzinvestitionen ist mit einem monotonen Anwachsen des Zielfunktionswertes verbunden. Die beste Annäherung des Zielfunktionswertes an den Basiswert wird erreicht, wenn die relative Effektivität der modellierten Investitionen in Gebäude und Anlagen des Transportwesens gleich 0,17 ist. Dieser Wert der relativen Effektivität wird im optimalen Plan als Normativwert angenommen.

In der Tabelle 29 sind die Ergebnisse der Berechnungen der Effektivitätsnormative im Transportwesen, in der Elektroenergieerzeugung und in der Lebensmittelindustrie zusammenfassend dargestellt. Die Methodik dieser Berechnungen ist der oben beschriebenen völlig analog.

Ausgehend von der mit 0,0001 vorgegebenen Genauigkeit des iterativen Prozesses der Berechnungen nach dem Modell der Verflechtungsbilanz auf einer EDVA, wurde der mögliche absolute Fehler bei der Bestimmung des Zielfunktionswertes geschätzt. Der Wert der Zielfunktion wird nach der Formel

$$\sum_{t=1}^{10} \Delta z_t p_t = \sum_{t=1}^{10} (p_t - p_{t+1})\, z_t - z_0$$

Tabelle 29: Zielfunktionswerte $\sum_{t=1}^{N} \Delta z_t p_t$ nach Varianten der relativen Effektivität der modellierten zusätzlichen Investitionen (ohne Verzögerung)

Bedingungen der Bestimmung des Effektivitätsnormativs	η									Basis-variante
	0,13	0,14	0,15	0,16	0,17	0,18	0,19	0,20	0,21	
Investitionen in Gebäude und Anlagen des Transportwesens zur Einsparung von Brennstoffen		100306	100410	100494	*100620*	100721	100809	100922	101021	100594
Investitionen in Ausrüstungen des Transportwesens zur Einsparung von Brennstoffen			*100520*	*100642*	100754	100879				100594
Investitionen in Gebäude und Anlagen der Elektroenergieerzeugung zur Einsparung von Brennstoffen				100494	*100623*	100760	100908			100594
Investitionen in Ausrüstungen der Elektroenergieerzeugung zur Einsparung von Brennstoffen	100362	*100514*	*100679*	100842	100999					100594
Investitionen in Ausrüstungen der Lebensmittelindustrie zur Einsparung von landwirtschaftlichen Rohstoffen					100397	*100570*	100712	100854		100549

berechnet, wenn eine lineare Gewichtsfunktion der oben beschriebenen Art verwendet wird. Nach der Fehlertheorie ergibt sich der mögliche absolute Fehler des Zielfunktionswertes aus der Beziehung

$$\delta\left(\sum_{t=1}^{10} \Delta z_t p_t\right) = \pm 0{,}0001 \sum_{t=1}^{10} (p_t - p_{t+1})\, z_t .$$

Für die vorgenommenen Berechnungen übersteigt er nicht 55 Einheiten. Es wurde festgestellt, daß die Abweichung des Zielfunktionswertes bei der Modellierung zusätzlicher Investitionen mit normativer Effektivität vom Basiswert in den Grenzen des möglichen Fehlers liegt. Dagegen übersteigt die Differenz der Zielfunktionswerte bei der Modellierung zusätzlicher Investitionen mit benachbarten Werten der vorgegebenen relativen Effektivität in der Regel den möglichen Fehler.

Bei den Berechnungen der Effektivitätsnorm der Investitionen in Gebäude und Anlagen des Transportwesens mit Einsparungen laufender Brennstoffaufwendungen wurde der Einfluß der Gewichtsfunktion auf die Lösung untersucht. Das Normativ wurde für die Fälle berechnet, wenn der Parameter T der Gewichtsfunktion p_t die Werte 5 und 25 annimmt. Der Koeffizient α ist in diesen Fällen entsprechend gleich 0,2 und 0,04. Die Beziehung $T = 5$ bedeutet eine Verkürzung der Planperspektive auf 5 Jahre, d. h., Ergebnisse von Planentscheidungen, die erst nach dem fünften Jahr der Planperiode eintreten, werden nicht berücksichtigt. $T = 25$ zeugt von einer Verlagerung des Planhorizonts in die ferne Zukunft. Dabei wird vorausgesetzt, daß in der Realität die gesellschaftliche Präferenz in der Planperiode durch einen Parameterwert charakterisiert wird, der zwischen diesen extremen Fällen liegt. Die Berechnungsergebnisse sind in Tabelle 30 angegeben. Die Berechnungen zeigen, daß bei einer Verkürzung der Planperspektive der Wert des Effektivitätsnormativs anwächst und umgekehrt. Dieses Ergebnis wurde theoretisch vorausgesagt [1] und hat seine offensichtliche Begründung in der ökonomischen Realität. In der Tat, die Verkürzung der Planperiode bedeutet eine Verschärfung der gesellschaftlichen Forderungen an die Effektivität der Akkumulation, die nun in kürzeren Zeiträumen einen positiven Effekt ergeben soll.

Das drückt sich in einer Erhöhung der Effektivitätsnorm der Investitionen aus: aus dem Akkumulationsplan wird eine Reihe weniger effektiver Richtungen ausgeschlossen.

Es sei vermerkt, daß die Information über die Akkumulationsvarianten aus einem dynamischen Modell der Verflechtungsbilanz abgeleitet wird. Dadurch werden die Ergebnisse des Experiments durch die dem Bilanzmodell immanenten Mängel und Vereinfachungen beeinflußt.

Die Berechnungen der Effektivitätsnorm wurden für einen Akkumulationsplan durchgeführt, der mit Hilfe des Modells der Optimierung des Verhältnisses zwischen Konsumtion und produktiver Akkumulation als optimaler Plan ermittelt wurde. Die Aufstellung des Akkumulationsoptimierungsmodells

Tabelle 30: Zielfunktionswerte $\sum_{t=1}^{N} \Delta z_t p_t$ für verschiedene Varianten der relativen Effektivität der modellierten Investitionen in Gebäude und Anlagen im Transportwesen zur Einsparung von Brennstoffen bei Variation des Parameters T der Gewichtsfunktion p_t

T ↓ η→	Basisvariante	0,15	0,16	0,17	0,18	0,19	0,20	0,21
5 Jahre	46919					46799	46892	46972
10 Jahre	100594		100494	100620	100721			
25 Jahre	162788	162681	162779	162931				

ist aber mit der Annahme von Hypothesen über den Charakter der gesellschaftlichen Präferenz in der Planperiode, über die Akkumulationsangespanntheit verbunden. Allerdings kann man schon jetzt auf der Grundlage einer Reihe von Experimenten zur Bestimmung der optimalen Akkumulationsrate und von Stabilitätsuntersuchungen der optimalen Lösung behaupten, daß sie der ökonomischen Realität offensichtlich gut entsprechen. Auf jeden Fall kann man annehmen, daß die Berechnungen der Effektivitätsnormative für einen der wahrscheinlich optimalen Akkumulationspläne durchgeführt wurden.

Zur Bestimmung des dem ausgewählten Plan immanenten Effektivitätsnormativs ist es notwendig, kleine Zusatzinvestitionen zu modellieren, die den Ausgangsplan wenig verändern. Praktisch werden jedoch hinreichend große Zuwächse modelliert, was dazu führt, daß sich die Akkumulationsrate in den Jahren der Planperiode merklich verändert. Damit der Effekt der Veränderung des Akkumulationsniveaus nicht den Effekt der Zusatzinvestitionen verzerrt, ist bei der Modellierung der letzteren in den ersten fünf Jahren der Planperiode eine Akkumulationsrate einzuhalten, die mit einer Genauigkeit von $\pm 0{,}05$ Punkten in der Nähe des Wertes der Basisvariante liegt.

Die Koeffizienten der Fondsintensität unterscheiden sich im Modell der Verflechtungsbilanz wesentlich nach ihrem absoluten Betrag. Wenn es also in einzelnen Fällen bei der Modellierung von Zusatzinvestitionen aus Gründen der Rechengenauigkeit ausreichend ist, einen Zuwachs des Koeffizienten der Fondsintensität um 5—10% vorzugeben, so entsteht in Zweigen mit relativ niedriger Fondsausstattung die Notwendigkeit, die Koeffizienten um ein Vielfaches zu erhöhen, was einer unrealistisch hohen Steigerung der Fondsausstattung des Zweiges entspricht. Im Modell der Verflechtungsbilanz ruft das keine Probleme hervor, da in ihm Investitionen z. B. in Arbeitsmittel als homogene und völlig mobile Ressource betrachtet werden, die ohne irgendwelche Unterschiede in einen beliebigen Produktionszweig gelenkt werden kann. In Wirklichkeit ist die Befriedigung eines relativ hohen Bedarfs an Investitionen spezifischer materiell-stofflicher Zusammensetzung mit der Notwendigkeit einer wesentlichen Umstrukturierung der gesellschaftlichen Produktion verbunden. Die Tatsache, daß in Zweigen, die sich nach dem Niveau der Fondsausstattung wesentlich unterscheiden, die Realisierung aller möglichen Richtungen von Zusatzinvestitionen mit gleicher relativer Effektivität im Verhältnis zu den vorhandenen Produktionsmöglichkeiten sehr unterschiedliche Investitionen konkreter materiell-stofflicher Zusammensetzung erfordert, ist offensichtlich einer der Faktoren für die Zweigdifferenzierung der Effektivitätsnormative.

Nach den Berechnungen nahmen die Effektivitätsnormative folgende Werte an:

für Investitionen in Ausrüstungen des Transportwesens zur Einsparung von Brennstoffen 0,15—0,16,

für Investitionen in Gebäude und Anlagen des Transportwesens zur Einsparung von Brennstoffen 0,17,

für Investitionen in Ausrüstungen der Elektroenergieerzeugung zur Einsparung von Brennstoffen 0,14—0,15,

für Investitionen in Gebäude und Anlagen der Elektroenergieerzeugung zur Einsparung von Brennstoffen 0,17,

für Investitionen in Ausrüstungen der Lebensmittelindustrie zur Einsparung von landwirtschaftlichen Rohstoffen 0,18.

Die Ergebnisse der experimentellen Berechnungen bestätigen formal die Hypothese über die Differenzierung der Effektivitätsnormative. Allerdings ist der Unterschied zwischen den erhaltenen maximalen und minimalen Werten nicht so wesentlich, um überzeugt zu sein, daß er mögliche Rechenfehler übersteigt.

Die Analyse des Modells der Verflechtungsbilanz liefert keine Grundlage für die Annahme, daß die Effektivitätsnormative der Investitionen der Art i zur Einsparung der Ressource r von dem Zweig, in dem die Investitionen getätigt werden und folglich von dem Zweig, in dem die Einsparung der Ressource r erreicht wird, abhängen soll. Allerdings lassen sich aus Tabelle 29 formal solche Unterschiede für die Investitionen in Ausrüstungen zur Einsparung von Brennstoffen im Transportwesen und in der Elektroenergieerzeugung ablesen. Diese Differenz ist klein und darf offensichtlich nicht verabsolutiert werden. Das Normativ ist als ein einheitliches zu betrachten, das zwischen 0,14 und 0,16 liegt.

Die Ergebnisse der Berechnungen können nicht als Plankennziffern betrachtet werden, die zur Anwendung in der Wirtschaftspraxis zu empfehlen sind. Allerdings zeigen sie die prinzipielle Möglichkeit der Bestimmung von Effektivitätsnormativen auf der Grundlage eines existierenden und erprobten Modells der Volkswirtschaft. Die Perspektiven des Übergangs von Experimenten zur Methodik zur Bestimmung der wichtigen Plankennziffer sind an die Präzisierung der der Methode zugrunde liegenden Hypothesen, an die Berechnung der Effektivitätsnormative von Investitionen ohne Verzögerung und an die Untersuchung der Dynamik der Norm gebunden.

8. Die Konsumtionszielfunktion

Eines der schwierigsten Probleme beim Übergang zu volkswirtschaftlichen Optimierungsmodellen ist die Konstruktion einer Zielfunktion, mit deren Hilfe man im Verlaufe der Modellrechnungen die Veränderungen in der Produktionsstruktur der Konsumtionsgüter bewerten kann. In reinen Bilanzmodellen wird eine solche Struktur exogen vorgegeben. Das bedeutet aber, daß in Wirklichkeit ein bedeutender Teil jenes Planes vorgegeben wird, der mit Hilfe des Modells eigentlich erst bestimmt werden soll. Ein Optimierungsmodell ohne Zielfunktion ist undenkbar. Andererseits ist es hinreichend, eine Funktion einzuführen, bei deren Maximierung die effektivste Struktur der Erzeugnisse mit Konsumtionscharakter aus der Menge der durch andere Bedingungen bestimmten Strukturen ausgewählt wird, um das Volkswirtschaftsmodell in ein Optimierungsmodell zu überführen.

Natürlich ist das nur ein erster Schritt zur Konstruktion volkswirtschaftlicher Optimierungsmodelle.

In unserer Arbeit stützten wir uns auf Untersuchungen sowjetischer Autoren [1]—[11] über den Platz des Konsumtionsproblems in der ökonomischen Theorie des Sozialismus, über die Konstruktion entsprechender Modelle.

8.1. Die hypothetische Konsumtionsfunktion

In der vorliegenden Arbeit können die theoretischen Aussagen, die der vorgeschlagenen Zielfunktion zugrunde liegen, nicht ausführlich erläutert (vgl. [12]), sondern nur kurz dargestellt werden.

Die Annahme der These, daß die Bedürfnisse der Gesellschaft in jedem Moment quantitativ beschränkt sind, auch wenn sie sich in der Zeit sowohl in quantitativer als auch (besonders) in qualitativer Hinsicht ständig entwickeln, führt zu der Möglichkeit, den Begriff der vollen Bedürfnisse der Gesellschaft, die sich zu einem bestimmten Zeitpunkt herausgebildet haben, und den Begriff des Sättigungsgrades dieser Bedürfnisse zu verwenden. Das historisch erreichte Niveau der Befriedigung verschiedener Bedürfnisse wird im Verlaufe der Zeit als für die Gesellschaft gewöhnliches fixiert und im weiteren als Minimum betrachtet, das den normalen Entwicklungsbedingungen entspricht. Aus der Anerkennung dieser These ergibt sich die Möglichkeit, die Begriffe „normale Bedürfnisse" (d. h. Bedürfnisse, deren Befriedigung durch die vorangegangene Produktionsentwicklung gesichert und zur gesellschaftlichen Norm geworden ist) und „perspektivische Bedürfnisse" (d. h. jener Teil der vollen Bedürfnisse, der die normalen Bedürfnisse übersteigt und zum Ziel der weiteren Produktionsentwicklung wird) einzuführen.

Zu einem bestimmten Zeitpunkt mögen sich n Bedürfnisarten herausgebildet haben, die wir mit dem Index j kennzeichnen werden, $j = 1(1)\, n$. Mit $N_j^{\max}$ bezeichnen wir den Umfang des vollen Bedürfnisses j, mit $N_j^{\min}$ den Umfang des normalen Bedürfnisses j (jedes Bedürfnis j wird dabei in einer spezifischen Maßeinheit ausgedrückt). Dann ergibt sich für den Umfang des perspektivischen Bedürfnisses $N_j^{\text{persp}} = N_j^{\max} - N_j^{\min}$. Die Menge der Vektoren $\{N : N^{\min} \leqq N \leqq N^{\max}\}$ ist dann die Menge aller zulässigen Niveaus der Befriedigung der perspektivischen Bedürfnisse. Diese Menge bestimmt den Bereich, innerhalb dessen die Auswahl der Konsumtionsstruktur in der Perspektive verwirklicht werden kann und tatsächlich verwirklicht wird (im weiteren werden wir diesen Bereich Auswahlbereich nennen).

In der gesellschaftlichen Konsumtion mögen m Güterarten verwendet werden. Ihr Produktionsvolumen werden wir durch den Vektor $x = (x_1, \ldots, x_m)$ und die konsumierte Menge durch den Vektor $v = (v_1, \ldots, v_m)$ ausdrücken. Das Niveau der Befriedigung jedes Bedürfnisses j ist eine Funktion der Menge der verschiedenen Konsumtionsgüter $N_j = N_j(v)$.

Der theoretische Begriff des Wohlstandes, der in integrierter Form die Niveaus der Befriedigung aller verschiedenartigen Bedürfnisse ausdrückt, gibt die Grundlage, eine Funktion des Wohlstandswachstums $r(N)$ über das normale Minimum hinaus einzuführen, wobei $N^{\min} \leqq N \leqq N^{\max}$ gilt. Anfangs wird die Funktion $r(N)$ als Rangfunktion betrachtet, die einfach eine formale Widerspiegelung der in der Realität beobachteten Ursache-Wirkung-Beziehung darstellt: Das Wohlstandswachstum über das normale Niveau hinaus ist ein Ergebnis der Erhöhung der Befriedigung aller Bedürfnisse und jedes von ihnen in den Grenzen bis zur vollständigen Sättigung. Das bedeutet, daß

$$r[N(v^1)] > r[N(v^2)]$$

ist, wenn

$$N(v^1) \geqq N(v^2)$$

gilt.

Wir werden weiter annehmen, daß die Funktion $r(N)$ in allen ihren Argumenten stetig ist und daß ihr Wert in einem beliebigen Punkt N' nicht von der Art des Übergangs aus einem beliebigen Punkt N in diesen Punkt abhängt. Unter diesen Voraussetzungen kann bewiesen werden, daß die Funktion $r(N)$ eine Schar von Indifferenzflächen beschreibt, die den ganzen Auswahlbereich ausfüllen und sich nicht überschneiden. Somit wird bei der Konstruktion der Funktion des Wohlstandswachstums wesentlich die Idee der Indifferenzflächen ausgenutzt, die 1881 von F. Edward entwickelt wurde und eine hinreichend große Verbreitung in der westlichen ökonomischen und ökonomisch-mathematischen Literatur gefunden hat (vgl. besonders die Arbeiten [18]–[23]). Die Indifferenzflächen werden von uns aber nicht als Ausdruck der subjektiven Präferenzen des Individuums interpretiert, sondern als Ausdruck der objektiven Nützlichkeit verschiedener Sortimente von Konsumtionsgütern bezüglich des Wachstums des gesellschaftlichen Wohlstandes, einer Nützlichkeit, die sie unter den zum Planungszeitpunkt vorhandenen Bedingungen besitzen. Eine solche Interpretation ermöglicht ein prinzipiell anderes Herangehen an die Konstruktion der Indifferenzflächen. Bekanntlich führten die Versuche, diese Flächen ausgehend von ihrer subjektivistischen Interpretation (insbesondere auf der Basis der Theorie der offenbarten Präferenz) zu konstruieren, zu Ergebnissen, die keinen praktischen Wert haben, und es läßt sich zeigen, daß sie im Prinzip immer zu solchen Ergebnissen führen. Folglich kann bei einer solchen Interpretation die Idee der Indifferenzflächen empirisch nicht überprüft werden, so daß sie dazu verurteilt ist, eine nicht bewiesene Hypothese zu sein. Bei einem objektiven Herangehen ist es möglich, ausgehend von der Nachfragetheorie Hypothesen über die Form der Indifferenzflächen zu formulieren. Diese Hypothesen können empirisch überprüft, auf dieser Grundlage präzisiert werden usw.

Die natürlichen Voraussetzungen veranlassen uns, die Indifferenzflächen als 1) konvex bezüglich des Koordinatenursprungs und 2) orthogonal zu den oberen Grenzen des Auswahlbereiches in den Punkten, die zu diesen Grenzen gehören, zu betrachten.

Die Funktion $r(N)$ ist ihrem Wesen nach so beschaffen, daß sie nur Veränderungen im Verhältnis zwischen mehr oder weniger großen Gütergruppen, die unterschiedliche Bedürfnisse befriedigen, angeben kann. Sie ist folglich nicht für die laufende, sondern die Perspektivplanung anzuwenden.

Es muß hervorgehoben werden, daß den oben formulierten Besonderheiten 1) und 2) nicht nur eine einzelne, sondern eine ganze Klasse von Funktionen $r(N)$ genügt. Diese Bedingungen reichen also nicht aus, um eindeutig die einander äquivalenten Vektoren zu bestimmen. Aus der Menge der möglichen, den Bedingungen 1) und 2) genügenden wurde eine konkrete Hypothese bezüglich der Gestalt der Funktionen $r(N)$ vorgeschlagen. Sie läßt sich wie folgt formulieren.

Wir werden den Vektor der Befriedigungsgrade der perspektivischen Bedürfnisse $z = (z_1, \ldots, z_j, \ldots, z_n)$ verwenden, die Komponenten des Vektors z werden als Anteilgrößen gemessen:

$$z_j = \frac{N_j - N_j^{\min}}{N_j^{\max} - N_j^{\min}}, \qquad N_j^{\min} \leqq N_j \leqq N_j^{\max}.$$

Es sei $\frac{dz_j}{dz_{j'}}$ die Substitutionsrate der Befriedigung des perspektivischen Bedürfnisses j durch die Befriedigung des perspektivischen Bedürfnisses j', $\sum_j \frac{\partial r(N)}{\partial z_j} dz_j = 0$. Für die Substitutionsrate, die den Voraussetzungen 1) und 2) genügt, wurde folgende Formel vorgeschlagen[1]:

$$\frac{dz_j}{dz_{j'}} = -\frac{z_j(1 - z_{j'})}{z_{j'}(1 - z_j)}. \tag{40}$$

Dieser Formel entspricht eine Schar von Indifferenzflächen, die auf folgende Weise definiert ist[2]:

$$\frac{\prod_j z_j}{e^{\sum_j z_j}} = r(N). \tag{41}$$

Berücksichtigt man, daß, wie vereinbart, unter dem Index j ein Produktaggregat zu verstehen ist, ergibt sich die Notwendigkeit, den Einfluß der Aggregation auf das durch die Funktion D bestimmte Präferenzsystem zu eliminieren. Bei Beachtung dieses Umstandes läßt sich die Hypothese über diese Funktion folgendermaßen darstellen:

$$\frac{\prod_j z_j^{k_j}}{e^{\sum_j z_j k_j}} = r(N). \tag{42}$$

Hierbei ist k_j eine Kennziffer, die den Einfluß der Aggregation eliminiert. Bei praktischen Berechnungen wird sie auf der Basis des vollen Arbeitsaufwandes bestimmt, der für die Erreichung der vollständigen Befriedigung des Bedürfnisses nach jedem Produktaggregat j notwendig ist. k_j ist das Verhältnis dieser Aufwendungen für jedes Bedürfnis zu den Aufwendungen für eines von ihnen.

Bei einer zusätzlichen natürlichen Voraussetzung[3] wird von der Funktion $r(N)$ eine monoton wachsende Funktion D genommen, die schon nicht mehr als Rangfunktion, sondern als quantitative Funktion zu betrachten ist und in

[1] Es sei vermerkt, daß sie noch einer zusätzlichen Voraussetzung 3) genügt: die Substitutionsrate $\frac{dz_j}{dz_{j'}}$ kann nur vom Sättigungsgrad der perspektivischen Bedürfnisse j und j' in einem bestimmten Vektor z und vom Nichtsättigungsgrad der erwähnten perspektivischen Bedürfnisse in diesem Vektor abhängen.

[2] Die Herleitung stammt von Dr. I. A. Ickovič (vgl. [13]).

[3] Unter der Voraussetzung, daß, wenn in einen Vektor die Befriedigungsgrade aller perspektivischen Bedürfnisse gleich sind ($z_1 = z_2 = \cdots = t$), der allgemeine Befriedigungsgrad der Gesamtheit der perspektivischen Bedürfnisse $D = t$ ist.

Anteilgrößen den Befriedigungsgrad der Gesamtheit der perspektivischen Bedürfnisse mißt:

$$D = e^D \left(\frac{\prod_j z_j^{k_j}}{e^{\sum_j k_j z_j}} \right)^{\frac{1}{\sum_j k_j}}. \tag{43}$$

Die Funktion (43) wird als Zielfunktion des dynamischen Verflechtungsmodells der Volkswirtschaft der UdSSR verwendet. Die optimale Produktionsstruktur der Konsumtionsgüter wird durch einen Punkt auf der höchsten Indifferenzkurve aus der Zahl der bei den gegebenen begrenzten Produktionsressourcen erreichbaren Kurven bestimmt. Das Modell stellt die im Abschnitt I beschriebene dynamische Verflechtungsbilanz (Variante mit der Arbeitskräftebilanz) dar, in der die Skala der Wachstumstempi der Produktion nichtproduktiver Bestimmung durch die zu maximierende Funktion (43) ersetzt wurde.

Die Realisierung des dynamischen Verflechtungsmodells mit der Konsumtionsfunktion als Zielfunktion auf einer EDVA wird dadurch erschwert, daß diese Zielfunktion im Prinzip nichtlinear ist. Wir haben einen Algorithmus entwickelt, der eine spezielle Vorstufe zum Algorithmus von N. F. Šatilov darstellt und wesentlich die in diesem Algorithmus verwirklichte Idee der Skala der Wachstumstempi der Produktion nichtproduktiver Bestimmung zur Lösung der Aufgabe mit nichtlinearer Zielfunktion ausnutzt.[4] Der allgemeine Inhalt der Vorstufe besteht in folgendem.

Die Aufgabe wird mit einem iterativen Verfahren gelöst. In der ersten Iteration wird ein Plan nach dem Modell der dynamischen Verflechtungsbilanz ermittelt, der im Abschnitt I beschrieben wurde. Dann wird der diesem Plan entsprechende Wert der Konsumtionsfunktion (43) bestimmt und die partiellen Ableitungen dieser Funktion nach allen Argumenten (d. h. nach allen Güterarten nichtproduktiver Bestimmung) sowie die vollen Aufwendungen der beschränkenden Ressource Arbeit für die Herstellung einer Einheit von Produkten der nichtproduktiven Bestimmung berechnet. Die Gegenüberstellung der vollen Aufwendungen und der partiellen Ableitungen zeigt, für welche Güterarten nichtproduktiver Bestimmung die Wachstumstempi zu erhöhen und für welche sie zu verringern sind, um im Ganzen eine Erhöhung des Zielfunktionswertes zu erreichen. Entsprechend wird die Skala der Wachstumstempi korrigiert und die Aufgabe mit der neuen Skala gelöst. Die Prozedur wird so lange wiederholt, bis sich herausstellt, daß weitere Veränderungen der Skala der Wachstumstempi stabil zu einer Verringerung des Zielfunktionswertes führen. Der Algorithmus stellt also eine geordnete Auswahl möglicher

[4] Das EDV-Programm für diesen Algorithmus wurde von M. N. Nikitenko (vgl. [14]) entwickelt.

Skalen der Wachstumstempi der Produktion nichtproduktiver Bestimmung im Auswahlbereich dar.

8.2. Die Gewinnung der Ausgangsinformation für das dynamische Verflechtungsmodell mit einer Konsumtionszielfunktion

Als Basisinformation für die Berechnungen nach dem dynamischen Verflechtungsmodell mit einer Konsumtionszielfunktion wurde jene Information verwendet, die auf der Grundlage der Verflechtungsbilanz der Produktion und der Verteilung der Erzeugnisse für 1966 erarbeitet wurde. Es wurde die Struktur der Konsumtion von Erzeugnissen optimiert, die von sechzehn Zweigen der Abteilung II hergestellt werden.[5]

Alle Produkte der Abteilung II werden in zwei große Gruppen eingeteilt: a) kurzlebige, b) mittel- und langlebige Erzeugnisse (im weiteren werden wir diese einfach langlebige Erzeugnisse nennen). Die kurzlebigen Erzeugnisse werden im allgemeinen in dem Jahr verbraucht, in dem sie produziert wurden. Das Volumen der Jahresproduktion entspricht dem Konsumtionsvolumen. Die langlebigen Güter werden im Verlauf einiger Jahre konsumiert. Der Umfang der jährlichen Konsumtion ist größer als das Produktionsvolumen. Natürlich werden sich die Ergebnisse der Optimierung der Konsumtionsstruktur in Abhängigkeit davon, ob der Faktor der Akkumulation von Gütern mit langlebiger Nutzung berücksichtigt wurde oder nicht, wesentlich unterscheiden.

Leider wird in Arbeiten, die sich mit methodischen Fragen der Bestimmung der Konsumtionsstruktur befassen, der Unterschied zwischen kurz- und langlebigen Gütern häufig nicht berücksichtigt. Es wird vorgeschlagen, die perspektivischen Berechnungen auf der Grundlage sogenannter rationeller Konsumtionsbudgets durchzuführen. Bei ihrer Bestimmung ist es aber sehr schwierig, die Besonderheiten der Güter mit mittel- und langfristiger Nutzungsdauer zu berücksichtigen, da die in der Konsumtion befindliche Menge dieser Güter von der Akkumulation und Aussonderung während einer Reihe von Jahren abhängt, d. h. von langfristigen (und nicht jährlichen) Veränderungen ihres Wachstumstempos und ähnlichen Faktoren, die im Budget nicht unmittelbar widergespiegelt werden. Die Bedeutung dieser Faktoren wächst auf Grund der Tendenz zur Erhöhung des Anteils der genannten Güter in der Konsumtion.

Bei der Vorbereitung der Ausgangsinformation für die dynamische Verflechtungsbilanz mit einer Konsumtionszielfunktion entstehen folglich bestimmte methodische Unterschiede in Abhängigkeit davon, ob von Zweigen,

[5] Die Zweignomenklatur entspricht der Zweigstruktur der dynamischen Verflechtungsbilanz, wie sie in Abschnitt I dargestellt wurde. Auf Grund des hohen Aggregationsgrades wurde in unseren Berechnungen angenommen, daß jedem Aggregat eindeutig ein besonderes Bedürfnis entspricht; in diesem Falle haben die Funktionen $N_j(v)$ die Form $N_j = v_j$. Entsprechend ist $N_j^{\max} = v_j^{\max}$ und $N_j^{\min} = v_j^{\min}$.

die kurz- oder langlebige Güter herstellen, die Rede ist. Für die erste Gruppe von Gütern genügt es, nur die Größen $v_j^{\min}$ und $v_j^{\max}$ zu bestimmen, die im gegebenen Falle gleich $x_j^{\min}$ und $x_j^{\max}$ sind. Zur Berechnung der notwendigen jährlichen Zugänge an langlebigen Gütern muß man folgende Größen kennen: 1. den Bedarf zur Vergrößerung der Menge, die sich im Verbrauch befindet, 2. den Bedarf für den Ersatz früher akkumulierter Güter. Um den Ersatzbedarf an langlebigen Gütern einschätzen zu können, müssen die bei der Bevölkerung vorhandene Menge und die Nutzungsdauer bestimmt werden.

Bei der Analyse dieser Fragen kann man sich auf statistisches Material stützen. Dabei können Daten über den Verkauf von Waren und Daten aus Untersuchungen, die auf einer unmittelbaren Beobachtung der Verbraucher beruhen, verwendet werden. Methoden zur Organisation der Beobachtungen sind Inventuren und Befragungen der Käufer. Inventuren von langlebigen Gütern wurden in den Jahren 1958, 1962, 1965, 1967, 1972 von der Zentralverwaltung für Statistik der UdSSR durchgeführt. Allerdings liegen diese Daten im Naturalausdruck vor. Leider gibt es keine Untersuchungen des Familienbesitzes im Wertausdruck, denn die Verwendung einer Verflechtungsbilanz im Wertausdruck erfordert eine Überführung der Angaben über die vorhandene Ausrüstung vom Natural- in den Wertausdruck.

Eine Reihe schon durchgeführter Arbeiten ([15], [16]) war auf die Bestimmung des vorhandenen Besitzes der Bevölkerung nach verschiedenen Gruppen von langlebigen Gütern (Uhren, Möbel, Nähmaschinen, Fahrräder, Motorräder u. a.) gerichtet.

In den Arbeiten, in denen die Nachfrage nach langlebigen Gütern analysiert wird, wurden keine Methoden zur Bestimmung der Nutzungsdauer dieser Güter entwickelt. In den meisten Fällen werden die Nutzungsfristen als bekannt vorausgesetzt, obwohl diese Frage einer speziellen Untersuchung bedarf.

Somit entsteht bezüglich der langlebigen Güter die Aufgabe, folgende Ausgangsdaten zu bestimmen:

1. Nutzungsdauer der langlebigen Güter,

2. maximales und minimales Niveau der Bedürfnisbefriedigung unter Berücksichtigung der Akkumulation von langlebigen Gütern,

3. Restbestände an langlebigen Gütern, die vor Beginn der Planperiode angeschafft wurden, in jedem Jahr der Periode.

Ohne Beschränkung der Allgemeinheit kann man feststellen, daß die genannte Information auch für kurzlebige Güter bereitgestellt werden muß. Allerdings sind für die Bestimmung der Größen 1. bis 3. keine speziellen methodischen Ausarbeitungen erforderlich, da die Nutzungsdauer dieser Güter nach Definition ein Jahr beträgt und die Restbestände für alle Jahre der Planperiode gleich Null gesetzt werden.

Die Vorbereitung der Ausgangsinformation erfordert auch die Ermittlung der Gewichtskoeffizienten k_j, die den verschiedenen Aggregationsgrad der im Modell dargestellten Zweige der Abteilung II berücksichtigen.

Zu den Zweigen, die langlebige Güter produzieren, gehören im Modell folgende: Haushaltsmaschinenbau, Wohnungs- und Gesellschaftsbau, Möbelindustrie, Glas-, Porzellan- und Keramikindustrie, Leichtindustrie, sonstige Industriezweige.

Zu den Zweigen, die kurzlebige Güter produzieren, gehören: Elektroenergieerzeugung, Schwarzmetallurgie, Buntmetallurgie, Brennstoffindustrie, chemische Industrie, Baumaterialienindustrie, Lebensmittelindustrie, Generalreparatur von Gebäuden, Landwirtschaft, sonstige Zweige der materiellen Produktion.

8.2.1. *Die Informationsquellen*

Die Bestimmung der optimalen Produktions- (und Konsumtions-)struktur ist mit einer Einbeziehung zusätzlicher Information in das Modell der Verflechtungsbilanz verbunden. Es erhebt sich die Frage, inwieweit diese Information mit der in Abschnitt I beschriebenen Gundinformation des Modells vergleichbar ist.

Zur Gewinnung der zusätzlichen Information wurden folgende Quellen genutzt.

1. Die Verflechtungsbilanz der Volkswirtschaft der UdSSR. Auf der Grundlage dieser Bilanz wurden die Angaben über den Fonds der nichtproduktiven Konsumtion im Basisjahr ermittelt.
2. Die Angaben über die Warenstruktur des Einzelhandelswarenumsatzes des staatlichen und kooperativen Handels. Die entsprechende Information wurde bei der Berechnung des Restbestandes an langlebigen Gütern verwendet, die bis zum Beginn der Planperiode akkumuliert wurden.
3. Die Angaben aus Budgetuntersuchungen. Sie wurden der Berechnung der maximalen Grenze des Auswahlbereiches zugrunde gelegt.
4. Die Angaben über den Endverbrauch in den Jahren 1960—1963. Sie wurden zur Bestimmung des minimalen Niveaus der Bedürfnisbefriedigung verwendet.

Der Fonds der nichtproduktiven Konsumtion wird in der Verflechtungsbilanz in zwei Teilen berechnet: Der Verbrauch der Bevölkerung an materiellen Gütern, die persönliches Eigentum werden, und der Verbrauch in Institutionen und Organisationen der Dienstleistungssphäre, der Wissenschaft und der Leitung (materielle Aufwendungen in den Institutionen der nichtmateriellen Produktionssphäre).

Die Berechnung der individuellen Konsumtion erfolgt auf der Grundlage der unter 2 und 3 genannten Informationsquellen. Ausgangsdaten für die Ermittlung der Konsumtion von Produkten, die von der Bevölkerung im staatlichen und kooperativen Handel gekauft werden, sind die statistischen Kennziffern des Einzelhandelswarenumsatzes. Die Berechnung der individuellen Konsumtion bei der Aufstellung von Verflechtungsbilanzen erfolgt auch unter Berücksichtigung der statistischen Angaben über Familienbudgets.

Die Berechnung der individuellen Konsumtion im Umfang des Endverbrauchs (vgl. 4.) wurde auf der Grundlage der gleichen statistischen Materialien realisiert, die bei der Ermittlung des Fonds der nichtproduktiven Konsumtion in der Verflechtungsbilanz verwendet werden: die Statistik des Einzelhandelswarenumsatzes und die von der Statistischen Zentralverwaltung der UdSSR erarbeiteten Bilanzen der Geldeinnahmen und -ausgaben der Bevölkerung.

Da die Verflechtungsbilanz unter Verwendung derselben Informationsquellen aufgestellt wird, sichert die Berechnung der Vektoren $v^{\min}$ und $v^{\max}$ auf der Grundlage dieser Quellen ihre statistische Vergleichbarkeit mit der Grundinformation des Modells.

Der Fonds der nichtproduktiven Konsumtion umfaßt neben der individuellen Konsumtion auch die materiellen Aufwendungen in den Institutionen, die die Bevölkerung bedienen. Folglich müssen die maximalen und minimalen Niveaus der Bedürfnisbefriedigung und die Matrix der Restbestände auch die Konsumtion in den Institutionen einschließen, die die Bevölkerung bedienen. Der Anteil der materiellen Aufwendungen dieser Institutionen am Fonds der nichtproduktiven Konsumtion nach Zweigen der Abteilung II ist aus der Verflechtungsbilanz der Volkswirtschaft der UdSSR für 1966 bekannt. Zur Realisierung der Berechnungen war es jedoch erforderlich, diesen Anteil für 1963 für eine Reihe von Zweigen (zur Ermittlung des minimalen Niveaus der Bedürfnisbefriedigung), für 1968 (zur Ermittlung des maximalen Niveaus der Bedürfnisbefriedigung), für die Jahre 1954 bis 1965 (zur Berechnung der Restbestände an Erzeugnissen des Haushaltsmaschinenbaus zu Beginn der Planperiode) und für die Jahre 1951 bis 1965 (zur Berechnung der Restbestände an Erzeugnissen der Möbelindustrie zu Beginn der Planperiode) zu kennen.

Auf Grund des Fehlens der entsprechenden Information haben wir vorausgesetzt, daß sich der Anteil der materiellen Aufwendungen für Institutionen, die die Bevölkerung bedienen, am Fonds der nichtproduktiven Konsumtion konstant auf dem Niveau des Jahres 1966 befindet. Eine solche Voraussetzung mindert natürlich die Genauigkeit der Berechnungen, aber sie ist zulässig, weil der Anteil der materiellen Aufwendungen in Institutionen, die die Bevölkerung bedienen, am Gesamtfonds der nichtproduktiven Konsumtion in der Regel nicht sehr groß ist, so daß seine Veränderungen nicht wesentlich sind.

Übrigens sind im Modell einige Zweige der Abteilung II vertreten, in denen der Anteil der materiellen Aufwendungen in Institutionen, die die Bevölkerung bedienen, groß ist. In erster Linie bezieht sich das auf solche Zweige wie die Schwarzmetallurgie, die Buntmetallurgie, die Baumaterialienindustrie. Die Entwicklung dieser Zweige kann mit Hilfe der Konsumtionszielfunktion nicht adäquat bestimmt werden, weil sich diese Funktion theoretisch nur auf die Produktion bezieht, die zur Befriedigung persönlicher Bedürfnisse der Menschen dient. Letztere werden natürlich nicht nur durch die Erzeugnisse der materiellen, sondern auch durch die Erzeugnisse der nichtmateriellen Produktion befriedigt — aber eben durch die Produkte dieser letzten Sphäre, und nicht durch die materiellen Aufwendungen für sie. Bezüglich der erwähnten Zweige müssen besondere normative Kennziffern verwendet werden. In unseren Berechnungen wurde die maximale und minimale Grenze des Auswahlbereiches für diese Zweige bedingt festgelegt.

Jeder der 16 Zweige stellt ein großes Güteraggregat dar, so daß das Problem der Substituierbarkeit in bedeutendem Maße unwesentlich wird. Eine Reihe von Zweigen kann man jedoch als sich gegenseitig ergänzende betrachten (z. B. die Elektroenergieerzeugung und der Haushaltsmaschinenbau, die Möbelindustrie und der Wohnungs- und Gesellschaftsbau). Mit der Entwicklung solcher Zweige wie des Haushaltsmaschinenbaus, der Möbelindustrie wird der Faktor der gegenseitigen Ergänzung eine wachsende Rolle spielen. Wir haben versucht, diese Abhängigkeit bei der Bestimmung des maximalen Niveaus der Bedürfnisbefriedigung widerzuspiegeln.[6]

8.2.2. *Die Bestimmung der Nutzungsdauer langlebiger Güter*

Wir verwenden zur Bestimmung der Nutzungsdauer der langlebigen Güter eine Modifikation der Methode der stetigen Inventarisierung, die von Goldsmith [17] vorgeschlagen wurde und deren Wesen in folgendem besteht: Unter der Bedingung, daß die Nutzungsfristen der langlebigen Güter und die jährlichen Einkäufe gegeben sind, wird der vorhandene Besitz als Summe der Einkäufe in aufeinanderfolgenden Jahren, deren Anzahl gleich der Nutzungsdauer ist, bestimmt. Das Wesen der Methode der stetigen Inventarisierung beibehaltend, ermitteln wir Fristen, im Verlaufe derer die zu einem bestimmten Zeitpunkt vorhandenen langlebigen Güter von der Bevölkerung akkumuliert werden könnten. Bekannt ist die Größe der jährlichen Verkäufe und der zu einem gegebenen Zeitpunkt angehäufte Besitz. Die Verkäufe an langlebigen Gütern im Jahre t (an dessen Ende der vorhandene Bestand an langlebigen Gütern bekannt ist) werden mit den Verkäufen in den Jahren $(t - 1)$, $(t - 2)$ usw. addiert, bis diese Summe die Größe des vorhandenen Besitzes der Bevölkerung erreicht. Die Anzahl der Jahre, für die die Summe der Verkäufe ermittelt wurde, stellt die Nutzungsdauer der gegebenen Gruppe langlebiger Güter dar (n_j). Dabei wird vorausgesetzt, daß die Menge langlebiger Güter, die im Jahre $t - (n_j + 1)$ verkauft wurden, aus der Konsumtion ausgeschieden ist.

[6] Die Aufdeckung ähnlicher Wechselbeziehungen muß sich offensichtlich in bedeutendem Maße auf spezielle Untersuchungen stützen, die gegenwärtig äußerst unzureichend durchgeführt werden.

Die Bestimmung der mittleren Nutzungsdauer der Erzeugnisse des Haushaltsmaschinenbaus geschieht z. B. auf folgende Weise. Es sind Angaben über die Ausrüstung der Bevölkerung mit langlebigen Gütern bekannt, die den wesentlichen Teil der Produktion des Haushaltsmaschinenbaus ausmachen. Die Ausrüstung der Gesamtbevölkerung der UdSSR mit langlebigen Gütern ist in Tabelle 31 wiedergegeben. Durch Addition der Angaben über den Verkauf nach Jahren (Tabelle 32) und ihren Vergleich mit den Angaben über die Ausrüstung erhalten wir die Nutzungsfristen der Erzeugnisse des Haushaltsmaschinenbaus.

Auf analoge Weise kann man die Ausrüstung der Bevölkerung mit Erzeugnissen des Haushaltsmaschinenbaus in den Jahren 1968 und 1969 bestimmen und unter Verwendung zusätzlicher Daten deren Nutzungsfristen ermitteln.

Tabelle 31: Ausrüstung der Bevölkerung mit Erzeugnissen des Haushaltsmaschinenbaus im Jahre 1967[1]

Erzeugnisarten	Besitz Tausend Stück am Ende des Jahres
Rundfunkgeräte	41895,9
Fernsehgeräte	22723,2
Kühlschränke	11124,9
Waschmaschinen	21166,3
Staubsauger	5207,4
Nähmaschinen	35505,0

Nach „Narodnoje chozjaistvo SSSR“, S. 596.

Die Tabellen 33, 34 und 35 zeigen, daß sich die auf der Grundlage der Angaben über die Ausrüstung der Bevölkerung mit Erzeugnissen des Haushaltsmaschinenbaus berechneten Nutzungsfristen durch Stabilität auszeichnen.

Die mittlere Nutzungsdauer der Erzeugnisse des Haushaltsmaschinenbaus kann man bestimmen, wenn die langlebigen Güter, die in den aggregierten Zweig eingehen (Rundfunkgeräte, Fernsehgeräte, Kühlschränke, Waschmaschinen, Staubsauger, Nähmaschinen), im Wertausdruck dargestellt werden. Betrachten wir die möglichen Berechnungsverfahren.

Erstens, wenn der Gesamtumfang des angehäuften Besitzes der entsprechenden Arten im Wertausdruck bekannt ist, kann man die mittlere Nutzungsdauer genau so bestimmen, wie das für die einzelnen Arten gezeigt wurde (unter Ausnutzung der Angaben über die jährlichen Verkäufe). Eine zusätzliche Schwierigkeit würde darin bestehen, daß sich der mittlere Einkaufspreis (wegen Sortiments- und Preisveränderungen) von Jahr zu Jahr verändern würde. Diese Methode ist jedoch nicht anwendbar, da statistische Angaben über die Gesamtgröße des angehäuften Besitzes fehlen.

Zweitens kann man den mittleren Preis einer Einheit jeder Güterart bestimmen und ihre allgemeine Bewertung ermitteln, indem man den Preis mit der Größe des zu einem bestimmten Zeitpunkt vorhandenen Besitzes multipliziert.

Die mittlere Nutzungsdauer wäre im ersten Fall genauer bestimmt als im zweiten, da im letzteren praktisch unumgängliche Kennziffern nur für einen Teil der angehäuften Güterarten verwendet werden (in unseren Berechnungen

Tabelle 32: Der Verkauf von Waren kulturell-häuslicher Bestimmung durch den staatlichen und kooperativen Handel (Tausend Stück)*

	1969	1968	1967	1966	1965	1964	1963	1962	1961	1960
Rundfunkgeräte	5559	5209	4912	4768	4980	4456	4249	3901	4132	4179
Fernsehgeräte	5073	4991	4271	3973	3338	2645	2231	1977	1803	1488
Kühlschränke	3305	2886	2388	1948	1458	971	780	805	680	518
Waschmaschinen	4517	4242	3897	3561	3141	2586	2108	1734	1253	907
Staubsauger	1041	962	821	721	643	535	515	575	476	417
Nähmaschinen	1231	1268	1261	1488	1677	1738	2203	2586	3613	3337
	1959	**1958**	**1957**	**1956**	**1955**	**1954**	**1953**	**1952**	**1951**	**1950**
Rundfunkgeräte	3888	3388	3346	3628	3474			1247		992
Fernsehgeräte	1132	912	590	583	483			68		12
Kühlschränke	425	340	291	214	144	144		28		1,2
Waschmaschinen	714	513	362	193	83			6		0,3
Staubsauger	354	220	247	162	121			18		6
Nähmaschinen	3101	2737	2764	2013	1647	1647	1647	823	823	510

* Nach „Narodnoje chozjaistvo SSSR“, 1959, 1960, 1962, 1963, 1964, 1967, 1968, 1969. Die für die Jahre 1954, 1953 und 1951 fehlenden Daten werden unten unter der Voraussetzung ermittelt, daß der Verkauf der Waren beim Übergang zum nächsten Jahr konstant bleibt.

übrigens für den wesentlichen Teil). Aber wir mußten, wie schon festgestellt wurde, den zweiten Weg einschlagen.

Der Umfang der jährlichen Verkäufe von Waren an die Bevölkerung im Wertausdruck ist in den Angaben über die Warenstruktur des Einzelhandelumsatzes enthalten. Es gibt auch Angaben über den jährlichen Erwerb von langlebigen Gütern durch die Bevölkerung im Naturalausdruck. Die in beiden Fällen dargestellten Aggregate langlebiger Güter unterscheiden sich mit Ausnahme der Nähmaschinen in allen Warengruppen. Darum kann man die erwähnten Daten nur zur Ermittlung des mittleren Preises der Nähmaschinen verwenden. Die übrigen Preise ergaben sich aus Expertenschätzungen.

Tabelle 33: Bestimmung der Nutzungsfristen der Erzeugnisse des Haushaltsmaschinenbaus

	Am Ende des Jahres 1967 (Tausend Stück)	Nutzungsdauer (Anzahl der Jahre n_j)	Summe der Verkäufe (Tausend Stück) in n_j Jahren, beginnend mit dem Jahr 1967
Rundfunkgeräte	41895,9	9–10	39465–42853
Fernsehgeräte	22723,2	9	22858
Kühlschränke	11124,9	14	11106
Waschmaschinen	21066,3	15	21052
Staubsauger	5207,4	10	5277
Nähmaschinen	35505,0	19	35215

Tabelle 34: Bestimmung der Nutzungsdauer der Erzeugnisse des Haushaltsmaschinenbaus

	Am Ende des Jahres 1968 (Tausend Stück)	Nutzungsdauer (Anzahl der Jahre n_j)	Summe der Verkäufe (Tausend Stück) in n_j Jahren, beginnend mit dem Jahr 1968
Rundfunkgeräte	44547,0	9–10	40786–44674
Fernsehgeräte	26824,0	9	26717
Kühlschränke	13891,0	14	13848
Waschmaschinen	25387,0	15	25377
Staubsauger	5987,5	10	6019
Nähmaschinen	36883,0	19	36483

Tabelle 35: Bestimmung der Nutzungsdauer der Erzeugnisse des Haushaltsmaschinenbaus

	Am Ende des Jahres 1969 (Tausend Stück)	Nutzungsdauer (Anzahl der Jahre n_j)	Summe der Verkäufe (Tausend Stück) in n_j Jahren, beginnend mit dem Jahr 1969
Rundfunkgeräte	46648,1	10	46345
Fernsehgeräte	30695,9	9	30302
Waschmaschinen	29729,1	14	29728
Kühlschränke	17160,7	15	17153
Staubsauger	6767,6	10	6706
Nähmaschinen	37946,9	20	37714

Tabelle 36: Bestimmung der mittleren Nutzungsdauer der Erzeugnisse des Haushaltsmaschinenbaus

	Mittlerer Preis (Rubel)	1967		1968		1969		1967	1968	1969
		Tausend Stück	Tausend Rubel (a_j)	Tausend Stück	Tausend Rubel (a_j)	Tausend Stück	Tausend Rubel (a_j)	$n_j a_j$	$n_j a_j$	$n_j a_j$
Rundfunkgeräte	100	39465	3946500	40786	4078600	46345	4634500	35518500	36707400	46345000
Fernsehgeräte	300	22858	6857400	26717	8015100	30302	9090600	61716600	72135900	81815400
Kühlschränke	250	11106	2776500	13848	3462000	17153	4288250	38871000	48468000	64323750
Waschmaschinen	80	21052	1684160	25377	2030160	29728	2378240	21894080	30452400	33295360
Staubsauger	40	5277	211080	6019	240760	6706	268240	2110800	2407600	2682400
Nähmaschinen	77	35215	2711555	36483	2809191	37714	2903978	48807990	53374629	58079560
Σ			18187195		20635811		23563808	208918970	243545929	286541470
$\frac{\Sigma a_j n_j}{\Sigma a_j}$								11,48715	11,80210	12,160236

Angaben über die jährlichen Einkäufe von Nähmaschinen existieren für die Jahre 1960, 1965, 1968 und 1969. Der mittlere Preis einer Nähmaschine wurde als arithmetisches Mittel aus den Preisen dieser vier Jahre berechnet und betrug 77 Rubel.

Durch eine Näherungsschätzung ist es möglich, die von der Bevölkerung akkumulierten Erzeugnisse des Haushaltsmaschinenbaus im Wertausdruck und auf dieser Grundlage ihre mittlere Nutzungsdauer zu bestimmen (Tabelle 36). Sie beträgt ungefähr 12 Jahre. Da es keine Daten über die bei der Bevölkerung vorhandenen Möbel, Glas- und Keramikerzeugnisse und Erzeugnisse der Leichtindustrie gibt, können die Nutzungsdauern der Konsumtionsgüter dieser Gruppen nicht mit der dargelegten Methode bestimmt werden. Die Nutzungsdauer dieser Erzeugnisse wurde durch Expertenschätzung ermittelt. Im weiteren ist vorgesehen, die Bestimmung der Nutzungsdauer langlebiger Güter nach Zweigen durch Stichprobenerhebungen zu präzisieren. Von besonderem Interesse wären Erhebungen über den Besitz langer und mittlerer Nutzungsfristen im Wertausdruck für eine breite Warennomenklatur: Rundfunkgeräte, Fernsehgeräte, Kühlschränke, andere elektrische Haushaltsgeräte, Nähmaschinen, Möbel, Glas-, Porzellan- und Keramikgeschirr, Bekleidung, Schuhe, Autos, Musikinstrumente und Uhren. In einigen Ländern (USA, ČSSR) werden regelmäßig Stichprobenerhebungen mit Fragebogen durchgeführt, um den Besitz an langlebigen Gütern im Wertausdruck zu schätzen.

Mit der Methode der stetigen Inventarisierung wurde die Nutzungsdauer der Grundfonds nichtproduktiver Bestimmung ermittelt. Die Statistik weist ihren Umfang zu einem bestimmten Zeitpunkt aus.

Die Gesamtproduktion des Wohnungs- und Gesellschaftsbaus betrug in der UdSSR in den Jahren 1918 bis 1970 346,6 Milliarden Rubel (in Preisen des Jahres 1969). Die Grundfonds des Wohnungs- und Gesellschaftsbaus betrugen am 1. Januar 1971 276 Milliarden Rubel (in Preisen des Jahres 1955)[7]. Mit dem Koeffizienten 1,17, der sich aus der Gegenüberstellung der Angaben über die Investitionen nichtproduktiver Bestimmung von 1918 bis 1969 in Preisen der Jahre 1955 und 1969 ergab (nach den statistischen Jahrbüchern von 1969 und 1970), wurden die Grundfonds auf die Preisbasis von 1969 übergeführt. Die tatsächliche Menge nichtproduktiver Fonds betrug 1970 (in Preisen des Jahres 1969) 322,9 Milliarden Rubel. Der Gesamtumfang der Investitionen für 52 Jahre übersteigt etwas die Größe der Fonds nichtproduktiver Bestimmung. Bei unseren perspektivischen Berechnungen haben wir angenommen, daß die Nutzungsdauer der nichtproduktiven Fonds 50 Jahre beträgt.

Eine Zusammenstellung der mit den erwähnten Methoden erhaltenen Daten über die Nutzungsfristen langlebiger Güter findet man in der Tabelle 37.

In den weiteren Berechnungen wurde angenommen, daß sich die Aussonderung langlebiger Güter nicht über einige Jahre hinzieht, sondern in einem

[7] „Narodnoje chozjaistvo SSSR 1970“, S. 61.

Tabelle 37: Zeiträume zwischen dem Jahr des Erwerbs der Güter und dem Jahr, in dem sie aus der Konsumtion auszuscheiden beginnen

Zweige	Zeitraum in Jahren	Zweige	Zeitraum in Jahren
20. Haushaltmaschinenbau	12	29. Glas-, Porzellan- und Keramikindustrie	3
21. Wohnungs- und Gesellschaftsbau	50	30. Leichtindustrie	2
22. Erzeugung von Elektro- und Wärmeenergie	1	31. Lebensmittelindustrie	1
23. Schwarzmetallurgie	1	32. Sonstige Zweige des Maschinenbaus	1
24. Buntmetallurgie	1	33. Generalreparatur von Gebäuden	1
25. Brennstoffindustrie	1	34. Landwirtschaft	1
26. Chemische Industrie	1	35. Sonstige Zweige der materiellen Produktion	1
27. Möbelindustrie	15		
28. Baumaterialienindustrie	1		

Jahr vor sich geht. Natürlich vereinfacht eine solche Annahme etwas die reale Situation, weil in Wirklichkeit die in einem bestimmten Jahr geschaffenen langlebigen Güter im Verlauf einiger Jahre aus der Konsumtion ausscheiden. Allerdings hatten wir keine Daten zur Verfügung, um die zeitliche Verteilung dieses Ausscheidens zu bestimmen.

8.2.3. *Die Bestimmung des normalen Niveaus der Bedürfnisbefriedigung*

Wie schon erwähnt, ist das normale Niveau der Bedürfnisbefriedigung nicht das gerade erreichte Konsumtionsniveau, sondern ein früher erreichtes Niveau, an das sich die Bevölkerung gewöhnt hat. Für die Zweige, in denen die Nutzungsdauer der Güter $\varphi_j = 1$ beträgt, wurde $v_j^{\min}$ für 1966 auf dem Niveau des Erwerbs von Waren der entsprechenden Zweige durch die Bevölkerung im Jahre 1963 gewählt (Tabelle 38).

Für die Zweige, in denen $\varphi_j > 1$ ist, wurde $v_j^{\min}$ unter Beachtung der Akkumulation von mittel- und langlebigen Gütern durch die Bevölkerung entsprechend den Nutzungsfristen bestimmt. Für die Glas-, Porzellan- und Keramikindustrie und die Leichtindustrie wurde der gesamte Erwerb in den Jahren 1961–1963 bzw. 1962–1963 bestimmt.

Der Besitz der Bevölkerung an Erzeugnissen der Möbelindustrie und des Haushaltsmaschinenbaus wurde auf der Grundlage von Angaben über den Einzelhandelswarenumsatz von 1949–1963 ermittelt (Möbelindustrie) bzw. von 1953–1963 (Haushaltsmaschinenbau) (Tabelle 39).

Die Größe der jährlichen Verkäufe der entsprechenden Waren, die den Angaben über die Struktur des Einzelhandelswarenumsatzes des staatlichen

Tabelle 38: Bereitstellung von Lebensmitteln und anderen Waren für die Bevölkerung (in Preisen der entsprechenden Jahre, in Millionen Rubel)[1]

	1961	1962	1963
22. Elektroenergie			1506,2
23. Schwarzmetallurgie			353,6
24. Buntmetallurgie			260,3
25. Brenstoffindustrie			1664,4
26. Chemische Industrie			1370,8
27. Baumaterialienindustrie			487,7
29. Glas-, Porzellan- und Keramikindustrie	366,6	369,7	376,8
30. Leichtindustrie		23561,6	23761,7
31. Lebensmittelindustrie			50016,6
34. Landwirtschaft			20653,2
35. Sonstige Zweige der materiellen Produktion			1917,7

[1] „Narodnoje chozjaistvo SSSR 1964".

Tabelle 39: Einzelhandelsverkauf einiger Waren (Millionen Rubel)*

	1952	1953	1954	1955	1956	1957
Möbel	355,1	465,18**	609,38	685,0	764,9	891,1
Erzeugnisse des Haushaltsmaschinenbaus (Fahrräder, Rundfunkgeräte, Musikinstrumente u. a.)		2494,97	3032,2	3336,9	3756,8	4386,8

	1958	1959	1960	1961	1962	1963
Möbel	1074,7	1351,9	1591	1744	1963	2208
Erzeugnisse des Haushaltsmaschinenbaus (Fahrräder, Rundfunkgeräte, Musikinstrumente u. a.)	4917,6	4774,8	5238	5256	5524	5740

* „Narodnoje chozjaistvo SSSR" 1958, 1959, 1964.
** Berechnet als Mittelwert zwischen 1952 und 1954.

und kooperativen Handels entnommen wurde, entspricht nur dem persönlichen Verbrauch. Zur Berechnung der materiellen Aufwendungen in der Sphäre der nichtmateriellen Produktion wurden — wie schon erwähnt — korrigierende Koeffizienten verwendet, die auf Daten der Verflechtungsbilanz von 1966 beruhen. Als minimal notwendiges Niveau der Fonds nichtproduktiver Bestimmung wurde die Größe dieser Fonds im Jahre 1963 angenommen.

Das normale Niveau der Bedürfnisbefriedigung ist in Tabelle 40 zusammenfassend dargestellt.

Tabelle 40: Normales Niveau der Bedürfnisbefriedigung (in Prozent zur Summe)

Zweige	v_j^{min}	v_j^{max}
20. Haushaltsmaschinenbau	15,7	16,9
21. Wohnungs- und Gesellschaftsbau	45,1	48,7
22. Erzeugung von Elektro- und Wärmeenergie	0,4	0,48
23. Schwarzmetallurgie	0,08	0,06
24. Buntmetallurgie	0,05	0,06
25. Brennstoffindustrie	0,42	0,7
26. Chemische Industrie	0,34	0,66
27. Möbelindustrie	3,7	10,4
28. Baumaterialienindustrie	0,11	0,26
29. Glas-, Porzellan- und Keramikindustrie	0,3	0,3
30. Leichtindustrie	12,3	9,7
31. Lebensmittelindustrie	12,5	7,4
32. Sonstige Zweige des Maschinenbaus	2,5	1,68
33. Generalreparatur von Gebäuden	0,8	0,45
34. Landwirtschaft	5,2	2,1
35. Sonstige Zweige der materiellen Produktion	0,5	0,15
Summe	100,0	100,0

8.2.4. *Die Bestimmung des maximalen Niveaus der Bedürfnisbefriedignng*

Als Größen v_j^{max} wurde in allen Fällen, in denen das möglich ist (d. h. für Zweige, deren Produktion von der Bevölkerung im wesentlichen als persönliches Eigentum erworben wird), das Konsumtionsniveau angenommen, das von der Gruppe der Arbeiter und Angestellten mit einem jährlichen Pro-Kopf-Einkommen von über 1800 Rubel erreicht wurde (nach Angaben der Budgeterhebungen des Jahres 1968). In der Tabelle 41 ist die Gruppierung nach den Zweigen der Verflechtungsbilanz dargestellt.

Auf Grund der bekannten Nichtübereinstimmung von Nachfrage und Angebot bei den Waren des Massenbedarfs unterscheidet sich die ursprüngliche Nach-

Tabelle 41: Verteilung der Ausgabenpositionen des Verbraucherbudgets nach Zweigen der Verflechtungsbilanz

Zweige der Verflechtungsbilanz	Ausgabenpositionen nach Angaben der Budgeterhebungen
Haushaltsmaschinenbau	Musikinstrumente Rundfunkgeräte Armbanduhren Sonstige Uhren Sportartikel Autos Elektrische Haushaltsgeräte Gegenstände des täglichen Hausgebrauchs (0,6 der Gesamtsumme)
Elektroenergieerzeugung	Bezahlung der Elektroenergie
Brennstoffindustrie	Heizungskosten Holz Steinkohle Petroleum Sonstige Brennstoffarten
Chemische Industrie	Haushaltsseife Toilettenseife Parfümerieartikel Medikamente Synthetische Waschmittel
Möbelindustrie	Möbel
Baumaterialienindustrie	Baumaterialien
Glas-, Porzellan- und Keramikindustrie	Gegenstände des täglichen Hausgebrauchs (0,4 der Gesamtsumme)
Leichtindustrie	Stoffe (insgesamt) Stückartikel aus Stoffen (insgesamt) Konfektionsbekleidung (insgesamt) Kopfbedeckungen Wäsche Trikotagen Strümpfe Kurzwaren Gardinen Schuhe Anfertigung und Reparatur von Bekleidung und Schuhen

Tabelle 41 (Fortsetzung)

Zweige der Verflechtungsbilanz	Ausgabenpositionen nach Angaben der Budgeterhebungen
Lebensmittelindustrie	Einkauf von Nahrungsmitteln Einkauf von Spirituosen und Wein Ernährung bei zeitweiliger Abwesenheit (0,4 der Gesamtsumme) Zigaretten
Landwirtschaft	Einkauf von Nahrungsmitteln auf dem Kolchosmarkt Ernährung bei zeitweiliger Abwesenheit (gekauft auf dem Kolchosmarkt)

frage der Bevölkerung von der endgültigen. Deshalb kann die Konsumtionsstruktur der Bevölkerungsgruppe mit hohem Einkommen nicht völlig als Maßstab für jene Konsumtionsstruktur dienen, die die Bevölkerung vorziehen würde. Darum ist es offensichtlich nicht immer rationell, als maximales Niveau der Bedürfnisbefriedigung das Konsumtionsniveau der Gruppe mit hohem Einkommen zu verwenden. Es ist notwendig, sich bei der Bestimmung des maximalen Niveaus des normativen Herangehens zu bedienen. Dennoch sind alle Einkommensgruppen mit den Bedingungen der Nichtübereinstimmung von Nachfrage und Angebot konfrontiert. In diesem Fall ist die Konsumtionsstruktur der Bevölkerungsgruppe mit hohem Einkommen jene Struktur, nach der die übrige Bevölkerung des Landes strebt, die bezüglich der Erwerbsmöglichkeiten der Waren auf dem Markt die gleichen Bedingungen haben.

Das Niveau $v_j^{\max}$ wurde für die Erzeugnisse des Haushaltsmaschinenbaus, für Möbel, Glas und Porzellan-Keramik-Erzeugnisse, für die Produkte der Leichtindustrie als Summe der jährlichen Ausgaben der Bevölkerungsgruppe mit einem Einkommen von über 1800 Rubel für den Erwerb dieser Erzeugnisarten innerhalb eines Zeitraumes festgesetzt, der der entsprechenden Nutzungsdauer der Güter entspricht.

Für die Bestimmung der vollständigen Größe $v_j^{\max}$, die die Bedürfnisse der nichtmateriellen Sphäre berücksichtigt, wird die gleiche Methode wie bei der Bestimmung von $v_j^{\min}$ angewendet.

Die bei der Ermittlung des maximalen Niveaus der Bedürfnisbefriedigung verwendete Annahme, daß sich die Bevölkerung bei der Auswahl der Konsumtionsstruktur nach der Gruppe mit hohem Einkommensniveau richtet, ist nicht ganz exakt. Sie berücksichtigt nicht die sozialen Unterschiede in den Bedürfnissen, die Veränderung der Verbrauchsstruktur der höchsten Einkommensgruppe. Schließlich berücksichtigt sie auch nicht die Tatsache, daß unter den Bedingungen einer gewissen Nichtübereinstimmung zwischen Angebot und Nachfrage Personen, die zur höchsten Einkommensgruppe gehören (wie auch die gesamte Bevölkerung), nicht immer ihr Geld entsprechend ihren tatsächlichen Präferenzen ausgeben können. Alle diese Mängel der Bestimmung von v_j^{max} sollen im weiteren bei der Ausarbeitung einer genaueren Methodik beseitigt werden.

Die Angaben der Budgeterhebungen konnten nicht verwendet werden, um die Bedürfnisse nach Wohnraum zu berechnen, da diese Angaben keine Kennziffern enthalten, die die Versorgung mit Wohnraum charakterisieren.

Als Normativ des vollen Bedürfnisses wurden 20 m^2 gesamter (Nutz-)fläche pro Kopf der Bevölkerung angenommen. Der Wert eines Meters wurde anhand von Angaben über den Umfang der Investitionen und die Übergabe von Wohnraum in den Jahren 1966—1970 ermittelt. Das auf die Gesamtbevölkerung übertragene Normativ ergab — multipliziert mit dem auf die beschriebene Weise erhaltenen Wert eines Quadratmeters — die von uns angenommene Größe des vollen Bedürfnisses nach Wohnraum im Geldausdruck. Es wurde auch berücksichtigt, daß man sich bei der Bestimmung des Bedürfnisses nicht nach dem mittleren Wert des gesamten übergebenen Wohnraums, sondern des Wohnraums erhöhter Qualität richten muß, der mit zusätzlichen Aufwendungen verbunden ist. Unter Beachtung dieser Korrektur wurde der mittlere Wert eines m^2 gesamter (Nutz-)fläche bei der Berechnung des Bedürfnisses gleich 150 Rubel angenommen.

Der Anteil des Wohnraums an den nichtproduktiven Grundfonds beträgt in den letzten Jahren 65%. Durch Extrapolation dieses Verhältnisses erhält man das volle Bedürfnis nach nichtproduktiven Grundfonds. Natürlich ist das nur ein Näherungswert, da die Annahme über das volle Bedürfnis nach Wohnraum (20 m^2 pro Kopf) und die Annahme über die Konstanz des Anteils des Wohnraums an den nichtproduktiven Grundfonds sehr bedingt sind. In Wirklichkeit ist die Größe des vollen Bedürfnisses wahrscheinlich höher als das von uns berechnete Niveau.

8.2.5. Die Bestimmung der Matrix der Restbestände an langlebigen Gütern nach Jahren der Planperiode

Für die Bestimmung von z_j, dem Befriedigungsgrad eines einzelnen perspektivischen Bedürfnisses j, reicht es nicht aus, den Produktionsumfang im entsprechenden Jahr der Planperiode zu kennen. Für die Vergleichbarkeit der Größen v_j, v_j^{min}, v_j^{max} bei der Ermittlung der Größen z_j ist es notwendig, die Menge der bei der Bevölkerung zu Beginn jedes Planjahres vorhandenen langlebigen Güter zu kennen, wobei nicht nur Güter in Betracht zu ziehen sind, die in der Planperiode selbst angehäuft wurden, sondern auch Güter, die aus der Vorplanperiode im Verbrauch verblieben sind. Zur Berechnung der letzteren

Tabelle 42: Matrix der Restbestände an lang- und kurzlebigen Gütern (in % zur Summe)

	Jahre der Planperiode									
	1	2	3	4	5	6	7	8	9	10
20. Haushaltsmaschinenbau	22,1	23,2	22,2	20,6	20,7	17,2	15,3	13,2	10,8	7,9
21. Wohnungs- und Gesellschaftsbau	60,4	67,4	69,8	71,4	71,6	71,1	77,3	79,7	82,6	86,1
22. Erzeugung von Elektro- und Wärmeenergie	0	0	0	0	0	0	0	0	0	0
23. Schwarzmetallurgie	0	0	0	0	0	0	0	0	0	0
24. Buntmetallurgie	0	0	0	0	0	0	0	0	0	0
25. Brennstoffindustrie	0	0	0	0	0	0	0	0	0	0
26. Chemische Industrie	0	0	0	0	0	0	0	0	0	0
27. Möbelindustrie	7,3	8,0	8,0	8,0	7,7	7,7	7,4	7,1	6,6	6,0
28. Baumaterialienindustrie	0	0	0	0	0	0	0	0	0	0
29. Glas-, Porzellan- und Keramikindustrie	0,3	0,2	0	0	0	0	0	0	0	0
30. Leichtindustrie	7,8	0	0	0	0	0	0	0	0	0
31. Lebensmittelindustrie	0	0	0	0	0	0	0	0	0	0
32. Sonstige Zweige des Maschinenbaus	2,1	1,2	0	0	0	0	0	0	0	0
33. Generalreparatur	0	0	0	0	0	0	0	0	0	0
34. Landwirtschaft	0	0	0	0	0	0	0	0	0	0
35. Sonstige Zweige der materiellen Produktion	0	0	0	0	0	0	0	0	0	0
Summe	100,0	100,0	100,0	100,0	100,0	100,0	100,0	100,0	100,0	100,0

wird eine spezielle Matrix der Restbestände verwendet, die sich wie folgt ergibt.

Analog zur Bestimmung des minimalen Niveaus der Bedürfnisbefriedigung $v_j^{\min}$ wird die erste Spalte der Matrix der Restbestände ermittelt, die die Restbestände der Güter am Ende des Basisjahres (1966) angibt. Die folgenden Spalten der Matrix enthalten den Bestand an langlebigen Gütern, die bis zum Beginn der Planperiode angehäuft wurden und bis zum Beginn des zweiten, dritten usw. Jahres der Planperiode im Verbrauch verblieben sind (ursprünglicher Restbestand minus Aussonderungen). Es wird angenommen, daß die Aussonderung in einem bestimmten Jahr gleich der Größe des Erwerbs von langlebigen Gütern in jenem Jahr ist, das um so viele Jahre zurückliegt, wie die Nutzungsdauer der entsprechenden Güter beträgt. Nach der vollständigen Aussonderung der in der Vorplanperiode erworbenen Güter sind die entsprechenden Elemente in der Matrix der Restbestände gleich Null.

Natürlich bestehen die Zeilen der Matrix, die jenen Zweigen entsprechen, die kurzlebige Erzeugnisse produzieren, nur aus Nullelementen.

In den unten beschriebenen Berechnungen haben wir für eine für 10 Jahre berechnete Matrix der Restbestände verwendet (Tabelle 42).

8.2.6. *Die Bestimmung der Gewichtungskoeffizienten*

Um den Einfluß der Aggregation zu eliminieren, müssen Gewichtskoeffizienten k_j eingeführt werden, die nach folgender Formel berechnet werden:

$$k_j = \frac{L_j^{\max}}{\max\limits_j \{L_j^{\max}\}},$$

wobei $L_j^{\max} = l_j v_j^{\max}$, $j = 1(1)\, n$ ist.

Die Größen l_j (voller Arbeitsaufwand für die Herstellung einer Einheit Endprodukt j) erhält man aus den Modellberechnungen nach der Formel

$$l_j = \sum_i \tau_i c_{ij}, \qquad j = 1(1)\, n, \tag{44}$$

wobei τ_i die Koeffizienten des direkten Arbeitsaufwands und c_{ij} die Elemente der Matrix $(E - A)^{-1}$ sind. Die Größen τ_i werden im Modell exogen vorgegeben, die c_{ij} ergeben sich aus der Inversion der Matrix $(E - A)$.

Die Ergebnisse der Berechnung der Gewichtungskoeffizienten sind in Tabelle 43 angegeben. Obwohl man die Koeffizienten allgemein für jedes Jahr der Planperiode berechnen kann, wurde vorausgesetzt, daß sie sich konstant auf dem für das Basisjahr berechneten Niveau befinden. Das liegt daran, daß sich die Beziehungen zwischen den l_j im Verlaufe von 5—10 Jahren nur unwesentlich verändern, und der Vektor $v^{\max}$ wurde in unseren Berechnungen als von der Zeit unabhängig betrachtet.

Tabelle 43: Gewichtungskoeffizienten (k_j)

Zweige	k_j	Zweige	k_j
20. Haushaltsmaschinenbau	0,501	29. Glas-, Porzellan- und Keramikindustrie	0,0055
21. Wohnungs- und Gesellschaftsbau	1	30. Leichtindustrie	0,266
22. Erzeugung von Elektro- und Wärmeenergie	0,0113	31. Lebensmittelindustrie	0,302
23. Schwarzmetallurgie	0,0016	32. Sonstige Zweige des Maschinenbaus	0,0584
24. Buntmetallurgie	0,0017	33. Generalreparatur von Gebäuden	0,0176
25. Brennstoffindustrie	0,0187	34. Landwirtschaft	0,121
26. Chemische Industrie	0,0181	35. Sonstige Zweige der materiellen Produktion	0,0603
27. Möbelindustrie	0,318		
28. Baumaterialienindustrie	0,0087		

8.3. Modellrechnungen mit der Konsumtionszielfunktion

Die Berechnungen des Modells der dynamischen Verflechtungsbilanz mit der Konsumtionszielfunktion wurden für den Zeitraum von 10 Jahren auf der EDVA BESM-6 auf der Grundlage des oben besprochenen Algorithmus realisiert. Dabei wurde neben jener Information, deren Gewinnungsmethoden im vorliegenden Kapitel beschrieben wurden, natürlich die gesamte übliche Information einer dynamischen Bilanz verwendet.

In der ersten Iteration wurde die Berechnung der Produktion in jedem Jahr der Planperiode mit einer gleichmäßigen Skala realisiert (d. h. bei der Forderung nach gleichen Wachstumstempi der Produktion der Abteilung II in allen Zweigen). Bei der Suche des Maximalwertes von D wird die Produktionsstruktur dann verändert.

Die Berechnungsergebnisse sind in Tabelle 44 angegeben.

Im Ergebnis der Modellrechnungen mit der Konsumtionszielfunktion ergab sich die optimale Produktionsstruktur der Konsumgüter. Sie war durch folgende Eigenschaften gekennzeichnet:

Die höchsten Wachstumstempi weisen der Wohnungs- und Gesellschaftsbau (113,65%), der Haushaltsmaschinenbau (113,8%) und die Möbelindustrie (116,0%) auf.

Unserer Meinung nach wird das Wachstumstempo der Möbelindustrie in unseren Berechnungen etwas zu hoch ausgewiesen, weil der Faktor der gegenseitigen Ergänzung der Güter in der Konsumtion (Möbelindustrie — Wohnungs- und Gesellschaftsbau) ungenügend berücksichtigt wird. Gegenwärtig muß also entsprechend den vorhandenen Bedürfnissen der Bevölkerung eine Anhäufung von Besitz (Erzeugnisse des Haushaltsmaschinenbaus, Möbel) und Wohnraum (Wohnungs- und Gesellschaftsbau) erfolgen.

Tabelle 44: Durchschnittliche jährliche Wachstumstempi der Produktion und Konsumtion der Erzeugnisse der Abteilung II (in %)

	Produktion	Konsumtion
Haushaltsmaschinenbau	113,80	108,7
Wohnungs- und Gesellschaftsbau	113,65	110,1
Erzeugung von Elektro- und Wärmeenergie	109,95	109,95
Schwarzmetallurgie	105,85	105,85
Buntmetallurgie	107,70	107,70
Brennstoffindustrie	102,15	102,15
Chemische Industrie	109,35	109,35
Möbelindustrie	116,00	114,00
Baumaterialienindustrie	108,80	108,80
Glas-, Porzellan- und Keramikindustrie	108,00	108,70
Leichtindustrie	108,10	108,30
Lebensmittelindustrie	107,45	107,45
Sonstige Zweige der Industrie	110,35	110,70
Generalreparatur von Gebäuden	104,45	104,45
Landwirtschaft	107,05	107,05
Sonstige Zweige der materiellen Produktion	100,85	100,85
Insgesamt	108,75	107,51

Die Wachstumstempi der chemischen Industrie (109,35%) sind ebenfalls hoch. Die Erzeugnisse dieses Zweiges verdrängen die substituierte Produktion traditioneller Zweige.

Die Erhöhung des Produktionsausstoßes des Haushaltsmaschinenbaus führt in bedeutendem Maße zu hohen Wachstumstempi der Elektroenergieerzeugung.

Etwas geringer sind die Wachstumstempi der Lebensmittel- und Leichtindustrie sowie der Landwirtschaft und der Brennstoffindustrie. Die Analyse der Wachstumstempi verschiedener im Modell dargestellter Zweige und der realen Wachstumstempi deckt folgende Besonderheiten auf.

In einigen Zweigen (Haushaltsmaschinenbau, chemische Industrie) ist eine positive Tendenz beschleunigten Wachstums der Bedürfnisbefriedigung zu verzeichnen. Die durchschnittlichen jährlichen Wachstumstempi dieser Industriezweige betrugen im Zeitraum 1965—1970 114,9% bzw. 114%. Gegenwärtig sind die Bedürfnisse nach Erzeugnissen des Haushaltsmaschinenbaus und der chemischen Industrie äußerst ungesättigt. Die mittlere Nutzungsdauer der langlebigen Güter ist ebenfalls sehr hoch. Im Maße der Sättigung der Bedürfnisse ist eine Verkürzung der mittleren Nutzungsdauer zu erwarten, d. h. eine Beschleunigung der Aussonderung der Güter aus dem Verbrauch. Das wird zu einem Faktor, der das Bedürfnis der Bevölkerung nach neuen Exemplaren der entsprechenden Güter erhöht. Außerdem bildet sich das Bedürfnis nach neuen Gütern heraus, die der Bevölkerung praktisch nicht bekannt sind. Auf die Entwicklung dieser Bedürfnisse wirkt sich der unmittelbare Einfluß des technischen Fortschritts stärker aus als auf irgendwelche anderen Bedürfnisse. Somit sind also eine hinreichend bedeutende quantitative Erhöhung des Bedürfnisses nach langlebigen Gütern und wachsende Forderungen an ihre Qualität zu erwarten.

Das Wachstumstempo der Möbelindustrie (108% im Fünfjahrplan 1965 bis 1970) entspricht offensichtlich nicht ganz dem Umfang der perspektivischen Bedürfnisse. Ein Maß für diese Nichtübereinstimmung können wir jedoch nicht angeben, weil das Wachstumstempo der Möbelindustrie in unseren Berechnungen erhöht ausgewiesen wurde.

Die berechneten Wachstumstempi der Leichtindustrie sind etwas niedriger als die realen (1965—1970): 108% und 110%. Das ist damit zu erklären, daß im Modell angenommen wird, eine Reihe von Zweigen mit höherem Tempo zu entwickeln, deren Wachstumstempo gegenwärtig ungenügend ist (Elektroenergieerzeugung, Wohnungs- und Gesellschaftsbau). Dabei gehen wir allerdings von der Voraussetzung aus, daß die Wachstumstempi der Leichtindustrie hinreichend groß bleiben.

Etwas über den realen Wachstumstempi liegt die Lebensmittelindustrie (107% gegenüber 106% im Fünfjahrplan 1965—1970). Gegenwärtig ist in der UdSSR das Bedürfnis nach Lebensmitteln mehr befriedigt. Gleichzeitig sind erhebliche Veränderungen der qualitativen Seite der Bedürfnisse zu erwarten, ihrer konkreten Struktur zugunsten qualitativ hochwertiger, teuerer Produkte tierischen und pflanzlichen Ursprungs bei sinkendem Bedürfnis nach solchen traditionellen Erzeugnissen wie Brot, Bäckereiwaren, Kartoffeln.

Die Berechnungen belegen die Notwendigkeit, die Wachstumstempi des Wohnungs- und Gesellschaftsbaus wesentlich zu erhöhen. In den Jahren 1965 bis 1970 betrugen sie durchschnittlich 106%, die Optimierungsrechnung ergab 113,7%. Die höheren Wachstumstempi des Wohnungs- und Gesellschaftsbaus müssen eine quantitative Vergrößerung des Wohnraumfonds und seine qualitative Verbesserung sichern. Das Bedürfnis nach Wohnraum wurde mit der Orientierung auf eine Norm von 20 m^2 verbesserten Wohnraums pro Kopf der Bevölkerung bestimmt. Es ist sehr wahrscheinlich, daß mit der Annäherung der Bedürfnisbefriedigung an dieses Niveau festgestellt wird, daß das volle Bedürfnis in Wirklichkeit wesentlich höher ist. Außerdem sind große Aufgaben bezüglich der Wohnkultur zu lösen. Alle diese Tatsachen unterstreichen die Notwendigkeit höherer Wachstumstempi des Wohnungs- und Gesellschaftsbaus.

Ansonsten entsprechen die Grundtendenzen der Konsumtionsentwicklung, die sich aus den Modellrechnungen ergaben, den realen Tendenzen.

9. Dynamische Mehrzweig-Optimierungsmodelle der Volkswirtschaft

Im folgenden werden Optimierungsmodelle vorgestellt, die mit dem Apparat der mathematischen Programmierung verbunden sind.[1]

Aus der Sicht des in ihnen angewandten mathematischen Apparats können die Modelle in zwei Gruppen eingeteilt werden:

Modelle der linearen Optimierung,

Modelle der Maximierung des Wertes einer nichtlinearen Zielfunktion bei linearen Restriktionen.

Wir werden die Parameter der Modelle in allgemeiner Form darstellen und an sie rein formale Forderungen stellen (z. B. ihre Positivität). Die Zusammenstellung und der ökonomische Inhalt der Ausgangsinformation, die für die Bestimmung der Parameter verwendet wird, ist in den vorhergehenden Kapiteln beschrieben worden.

9.1. Ein lineares Verflechtungs-Optimierungs-Modell der Volkswirtschaft

Wir betrachten die Volkswirtschaft als eine Gesamtheit von m Zweigen, von denen jeder ein aggregiertes Produkt herstellt. Unter ihnen gibt es s fondsschaffende Zweige. Die Numerierung der Zweige möge mit ihnen beginnen, so daß die fondsschaffenden Zweige die Nummern 1, 2, 3, ..., s haben. Unter den m Zweigen gibt es n Zweige, deren Produktion unmittelbar in die nichtproduktive Konsumtion geht. Das Modell wird als lineare Optimierungsaufgabe dargestellt (für jedes Jahr t):

Bestimme nichtnegative Werte x_j, $j = 1(1)m$, z_k, $k = 1(1)n$, u_{ij}, $i = 1(1)s$, $j = 1(1)m$, v_{ik}, $i = 1(1)s$, $k = 1(1)n$, λ, die die Größe λM bei folgenden Restrik-

[1] L. V. Kantorovič [1] begründete die Möglichkeit der Anwendung des Apparates der linearen Optimierung für Aufgaben auf volkswirtschaftlicher Ebene und schlug erste volkswirtschaftliche dynamische Optimierungsmodelle vor (vgl. auch [2]).

tionen maximieren:

$$\sum_{j=1}^{m} a_{ij}x_j - x_i + \sum_{k=1}^{n} c_{ik}z_k + \sum_{j=1}^{m} u_{ij} + \sum_{k=1}^{n} v_{ik} = g_i, \tag{45}$$

Bewertung ξ_{i_n}, $i = 1(1)s$,

$$\sum_{j=1}^{m} a_{ij}x_j - x_i + \sum_{k=1}^{n} c_{ik}z_k = g_i,$$

Bewertungen ξ_i, $i = s + 1(1)m$,

$$\lambda\bar{z}_k - z_k = 0, \tag{46}$$

Bewertungen ω_k, $k = 1(1)n$,

$$b_{ij}x_j - \beta'_{ij}l'_{ij}u_{ij} \leqq \Phi_{ij} \tag{47}$$

Bewertungen η_{ij}, $i = 1(1)s$, $j = 1(1)m$,

$$d_{ik}z_k - \beta''_{ik}l''_{ik}v_{ik} \leqq F_{ik}, \tag{48}$$

Bewertungen ζ_{ik}, $i = 1(1)s$, $k = 1(1)n$,

$$\sum_{j=1}^{m} \gamma_j x_j + \sum_{k=1}^{n} \delta_k z_k \leqq W, \tag{49}$$

Bewertung θ,

$$\sum_{k=1}^{n} z_k - R\left[\sum_{i=1}^{s}\sum_{j=1}^{m} u_{ij} + \sum_{i=1}^{s}\sum_{k=1}^{n} v_{ik}\right] \leqq 0, \tag{50}$$

Bewertung φ.

Hierbei sind:

x_i, $i = 1(1)m$ — Umfang der Jahresproduktion des Zweiges i der Abteilung I,
z_k, $k = 1(1)n$ — Umfang der Jahresproduktion des Zweiges k der Abteilung II,
u_{ij}, $i = 1(1)s$, $j = 1(1)m$ — Produktionsmenge des fondsschaffenden Zweiges i, die für Nettoinvestitionen im Zweig j der Abteilung I verwendet wird,
v_{ik}, $i = 1(1)s$, $k = 1(1)n$ — Produktionsmenge des fondsschaffenden Zweiges i, die für Nettoinvestitionen im Zweig k der Abteilung II verwendet wird.

(Es sei hervorgehoben, daß der Index i, $i = 1(1)m$ die Nummer des produzierenden Zweiges, d. h. des Zweiges der Abteilung I, bezeichnet. Manchmal bezeichnet i, $i = 1(1)s$ nur die Nummer des fondsschaffenden Zweiges; im Text ist das jedoch immer kenntlich gemacht.)

j, $j = 1(1)m$ — Nummer des verbrauchenden Zweiges der Abteilung I,
k, $k = 1(1)n$ — Nummer des verbrauchenden Zweiges der Abteilung II.

Folgende Größen sind gegeben:

a_{ij}, $i = 1(1)m$, $j = 1(1)m$ — direkter Aufwandskoeffizient der Produktion des Zweiges i zur Herstellung einer Produktionseinheit des Zweiges j (unter Berücksichtigung des Zuwachses der Umlauffonds),

c_{ik}, $i = 1(1)m$, $k = 1(1)n$ — direkter Aufwandskoeffizient der Produktion des Zweiges i zur Herstellung einer Produktionseinheit des Zweiges k,

b_{ij}, $i = 1(1)s$, $j = 1(1)m$ — Fondsintensität der Produktion des Zweiges j der Abteilung I nach den Fondsarten i,

d_{ik}, $i = 1(1)s$, $k = 1(1)n$ — Fondsintensität der Produktion des Zweiges k der Abteilung II nach den Fondsarten i,

$l'_{ij}(l''_{ik})$ — Verhältnis der Fonds der Art i im Zweig j (im Zweig k), die im Ergebnis von Nettoinvestitionen in Betrieb genommen wurden, zum Gesamtumfang der Nettoinvestitionen dieser Art im gegebenen Zweig,

$\beta'_{ij}(\beta''_{ik})$ — Koeffizient der jährlichen durchschnittlichen Ausnutzung der Fonds der Art i im Zweig j (im Zweig k), die im Ergebnis von Nettoinvestitionen im selben Jahr in Betrieb genommen wurden,

$\gamma_j(\delta_k)$ — notwendige Arbeitsaufwendungen für die Herstellung einer Produktionseinheit im Zweig j (im Zweig k),

W — Arbeitskräfteressourcen im betrachteten Jahr,

F_{ij} (F^*_{ik}) — Umfang der Grundfonds der Art i, die im Zweig j (im Zweig k) genutzt werden, zu Beginn des betrachteten Jahres,

R — Verhältnis des Gesamtumfangs der Konsumtion (Produktion der Zweige der Abteilung II) zum Gesamtumfang der Akkumulation der Grundfonds aller Arten in allen Zweigen,

$\bar{z}_k$, $k = 1(1)n$ — die vorgegebene Produktionsstruktur der Zweige der Abteilung II, $\sum_{k=1}^{n} \bar{z}_k = M$.

Die Größen haben folgende Dimensionen:

$x, z, u, v, g, \bar{z}$ — Rubel/Jahr,
F, F^* — Rubel,
b, d, β — Jahr,
W — Menschen,
γ, δ — Menschen · Jahre/Rubel,
η, ζ — $(\text{Jahr})^{-1}$,
θ — Rubel/Menschen · Jahre,
$R, a, c, l, \lambda, \omega, \xi, \varphi$ — dimensionslose Größen.

Bezüglich der Parameter des Modells werden folgende Hypothesen angenommen:

$b_{ij}, d_{ij}, \gamma_j, \delta_k, R, \beta'_{ij}, \beta''_{ik}, l_i', l''_{ik}, \bar{z}_k, W, F_{ij}, F^*_{ik}$ — sind positive Zahlen, die Zahlen a_{ij} sind nichtnegativ und bilden eine quadratische Matrix A, bezüglich welcher vorausgesetzt wird, daß sie produktiv und nicht zerlegbar ist,

die Zahlen c_{ik} sind nichtnegativ, und es gilt $\sum_{i=1}^{m} c_{ik} < 1$, $k = 1(1)n$, da die Größen x_j, z_k in Wertform vorliegen,

die Größen g_i, $i = 1(1)m$, charakterisieren Außenhandelsoperationen und sind gleich der Differenz zwischen dem Import und dem Export der Produktion des Zweiges i.

Die Gleichungen (45) beschreiben die Bilanz der Herstellung von Verteilung der Produktion der Zweige der Abteilung I, und zwar: Das hergestellte Produkt des Zweiges der Abteilung I wird (möglicherweise mit dem Import) jährlich für die laufenden Aufwendungen zur Produktion der Erzeugnisse der Abteilung I, der Abteilung II und (für die fondsschaffenden Zweige) für Investitionen in Zweige der Abteilungen I und II verwendet, außerdem geht die Produktion möglicherweise in den Export.

Die Gleichungen (46) beschreiben die Produktionsstruktur der Zweige der Abteilung II. Addiert man die linken und rechten Seiten der Gleichungen, erhalten wir

$$\lambda \sum_{k=1}^{n} \bar{z}_k - \sum_{k=1}^{n} z_k = 0.$$

Berücksichtigt man, daß

$$\sum_{k=1}^{n} \bar{z}_k = M$$

ist, so ergibt sich

$$M\lambda + \sum_{k=1}^{n} z_k,$$

d. h., $M\lambda$ ist gleich dem Gesamtumfang der Bruttoproduktion der Zweige der Abteilung II, den wir mit dem Umfang des Konsumtionsfonds im betrachteten Jahr gleichsetzen.

Wenn wir also in der linearen Optimierungsaufgabe die Größe λM maximieren, maximieren wir in jedem Jahr den Umfang des Bruttokonsumtionsfonds in der vorgegebenen Struktur.

Die Ungleichungen (47) bis (48) bedeuten, daß der Bedarf an Grundfonds ihren Bestand zu Beginn des betrachteten Jahres und jenen Teil ihres Zuwachses im Jahr, der (im Jahresdurchschnitt) in der Produktion genutzt wird, übersteigen darf.

Die Ungleichung (49) drückt die Beschränkung bezüglich der Arbeitskräfteressourcen aus.

Die Ungleichung (50) erfordert eine Erklärung. Formal drückt sie die Tatsache aus, daß das Verhältnis der Konsumtion zum Gesamtumfang der Nettoinvestitionen eine vorgegebene Zahl R nicht überschreiten soll, die gewöhnlich gleich dem Wert im Basisjahr gesetzt oder in der Nähe dieses Wertes gewählt wird. Mit anderen Worten, es wird eine untere Grenze für die Akkumulationsrate der Grundfonds vorgegeben. Es handelt sich darum, daß auf jedem Jahresschritt der Rechnungen im Modell der Konsumtionsumfang maximiert wird. Dabei wird sich die Abteilung I nur in einem Tempo entwickeln, das der laufenden Maximierung der Konsumtion entspricht, ohne dabei die zukünftigen Konsequenzen zu beachten. Im Ergebnis dessen werden auf dem nächsten Schritt, wenn wir erneut das Maximum der Konsumtion suchen, die Wachstumstempi der Konsumtion niedriger sein als im ersten Jahr usw.

In den Arbeiten [3], [4] haben wir diese Erscheinung anhand dynamischer Zwei- und Mehr-Produkt-Modelle mit stetiger Zeit analysiert. Dabei ergab sich, daß nur bei einem fünfjährigen Berechnungsschritt (jede lineare Optimierungsaufgabe liefert die Lösung für einen Fünfjahrplan, d. h., x_i ist der Produktionsumfang des Zweiges i für fünf Jahre usw.) die Abteilung I und die Akkumulation gleichzeitig wachsen werden, womit die Bedingungen für stabile Wachstumstempi der Abteilung II geschaffen werden.

Bei Rechnungen mit realem Zahlenmaterial ist es unmöglich, den Rechenschritt größer als ein Jahr zu wählen, da die Parameter des Modells — a_{ij}, c_{ik}, b_{ij}, d_{ik}, γ_j, δ_k — sich von Jahr zu Jahr ständig ändern, so daß bei einer Vergrößerung des Rechenschrittes der Rundungsfehler dieser Parameter zu groß wird. Den Rechenschritt kleiner als ein Jahr zu wählen ist nicht sinnvoll, z. B. wegen des Jahreszyklus der landwirtschaftlichen Arbeiten.

Die Beschränkung (50) hält die Akkumulation auf einem Niveau, das für stabile Wachstumstempi der Konsumtion hinreichend ist. Im weiteren werden wir zeigen, wie sich die grundlegenden Kennziffern in Abhängigkeit von der Veränderung des Parameters R verändern.

Nachdem die Aufgabe für ein Jahr gelöst wurde, wird die Information zur Berechnung für das nächste Jahr vorbereitet. Die Grundfonds werden nach folgenden Formeln neu berechnet:

$$F_{ij}(t+1) = F_{ij}(t) + l'_{ij} u_{ij}(t),$$
$$F^*_{ik}(t+1) = F_{ik}(t) + l''_{ik} v_{ik}(t).$$

Die Parameter a_{ij}, b_{ij}, d_{ik}, γ_j, δ_k, W, R, z_k, c_{ik} ändern sich nach einem exogen vorgegebenen Prinzip. Danach wird die lineare Optimierungsaufgabe für das nächste Jahr gelöst.

Auf diese Weise kann man die Rechnungen für eine Reihe von Jahren durchführen (gewöhnlich für 5—10 Jahre). Die Länge der Planperiode ist durch die Möglichkeit, die Veränderung der Modellparameter vorauszusagen, eingeschränkt.

Wir betrachten zunächst den Fall einer völlig geschlossenen Wirtschaft, d. h., es gibt keinen Außenhandel. Dann ist $g = 0$.

1. Man kann leicht zeigen, daß ein zulässiger Plan existiert, für den $\lambda > 0$ ist.

Es kann bewiesen werden (vgl. [5]), daß im optimalen Plan $x > 0$, $z > 0$, $\lambda > 0$ sind und daß die Umfänge der Nettoinvestitionen u_{ij} und v_{ik} nicht unbedingt streng positiv sind, obwohl ihre Summe auf Grund der Beschränkung (50) natürlich positiv ist: Man kann sich vorstellen, daß in irgendeinem Zweig früher eine hinreichende Menge von Fonds einer bestimmten Art geschaffen wurde, so daß im betrachteten Jahr ein Zuwachs der Grundfonds dieser Art nicht erforderlich ist. Die Beschränkung (50) ist in den Rechnungen gewöhnlich als Gleichheit erfüllt, was zusätzlich die Notwendigkeit ihrer Einführung unterstreicht.

Die Beschränkungen (47) und (48) bezüglich der Fonds und (49) bezüglich der Arbeitskräfte müssen nicht als Gleichheit erfüllt sein, da das im Modell nicht gefordert ist. Werden die Arbeitskräfteressourcen nicht vollständig genutzt, ist das im Modell dadurch zu erklären, daß früher nicht die notwendigen Grundfonds akkumuliert wurden. Das muß als Signal zur Überprüfung der Hypothese über das notwendige Niveau der produktiven Akkumulation dienen.

Was die Beschränkungen bezüglich der Fonds betrifft, so wird — allgemein gesagt — mindestens in einem Fall, d. h. mindestens für eine der $(n + m)\,s$ Beschränkungen der Art (47) und (48), die strenge Ungleichung erfüllt. Anders ausgedrückt, in jedem Jahr werden mindestens in einem Zweig die Grundfonds einer Art nicht voll ausgelastet. Diese Eigenschaft besitzt unser Modell als Modell der linearen Optimierung. Im Modell ist die Anzahl der Beschränkungen um Eins größer als die Anzahl der Variablen: es gibt $m + n + s(m + n) + 2$ Beschränkungen und $m + n + s(m + n) + 1$ Variable. In die optimale Basis gehen allgemein soviel Verfahren ein, wie es Beschränkungen in der Aufgabe gibt, d. h. außer den im Modell dargestellten Verfahren (das sind so viel, wie es Beschränkungen gibt) noch ein Hilfsverfahren. Dieses führt dann zur Ungleichung in einer der Fondsbeschränkungen. So ist das Modell. Die Rechnungen zeigen jedoch, daß die Differenz nicht sehr groß ist, d. h., es wird eine relativ kleine Menge der Grundfonds in verschiedenen Zweigen nicht ausgelastet, so daß für eine Reihe von Jahren immer ein stabiles Wachstum der Grundfonds aller Arten in allen Zweigen beobachtet wird, obwohl in einzelnen Jahren die Grundfonds in bestimmten Zweigen nicht wachsen.

Wenden wir uns nun der Berücksichtigung des Außenhandels im Modell zu. Es sei daran erinnert, daß der Außenhandel im Modell durch die rechten Seiten g_i in den Beschränkungen (45) berücksichtigt wird und g_i die Differenz zwischen dem Import und dem Export der Produktion des Zweiges i darstellt. Auf Grund unserer Voraussetzung produziert jeder Zweig nur ein Produkt, so daß letzteres entweder Gegenstand des Exports oder Gegenstand des Imports (oder natürlich überhaupt nicht Gegenstand von Außenhandelsoperationen) sein kann.

Wir haben schon erwähnt, daß bei $g = 0$ eine positive zulässige Lösung unserer Aufgabe existiert. Auf Grund der Stabilität der Lösung bleibt diese Eigenschaft auch bei kleinen g erhalten.

In unserer Wirtschaft sind die Zahlen g_i gegenwärtig im Vergleich mit den Produktionsmengen hinreichend klein.

9.3. *Der ökonomische Inhalt der Bewertungen*

Es sei π der optimale Zielfunktionswert ($\pi = M\lambda$ ist der Gesamtumfang des Konsumtionsfonds).

Es ist bekannt, daß die Fondsbewertungen $\eta_{ij} = \frac{\partial \pi}{\partial F_{ij}}$ und $\zeta_{ik} = \frac{\partial \pi}{\partial F^*_{ij}}$ den Einfluß der Veränderung der Menge der Grundfonds, die zu Beginn des Jahres vorhanden sind, auf den Zielfunktionswert dieses Jahres ausdrücken. Wie wir schon gesehen haben, können einige der Bewertungen η_{ij} und ζ_{ik} Null werden. Das liegt entweder daran, daß zu Beginn des Jahres im Zweig schon eine hinreichend große Menge an Grundfonds einer bestimmten Art vorhanden war, oder daran, daß die Beschränkung (50) eine bestimmte Menge an Akkumulation erfordert, die nicht in allen Zweigen ausgenutzt werden kann.

Allerdings sind alle von Null verschiedenen Werte der Bewertungen ein- und derselben Fondsart (d. h. bei ein- und demselben Index i) einander gleich. Darin besteht das Wesen des Akkumulationsoptimums im gegebenen Modell: Die Akkumulation der Fonds einer Art wurde so auf die Zweige verteilt, daß die Grundfonds dieser Art in allen Zweigen in gleichem Maße defizit sind (außer in jenen Zweigen, wo ein Überschuß vorhanden ist). Das Modell ist auf das Maximum der Gesamtproduktion der Abteilung II ausgerichtet. Die Produktion der Abteilung I ist diesem einzigen Ziel untergeordnet, und im optimalen Plan wird die Akkumulation so verteilt, daß die Bewertung (wenn sie verschieden von Null ist) nur von der Fondsart und nicht vom Anwenderzweig abhängt.

Mit Hilfe der Formel von Williams [6], die uns die Möglichkeit gibt, den Einfluß der Veränderung der Modellparameter auf den optimalen Zielfunktionswert zu berücksichtigen, wollen wir den Einfluß der einzelnen Koeffizienten analysieren:

$$\frac{\partial \pi}{\partial a_{ij}} = -\xi_i x_j, \quad \frac{\partial \pi}{\partial c_{ik}} = -\xi_i z_k,$$

$$\frac{\partial \pi}{\partial b_{ij}} = -\eta_{ij} x_j, \quad \frac{\partial \pi}{\partial d_{ik}} = -\zeta_{ik} z_k.$$

Aus diesen Formeln ist ersichtlich, daß bei einer kleinen Vergrößerung (in den Grenzen des Stabilitätsbereiches der Basis) der Parameter a, b, c, d der Wert der Zielfunktion nur abnehmen kann.

Die angegebenen Formeln enthalten eine wichtige Information über die Genauigkeit, mit der die Modellparameter vorgegeben werden müssen. Je größer der Absolutbetrag der Ableitung von π nach dem Parameter ist, um so größer ist der Einfluß dieses Parameters auf die Zielfunktion und mit um so größerer Genauigkeit muß er vorgegeben werden.

Wir wollen den Einfluß der Zahlen $\bar{z}_k$ auf den maximalen Konsumtionsumfang untersuchen. Die Zahl $\bar{z}_k$ geht zweimal in das Modell ein: als Zielfunktionskoeffizient und in die Beschränkung (46). Deshalb gilt

$$\frac{\partial \pi}{\partial \bar{z}_k} = \lambda - \omega_k \lambda = \frac{M\lambda(1 - \omega_k)}{M} = \frac{\pi(1 - \omega_k)}{M}. \tag{51}$$

Folglich, wenn $\omega_k < 1$ ist, so ist $\frac{\partial \pi}{\partial \bar{z}_k} > 0$, d. h., die Vergrößerung von $\bar{z}_k$ führt zu einer Erhöhung von π, wenn $\omega_k > 1$ ist, gilt $\frac{\partial \pi}{\partial \bar{z}_k} < 0$, d. h., die Vergrößerung von $\bar{z}_k$ führt zu einer Verringerung von π.

Die Strukturvorgabe hat Einfluß auf den Zielfunktionswert. Die Bewertungen ω_k beantworten die Frage: Wie und in welche Richtung ändert sich der Konsumtionsfonds im Geldausdruck bei kleiner Veränderung der vorgegebenen Struktur.

Bezüglich der Größen ω_k kann man beweisen, daß sie entweder alle gleich Eins sind, oder daß unter ihnen sowohl Werte kleiner als Eins als auch Werte größer als Eins vorkommen, da die Zahlen ω_k durch die Beziehung

$$\sum_{k=1}^{n} \bar{z}_k \omega_k = \sum_{k=1}^{n} \bar{z}_k$$

verknüpft sind.

Aus (51) kann man eine Formel für die Elastizität der Konsumtion bezüglich $\bar{z}_k$ erhalten:

$$E_k = \frac{\bar{z}_k}{\pi} \frac{\partial \pi}{\partial \bar{z}_k} = \frac{\bar{z}_k}{\sum_{k=1}^{n} \bar{z}_k} (1 - \omega_k).$$

Die Elastizität der Konsumtion bezüglich der Größe z_k ist gleich dem Produkt des Anteils des Erzeugnisses k im Gesamtproduktionsausstoß der Abteilung II und der Größe $(1 - \omega_k)$.

Hat (50) die Form einer Gleichung $\pi = RH$, so ist die Elastizität der Akkumulation H bezüglich $\bar{z}_k$ offensichtlich gleich E_k, so daß die Formel (51) die Möglichkeit gibt, den Einfluß der Konsumtionsstruktur auf den gesamten

Akkumulationsumfang zu berücksichtigen:

$$E_k = \frac{\bar{z}_k}{H} \cdot \frac{\partial H}{\partial \bar{z}_k}.$$

Über den Einfluß der Größe R auf die Zielfunktion. Nach derselben Formel von Williams gilt

$$\frac{\partial \pi}{\partial R} = \varphi \left[\sum_{i=1}^{s} \sum_{j=1}^{m} u_{ij} + \sum_{i=1}^{s} \sum_{k=1}^{n} v_{ik} \right] = \varphi \frac{\sum\limits_{k=1}^{n} z_k}{R} = \frac{\varphi \pi}{R}.$$

Hieraus erhält man für die Elastizität von π bezüglich R

$$E_R^\pi = \frac{R}{\pi} \frac{\partial \pi}{\partial R} = \varphi,$$

worin auch der ökonomische Inhalt der Bewertung φ besteht. Man kann beweisen, daß $0 \leqq \varphi < 1$ gilt.

Tatsächlich, die duale Beziehung bei z_k hat die Form

$$\omega_k = \varphi + \delta_k \theta + \sum_i c_{ik} \xi_i + \sum_i d_{ik} \zeta_{ik} > \varphi. \tag{52}$$

Da aber nicht alle Zahlen ω_k gleichzeitig größer als Eins sein können, ist $\varphi < 1$.

Wenn also R um 1% erhöht wird, vergrößert sich π um φ Prozent, d. h. in relativ kleinerem Maße. Berechnen wir jetzt die Elastizität der Akkumulation H bezüglich R. Differenziert man die Gleichung $\pi(R) = RH(R)$ nach R, ergibt sich

$$\frac{\partial \pi}{\partial R} = H + R \frac{\partial H}{\partial R}$$

und

$$\varphi = E_R^\pi = \frac{R}{\pi} \frac{\partial \pi}{\partial R} = \frac{R}{\pi} \left[H + R \frac{\partial H}{\partial R} \right] = 1 + \frac{R}{H} \frac{\partial H}{\partial R} = 1 + E_R^H,$$

so daß wir für die gesuchte Elastizität $E_R^H = \varphi - 1 < 0$ erhalten. Eine Vergrößerung von R verringert die Gesamtakkumulation.

9.4. *Die Arbeitskräfteressourcen im linearen Modell*

Die Bewertung der Arbeitskräfteressourcen θ ist die Ableitung von π nach ω:

$$\theta = \frac{\partial \pi}{\partial \omega}.$$

Der Konsumtionsumfang π hängt von der Arbeitskräfteressource ω ab, so daß es sinnvoll ist, die Funktion $\pi(\omega)$ näher zu untersuchen. Wir wollen einige

Eigenschaften der Funktion $\pi(\omega)$ aufzählen, die unmittelbar aus der Theorie der linearen Optimierung folgen.

1. $\pi(\omega)$ existiert für alle $\omega \geqq 0$ und nimmt bei positiven ω positive Werte an.
2. $\pi(0) = 0$.
3. Die Grafik der Funktion $\pi(\omega)$ ist eine gebrochene Kurve.
4. $\frac{\partial \pi}{\partial \omega} \geqq 0$ für $\omega \geqq 0$ (natürlich sprechen wir nur in den Punkten von der Ableitung, wo sie existiert, in den Knickpunkten ist von den links- und rechtsseitigen Ableitungen die Rede).
5. Die Funktion $\pi(\omega)$ ist konkav, so daß $\frac{\partial \pi}{\partial \omega} \leqq \frac{\pi}{\omega}$ ist. Daraus ergibt sich für die Elastizität der Konsumtion bezüglich der Arbeitskräfteressource

$$E_{\omega}^{\pi} = \frac{\omega}{\pi} \frac{\partial \pi}{\partial \omega} \leqq 1.$$

Folglich ist die marginale volle Arbeitsproduktivität niedriger (nicht größer) als die mittlere, wenn wir unter der vollen Arbeitsproduktivität die Erzeugnismenge der Abteilung II verstehen, die von einem Arbeiter produziert wird.

9.5. Ergebnisse der experimentellen Berechnungen

Die Berechnungen wurden für die Jahre 1966—1970 mit der im Abschnitt I beschriebenen Information durchgeführt. Als Basisjahr wurde 1965 angenommen. Die Berechnungsergebnisse wurden mit den Ergebnissen der Erfüllung des achten Fünfjahrplanes verglichen, die in den Materialien des XXIV. Parteitages der KPdSU und im Jahrbuch „Narodnoje chozjaistvo SSSR 1970" veröffentlicht wurden.

Unter den Volkswirtschaftszweigen gibt es zwei fondsschaffende: den fünften und den elften. Die Werte der direkten Aufwandskoeffizienten, der Koeffizienten der Fondsintensität und der Arbeitsintensitäten sowie die Konsumtionsstruktur wurden nach einer fixierten Regel verändert.

Als wesentlicher Steuerparameter wurde die Größe R gewählt — das Verhältnis des Produktionsumfangs der Erzeugnisse der Abteilung II zum Gesamtumfang der Akkumulation der Grundfonds.

Im Basisjahr ergab sich für den Parameter R: $R \approx 4{,}9$. Die Berechnungen wurden für die Werte $R = 5{,}0; 4{,}5; 4{,}2; 4{,}1; 3{,}9; 3{,}8$ für alle Jahre durchgeführt. Als Grundkennziffer der Volkswirtschaft wurde das gesellschaftliche Brutto-(Gesamt-)Produkt angenommen, das von 1965 bis 1970 um 42% wuchs.

Diese Kennziffer entspricht im Modell der Größe $\sum_j x_j + \sum_k z_k$. In der Tabelle 45 wurde der Zuwachs des gesellschaftlichen Bruttoprodukts, der

Tabelle 45: Zuwachstempi der wesentlichen Kennziffern im Zeitraum 1966—1970 in Abhängigkeit von R

	$\sum_j x_j + \sum_k z_k$	$\sum_k z_k$	$\sum_j x_j$	$\sum_j F_{5j} + \sum_k F_{5k}$	$\sum_j F_{11j} + \sum_k F_{11k}$	Alle Grundfonds
Tatsächlich	42					49
$R = 0{,}5$	39	36	40,5	52,5	54,3	53,5
$R = 4{,}5$	45	37,5	46	58,5	59,8	59
$R = 4{,}2$	45,8	37,5	49	63	62,7	63
$R = 4{,}1$	46	37,5	50,5	65	64	64,5
$R = 3{,}9$	46,5	36	51	69,5	64,5	67
$R = 3{,}8$	47	35	52	72,5	65	68,5

Größen $\sum_k z_k$, $\sum_j x_j$ und der Grundfonds bei verschiedenen Werten von R in den Jahren 1966—1970 angegeben.

Der jährliche Zuwachs der Grundfonds der Art 5 ist gleich $\sum_j u_{5j} + \sum_k v_{5k}$. Der Zuwachs für fünf Jahre beträgt

$$\sum_{t=1}^{5} \left[\sum_j u_{5j}^t + \sum_k v_{5k}^t\right].$$

Der Zuwachs der Grundfonds der Art 11 ist gleich

$$0{,}94 \sum_{t=1}^{5} \left[\sum_j u_{11,j}^t + \sum_k v_{11,k}^t\right].$$

Aus der Tabelle 45 ist ersichtlich, daß bei einer Verringerung von R (d. h., wenn der Akkumulation vor der Konsumtion der Vorzug gegeben wird) das gesellschaftliche Bruttoprodukt $\sum_j x_j + \sum_k z_k$, die Produktion der Abteilung I $\sum_j x_j$ und der Zuwachs der Grundfonds wachsen. Was die Konsumtion betrifft, so erreicht $\sum_k z_k$ ihr Maximum bei den Werten $R = 4{,}1—4{,}5$. Mit anderen Worten, wenn man in den Berechnungen für fünf Jahre die Maximierung der Konsumtion anstrebt, ist es nicht notwendig, R sehr groß oder sehr klein zu wählen. Möglicherweise ist es sinnvoll, jenen Wert für R zu wählen, für den bei maximalem Wert von $\sum_k z_k$ das gesellschaftliche Bruttoprodukt $\sum_j x_j + \sum_k z_k$ am kleinsten ist, d. h. den Wert $R = 4{,}5$.

Die tatsächlichen Angaben über die Ergebnisse der Erfüllung des achten Fünfjahrplanes liegen zwischen den Berechnungsergebnissen für $R = 5{,}0$ und $R = 4{,}5$ (vgl. Tabelle 46).

Tabelle 46: Zuwachstempi des Produktionsumfangs der Volkswirtschaftszweige im Zeitraum 1966—1970 (in %)

	Jahres-durchschnitt $R = 4{,}5$	Jahres-durchschnitt $R = 5{,}0$	Jahres-durchschnitt tatsächlich
1. Energetik+	11,2	10,55	9,0
2. Schwarzmetallurgie	6,8	5,7	5,7
3. Brennstoffindustrie+	7,9	7,6	5,7
4. Maschinenteile	8,9	8,2	11,7 (4. und 5.)
5. Fertige Maschinen+	9,3	7,7	
6. Forstwirtschaft +	7,6	6,7	5,5
7. Baumaterialienindustrie	6,6	5,4	8,4
8. Glas und Porzellan+	7,3	6,4	10,0
9. Leichtindustrie+	7,3	7,0	8,6
10. Lebensmittelindustrie+	7,1	6,9	5,9
11. Bauwesen+	7,6	6,3	7,1
12. Landwirtschaft+	5,0	4,8	3,9
Gesellschaftliches Gesamtprodukt	7,5	6,9	7,3

Mit + sind jene Zweige gekennzeichnet, deren Erzeugnisse sowohl der Abteilung I als auch der Abteilung II zugerechnet wurden.

9.6. *Das nichtlineare Optimierungsmodell*

Ein wesentlicher Mangel des beschriebenen linearen Modells besteht darin, daß es die Vorgabe der Produktionsstruktur der Abteilung II erfordert. Die Bestimmung dieser Struktur ist in einem lichtlinearen Modell möglich, das die Nützlichkeit der verschiedenen Güter berücksichtigt. Die Konstruktion einer bestimmten konkreten Nutzensfunktion wurde im Kapitel 8 ausführlich beschrieben. Wir wollen hier die Klasse solcher Funktionen in verallgemeinerter mathematischer Form beschreiben.

Dazu führen wir die dimensionslosen Größen

$$z_k = \frac{v_k - v_k^{\min}}{v_k^{\max} - v_k^{\min}}, \quad k = 1(1)n \tag{53}$$

ein, wobei $v_k^{\min}$ und $v_k^{\max}$ das minimale bzw. maximale Konsumtionsniveau des Produkts mit der Nummer k bezeichnen. Die Nutzensfunktion $D(z_1, \ldots, z_n)$ ist implizit durch die Gleichung

$$[\varphi(D)]^n = \varphi(z_1)\, \varphi(z_2) \ldots \varphi(z_n) \tag{54}$$

gegeben, wobei $\varphi(z)$ eine Funktion einer Variablen ist, die folgenden Bedingungen genügt:

a) $\varphi(z)$ ist im Intervall $0 \leqq z \leqq 1$ definiert, stetig und zweimal stetig differenzierbar,

b) $\varphi(0) = 0$, $\varphi(1) = 1$,

c) $\varphi'(z) > 0$ für $0 \leqq z < 1$, $\varphi'(1) = 0$,

d) $\varphi''(z) < 0$ für $0 \leqq z \leqq 1$.

Die Klasse der Funktionen $\varphi(z)$, die den Bedingungen a) bis d) genügen, ist nicht leer, z. B. sind $\varphi(z) = ze^{1-z}$, $\varphi(z) = 2z - z^2$ derartige Funktionen.

Die Nutzensfunktion hängt vom Konsumtionsumfang der Erzeugnisse der Abteilung II ab (einschließlich des angehäuften Besitzes), weil z_k und v_k durch die Beziehung (53) verknüpft sind.

Auf der rechten Seite der Gleichung (54) steht ein Produkt von n Faktoren, von denen jeder dieselbe Funktion von verschiedenen Argumenten darstellt. In diesem Sinne sind alle Zweige der Abteilung II gleichberechtigt.

Jede monoton wachsende Funktion der Nutzensfunktion ist wiederum eine Nutzensfunktion, und die Maximierung einer von ihnen führt zur gleichen Lösung wie die Maximierung einer anderen. Wenn wir das beachten, können wir als Nutzensfunktion $r_1 = \varphi(z_1)\,\varphi(z_2)\ldots\varphi(z_n)$ oder sogar $r_2 = \ln r_1 = \sum_{k=1}^{n} \ln \varphi(z_k)$ betrachten.

Folglich kann die Nutzensfunktion als Summe von n Summanden dargestellt werden, von denen jeder nur vom Produktionsumfang eines Zweiges abhängt. Eine solche Funktion wird trennbar genannt, für ihre Maximierung existieren sehr einfache Verfahren. Es ist jedoch bequemer, die theoretischen Untersuchungen anhand der Funktion (54) zu führen.

Wir wollen einige Eigenschaften dieser Funktion aufzeigen.

Die Bedingung a) bedeutet, daß der Produktionsumfang jedes Zweiges in gewissen fixierten Grenzen betrachtet wird: wenn $0 \leqq z_k \leqq 1$ ist, gilt $v_k^{\min} \leqq v_k \leqq v_k^{\max}$. Die Funktion D ist hinreichend glatt.

Die Funktion D nimmt auch Werte zwischen 0 und 1 an. Das folgt aus (54), wobei $D = t$ ist, wenn alle z_k gleich t sind.

Auf Grund von b) gilt: Wenn sich die Produktion irgendeines Zweiges auf dem minimalen Niveau befindet ($v_k = v_k^{\min}$), so ist $z_k = 0$, $\varphi(0) = 0$ und $D = 0$, d. h., der Wert der Nutzensfunktion befindet sich dabei auch auf minimalem Niveau. Wenn wir die Nutzensfunktion maximieren, müssen wir also mit Notwendigkeit bei allen Erzeugnissen der Abteilung II die minimal möglichen Produktionsumfänge überbieten. Genauer gesagt, wenn $D > 0$ ist, gilt für jedes k

$$z_k \geqq \varphi^{-1}\{[\varphi(D)]^n\} > 0.$$

Auf Grund der Bedingungen c) und d) ist die Funktion D eine konkave Funktion. Erreicht die Produktion irgendeines Zweiges k ihren maximalen Wert, wird die Substitutionsrate jedes anderen Produkts mit diesem Produkt gleich Null, so daß die weitere Erhöhung der Produktion des Erzeugnisses k gestoppt wird. Näheres über diese und andere analoge Nutzensfunktionen kann man in [7] und [8] finden.

Die Einführung der Funktionen dieser Klasse als Zielfunktion in dynamische Verflechtungsmodelle kann analog zu der im Kapitel 8 beschriebenen Vorgehensweise erfolgen.

Literaturverzeichnis

1.

[1] A. G. Aganbegjan/A. G. Granberg, Ėkonomiko-matematičeskij analiz mežotraslevogo balansa SSSR, Moskva 1968.
[2] N. F. Šatilov, Modelirovanije rasširennogo vosproizvodstva, Moskva 1967.
[3] V. Leontjev, Issledovanija struktury amerikanskoj ėkonomiki, Moskva 1958.
[4] Planirovanije i analiz narodnochozjaistvennoj struktury kapitalnych vloženij, hg. von V. P. Krasovskij, Moskva 1970.
[5] N. F. Šatilov, Analiz zavisimostej socialističeskogo rasširennogo vosproizvodstva i opyt jego modelirovanija, Novosibirsk 1974.
[6] A. G. Aganbegjan/K. A. Bagrinovskij/A. G. Granberg, Sistema modelej narodnochozjaistvennogo planirovanija, Moskva 1972.

2.

[1] A. K. Semenov, Mežotraslevoj balans respubliki, Moskva 1972.
[2] Mežotraslevyje issledovanija v ėkonomičeskich rajonach, Moskva 1967.
[3] Metody planirovanija mežotraslevych proporcij, hg. von A. N. Jefimov/L. Ja. Berri, Moskva 1965.
[4] V. V. Kossov, Mežotraslevoj balans, Moskva 1966.
[5] N. F. Šatilov/M. A. Geršenzon, Metodičeskije položenija po ispolzovaniju dinamičeskoj modeli mežotraslevogo balansa v svodnom perspektivnom narodnochozjaistvennom planirovanii, Novosibirsk 1971.
[6] L. Dudkin/E. Jeršov, Mežotraslevoj balans i materialnye balansy otdelnych produktov, in: Planovoje chozjaistvo, 5/1965.

3.

[1] N. F. Šatilov, Modellirovanije rasširennogo vosproizvodstva, Moskva 1967.
[2] M. A. Geršenzon/B. G. Mirkin, Ob okupajemosti kapitalnych zatrat v mežotraslevoj dinamičeskoj modeli, in: Problemy narodnochozjaistvennogo optimuma, hg. von K. K. Valtuch, 3. Ausg., Teil 1, Novosibirsk 1970.

4.

[1] V. O. Majevskij, O metodologii planirovanija mežotraslevych proporcii, in: Voprosy ėkonomiki, 11/1971.

[2] Metodičeskije ukazanija k razrabotke gosudarstvennych planov razvitija narodnogo chozjaistva SSSR, Moskva 1974.

5.

[1] Mežotraslevoj balans proizvodstvennych moščnostej, hg. von K. K. Valtuch, Moskva 1972.
[2] E. B. Jeršov, Neopredelennost informacii i ustojčivost rešenija statičeskoj modeli planovogo mežotraslevogo balansa, in: Problemy narodnochozjaistvennoge optimuma, Moskva 1969.
[3] A. A. Makarov, L. A. Melentjev, Metody issledovanija i optimizacii energetičeskogo chozjaistva, Novosibirsk 1973.
[4] K. K. Valtuch, Udovletvorenije potrebnostej obščestva i modelirovanije narodnogo chozjaistva, Kapitel VI, Novosibirsk 1973.

6.

[1] K. Marx/F. Engels, Das Kapital, Erster Band, Werke, Bd. 24, Dietz Verlag, Berlin 1962.
[2] K. K. Valtuch, Ėksperimentalnoje opredelenije optimalnoj normy nakoplenija, in: Ėkonomika i matematičeskije metody, 3/1971.
[3] A. Bojarskij, Potreblenije i nakoplenije v optimalnom plane, in: Voprosy ėkonomiki, 6/1971.
[4] A. G. Zanegin, Optimalnaja proporcija meždu nakoplenijem i potrebljenijem, Moskva 1970.
[5] Ja. G. Liberman, Gosudarstvennyj bjudzet v novych uslovijach chozjaistvovanija, Moskva 1970.
[6] N. N. Rogožnikova, Issledovanije ustojčivosti optimalnoj normy nakopljenija, in: Problemy optimizacii ėkonomičeskich rešenij, Novosibirsk 1971.

7.

[1] K. K. Valtuch, Problemy optimizacii nakopljenija, in: Problemy narodnochozjaistvennogo optimuma, Moskva 1969.
[2] T. S. Chačaturov, Ėkonomičeskaja ėffektivnost kapitalnych vloženij, Moskva 1964.
[3] A. L. Lurje, O matematičeskich metodach rešenija zadač na optimum pri planirovanija socialističeskogo chozjaistva, Moskva 1964.
[4] A. L. Lurje, Ob ėkonomičeskom smyslje normy ėffektivnosti i procentirovanija kapitalovloženij, in: Ėkonomika i matematičeskije metody, 1/1965.
[5] L. V. Kantorovič/A. L. Vainštein, Ob isčisljenii normy ėffektivnosti na osnovje odnoproduktovoj modeli narodnogo chozjaistva, in: Ėkonomika i matematičeskije metody, 5/1967.
[6] L. V. Kantorovič/V. N. Bogačev/V. L. Makarov, Ob ocenke ėffektivnosti kapitalnych zatrat, in: Ėkonomika i matematičeskije metody, 6/1970.
[7] V. V. Novožilov, Problemy izmerenija zatrat i rezultatov pri optimalnom planirovanii, Moskva 1967.

8.

[1] Metodologičeskije voprosy izučenija urovnja žizni trudjaščichsja, hg. von I. Ju. Pisarev, 1. Ausg., Moskva 1959, 2. Ausg., Moskva 1962.

[2] Ėkonomiko-matematičeskije metody, 1. Ausgabe, Narodnochozjaistvennyje modeli. Teoretičeskije voprosy potreblenija, hg. von A. L. Vainštein, Moskva 1963.
[3] Statičeskije i matematičeskije metody v izučenii problem narodnogo potrebljenija, hg. von A. Ch. Karapetjan, Jerevan 1964.
[4] N. M. Rimaševskaja, Ėkonomičeskij analiz dochodov rabočich i služaščich, Moskva 1965.
[5] I. Ja. Matjucha, Statistika bjudzetov naselenija, Moskva 1967.
[6] V. F. Majer, Planirovanije realnych dochodov naselenija, Moskva 1966.
[7] G. S. Sarkisjan/N. P. Kuznecova, Potrebnosti i dochod sjemi, Moskva 1968.
[8] B. M. Smechov, Perspektivnoje narodnochozjaistvennoje planirovanije(problemy optimizacii), Moskva 1968.
[9] A. G. Aganbegjan/A. G. Granberg, Ėkonomiko-matematičeskij analiz mežotraslevogo balansa SSSR, Moskva 1968.
[10] Balansy dochodov i potrebljenija naselenija, hg. von A. Ch. Karapetjan/N. M. Rimaševskaja, Moskva 1969.
[11] I. Ja. Matjucha, Statistika žiznennogo urovnja naselenija, Moskva 1973.
[12] K. K. Valtuch, Udovletvorenije potrebnostej obščestva i modelirovanije narodnogo chozjaistva, Novosibirsk 1973.
[13] I. A. Ickovič, K analizu celevoj funkcii blagosostojanoja, in: Problemy narodnochozjaistvennogo optimuma, Novosibirsk 1969.
[14] K. K. Valtuch/M. N. Nikitenko, Algoritm i programma približennoj realizacii mnogootraslevoj dinamičeskoj modeli s celevoj funkcii blagosostojanija, učityvajuščej hakoplenije blag dlitelnogo polzovanija, in: Algoritmy i programmy realizacii narodnochozjaistvennych modelej, Novosibirsk 1971.
[15] S. Gorochova, Izučenije potrebitjelskogo sprosa na bažnejšije promyšlennye tovary po dannym inventarizacii tovarnych zapasov, in: Ėkonomika i matematika, Moskva 1967, S. 70—73.
[16] V. Stafanovič, Izučenije sprosa i konjunktury torgovli, Moskva 1968, S. 98—105.
[17] R. U. Goldsmit, Nacionalnoje bogatstvo SŠA v poslevojennyj period, Moskva 1968.
[18] V. Pareto, Manuel d'economie politique, 2. Aufl., Paris 1927.
[19] E. E. Slutsky, Sulla teoria del bilancio del consumatore, in: Giornale degli economisti e revista di statistica, 1/1915.
[20] J. R. Hicks, Value and Capital, 2. Aufl., Oxford 1946.
[21] P. A. Samuelson, Foundations of Economic Analysis, Cambridge 1947.
[22] H. S. Houthakker, Revealed Preference and the Utility Function, in: Economica, 1950.
[23] H. Uzawa, Preference and Rational Choice in the Theory of Consumption, in: Mathematical Methods in the Social Sciences, Standford University Press, 1959.

9.

[1] L. V. Kantorovič, Ėkonomičeskij rasčet nailučšego izpolzovanija resursov, Moskva 1959.
[2] L. V. Kantorovič/V. L. Makarov, Optimalnye modeli perspektivnogo planirovanija, in: Primenenije matematiki v ėkonomičeskich issledovanijach, Bd. 3, Moskva 1965.
[3] N. P. Dementjev/I. A. Ickovič, Ob opredelenii perioda planirovanija v dinamičeskoj modeli s pomoščju principa maksimuma, in: Matematičeskij analiz ėkonomičeskich modelej, Novosibirsk 1971, S. 29—37.

[4] I. A. Ickovič, K modelirovaniju raspredelenija nakopljenija meždu pervym i vtorym podrazdelenijami narodnogo chozjaistva, in: Problemy narodnochozjaistvennogo optimuma, Novosibirsk 1966, S. 309—322.

[5] I. A. Ickovič, Optimizacionnaja mnogootraslevaja dinamičeskaja model narodnogo chozjaistva, in: Problemy narodnochaozjaistvennogo optimuma, Novosibirsk 1973, S. 289—313.

[6] A. Viljams, Marginalnye značenija v linejnom programmirovanii, in: Journal of the Society for Industrial and applied Mathematics, Philadelphia/Penn. 1/1963, S. 82—94.

[7] I. A. Ickovič, K analizu celevoj funkcii blagosostojanija, in: Problemy narodnochozjaistvennogo optimuma, Novosibirsk 1969, S. 194—201.

[8] K. K. Valtuch, Entwicklungsproportionen und Befriedigung der Bedürfnisse, Berlin 1972.

FSC
www.fsc.org
MIX
Papier | Fördert gute Waldnutzung
FSC® C083411

Kolibri 360 GmbH
Ferdinand-Jühlke-Straße 7
99095 Erfurt, Deutschland
produktsicherheit@kolibri360.de